农民实用财经知识读本

财税知识问答

马金华 陆广德 编著

中国财政经济出版社

图书在版编目（CIP）数据

财税知识问答/马金华，陆广德编著. —北京：中国财政经济出版社，2010.12

（农民实用财经知识读本）

ISBN 978-7-5095-2485-5

Ⅰ.①财⋯ Ⅱ.①马⋯ ②陆⋯ Ⅲ.①税收管理－中国－问答 Ⅳ.①F812.423-44

中国版本图书馆 CIP 数据核字（2010）第 184068 号

责任编辑：陆广德 杨钧珺　　责任校对：王　英
封面设计：郁　佳　　　　　　版式设计：文　通

中国财政经济出版社出版

URL：http：//www.cfeph.cn

E-mail：cfeph@cfeph.cn

（版权所有　翻印必究）

社址：北京市海淀区阜成路甲28号　邮政编码：100142

发行处电话：88190406　财经书店电话：64033436

北京财经印刷厂印刷　　各地新华书店经销

880×1230 毫米　32 开　8.125 印张　178 000 字

2010 年 11 月第 1 版　2010 年 11 月北京第 1 次印刷

定价：26.00 元

ISBN 978-7-5095-2485-5/F·2115

（图书出现印装问题，本社负责调换）

本社质量投诉电话：010-88190744

丛书编委会成员名单

主　任　张立宪
副主任　陆广德
委　员　李玲兰　李　冰　孙　琛
　　　　杨钧珺

前　　言

本书是"农民实用财经知识读本"系列丛书之一,主要面向广大的农村和农民,为此作者确立了"用最简单的语言,把复杂的财税问题讲清楚,使农民能够看得懂、用得上、得实惠"的编写目标。全书以问答形式,简明扼要地把财政和税收知识用通俗语言表述出来,并运用了大量的案例、图片、表格,使广大农民群众能够看得懂读得懂和理解。同时,重点介绍了近年来国家支持"三农"的具体财政和税收政策。内容全面,实用性很强,有助于农民了解和掌握国家惠农政策,领取补贴,得到实惠。

本书内容分二个部分:第一部分财政与财政政策,共45个问答,其中"财政"方面25个、"国家预算"方面20个;第二部分财政收入与支出,共227个问答,其中"财政收支"部分108个、"国债"方面15个、"税收"方面104个。涵盖了财税知识、财税惠农政策的主要方面。

本书由中央财经大学财政学院马金华副教授撰写第一部分,中国人民大学许晖撰写第二部分。全书由陆广德修改和总撰。书中不当之处,敬请各位读者批评指正。

目 录

第一部分 财政与财政政策

财政 …………………………………………………………（2）
  1. 什么是财政？ ………………………………………（2）
  2. 财政的研究对象是什么？ …………………………（2）
  3. 农村常见的公共物品有哪些？ ……………………（3）
  4. 财政与民生有什么关系？ …………………………（4）
  5. 什么是基本公共卫生服务均等化？ ………………（7）
  6. 什么是农村公共服务均等化？ ……………………（8）
  7. 当前农村公共服务体系的基本现状如何？ ………（9）
  8. 什么是地方财政？ …………………………………（10）
  9. 什么是财政管理体制？ ……………………………（10）
  10. 农村财政分配制度的沿革 …………………………（13）
  11. 财政的职能有哪些？ ………………………………（15）
  12. 财政的作用有哪些？ ………………………………（16）
  13. 什么是财政政策？ …………………………………（17）
  14. 财政政策的手段有哪些？ …………………………（18）
  15. 什么是紧缩性的财政政策？ ………………………（19）
  16. 什么是中性的财政政策？ …………………………（20）
  17. 什么是积极的财政政策？ …………………………（21）
  18. 中央财政支持革命老区发展的政策主要有哪些？ …（24）
  19. 中央财政支持民族地区发展的政策主要有哪些？ …（25）
  20. 中央财政支持边境地区发展的政策主要有哪些？ …（26）

21. 中央出台了哪些促进农民增收的政策？……………（26）
22. 我国现行农业财政政策有哪些？…………………（27）
23. 2010年中央一号文件中与财政支农有关的精神有哪些？………………………………………………（31）
24. 什么是财政监督？…………………………………（35）
25. 我国对县乡财政监督有何规定？…………………（36）

国家预算 ……………………………………………（37）

1. 什么是国家预算？…………………………………（37）
2. 国家预算的原则是什么？…………………………（42）
3. 什么是预算管理体制？……………………………（43）
4. 如何看待预算信息公开？…………………………（44）
5. 我国的预算程序是如何规定的？…………………（45）
6. 地方各级人民代表大会、人民政府、财政部门在预算管理上的职权是如何划分的？……………（45）
7. 什么是财政平衡？…………………………………（46）
8. 什么是财政赤字？…………………………………（47）
9. 国家预算资金与民生有什么关系？………………（47）
10. 近年来国家预算对农村义务教育资金是如何安排的？………………………………………………（48）
11. 近年来国家预算对农村医疗卫生资金是如何安排的？………………………………………………（49）
12. 近年来国家预算对农村养老资金的安排是怎样的？……（50）
13. 我国财政支农的历史与内容 ……………………（51）
14. 什么是预算外资金？………………………………（55）
15. 预算外资金的范围是什么？………………………（56）
16. 预算外资金是如何管理的？………………………（57）
17. 预算外资金的收支情况如何？……………………（58）
18. 什么是"收支两条线"？……………………………（60）

19. 农村土地出让费如何管理? ……………………（60）
20. 2009年全国土地出让收支基本情况如何? ………（62）

第二部分 财政收入与支出

财政收支 …………………………………………（65）
1. 什么是财政收入? ………………………………（65）
2. 中央财政收入与地方财政收入有什么区别? ……（67）
3. 中央与地方财政收入平衡关系如何? ……………（68）
4. 什么是财政支出? ………………………………（70）
5. 中央财政支出和地方财政支出的范围有哪些区分? ……（72）
6. 中央财政为缓解县乡财政困难采取了哪些措施? ……（72）
7. 什么是"三奖一补"? …………………………（73）
8. "三奖一补"政策取得的主要成效有哪些? ……（74）
9. 什么是一事一议财政奖补政策? ………………（75）
10. 财政支出的原则是什么? ………………………（78）
11. 财政支出有哪些分类? …………………………（81）
12. 什么是转移性支出? ……………………………（82）
13. 什么是转移支付? ………………………………（83）
14. 转移支付的模式有哪些? ………………………（83）
15. 中央对地方转移支付形式有哪些? ……………（85）
16. 什么是一般性转移支付? ………………………（85）
17. 什么是专项性转移支付? ………………………（86）
18. 什么是社会保障支出? …………………………（86）
19. 农村社会保障制度的政策与作用是什么? ……（86）
20. 农村医疗保障财政责任的制度变迁是怎样的? ……（87）
21. 什么是新型农村合作医疗制度? ………………（90）
22. 财政在建设新型合作医疗中起到了怎样的作用? ……（90）
23. 近几年新型农村合作医疗情况如何? …………（91）
24. 什么是医疗救助? ………………………………（91）

25. 假设某农民在外出打工时突患大病,那么他该如何
    申请医疗救助呢? ………………………………………（92）
26. 农村社会养老保险的基本原则是什么? ……………（92）
27. 农村社会养老保险的制度模式的主要特点有哪些? ……（93）
28. 开展农村社会养老保险的基本条件是什么? ………（93）
29. 农村社会养老保险中怎样办理保险关系转移手续? ……（93）
30. 农村社会养老保险的保险对象领取养老金时,需办
    理哪些手续? ……………………………………………（94）
31. 什么是农村社会养老保险的缴费期? ………………（94）
32. 农村社会养老保险对象有什么权益? ………………（94）
33. 农村社会养老保险交费有哪些方式? ………………（95）
34. 参加农村社会养老保险的对象和年龄有什么规定? ……（95）
35. 农村社会养老保险制度模式的主要特点是什么? ……（95）
36. 什么是农村社会养老保险的保证期? ………………（96）
37. 什么是新型农村社会养老保险? ……………………（96）
38. 各地区农村社会养老保险的情况如何? ……………（97）
39. 农村的五保户由谁供养? ……………………………（98）
40. 什么是财政补贴? ……………………………………（99）
41. 国家现行惠农补贴政策具体有哪些? ………………（101）
42. 什么是"三补贴"政策? ……………………………（108）
43. 什么叫粮食直补? ……………………………………（109）
44. 粮食直补有什么意义? ………………………………（109）
45. 什么是良种补贴? ……………………………………（109）
46. 良种补贴的范围、对象及标准是什么? ……………（110）
47. 良种补贴的基本原则是什么? ………………………（110）
48. 取得良种补贴的步骤有哪些? ………………………（110）
49. 什么是农机具购置补贴? ……………………………（111）
50. 农民如何取得农机具购置补贴? ……………………（111）

51. 农机购置补贴目录是如何制定的？该目录在哪里能看到？ …………………………………………………… (112)
52. 2010年中央财政安排农机购置补贴资金的规模是多少？补贴机具增加了哪些种类？ ………………… (112)
53. 2010年农机购置补贴的补贴对象和补贴标准是什么？ … (113)
54. 农民如何申请农机补贴？是不是凡是申请购机的都能享受到补贴？如果不能保证，在确定补贴对象时怎样做到公正公平？ …………………………… (114)
55. 到哪里去购买农机具？补贴机具经销商如何确定？ …………………………………………………… (114)
56. 购机补贴资金如何兑现？国家对购机有什么信贷支持政策？ ……………………………………………… (114)
57. 补贴资金规模扩大后，如何确保农民买到质量合格的产品？ ………………………………………………… (115)
58. 对农民购机后的售后服务有什么要求？ ……………… (115)
59. 什么是农资综合补贴动态调整机制？ ………………… (116)
60. 为什么要实施农资综合补贴动态调整机制？其意义是什么？ ……………………………………………… (116)
61. 实施农资综合补贴动态调整机制后，如何确保补贴规模只增不减？ …………………………………… (117)
62. 实施农资综合补贴动态调整机制后，中央财政如何确定年度补贴规模？如何分配和拨付补贴资金？ … (118)
63. 实施农资综合补贴动态调整机制，为什么要选择化肥、柴油两大类农资作为测算种粮农资增支、安排补贴规模的依据？ ……………………………… (118)
64. 实施农资综合补贴动态调整机制后，将采取哪些措施确保政策落到实处？ …………………………… (119)
65. 家电下乡是怎么回事？ ………………………………… (119)

66. 家电下乡的意义是什么？……………………（120）
67. 国家对家电下乡推广工作是如何安排的？………（122）
68. 怎样识别家电下乡产品？……………………（122）
69. 参加家电下乡的销售企业有哪些？………………（123）
70. 农民如何购买家电下乡的产品？…………………（123）
71. 农民购买的家电下乡产品如何进行维修？………（124）
72. 农民购买家电下乡产品时需要注意的问题有哪些？…（125）
73. 农民购买家电下乡产品后如何领取补贴？………（125）
74. 家电下乡产品补贴数量限制与补贴标准是什么？……（126）
75. 什么是以旧换新政策？……………………………（126）
76. 家电以旧换新政策与家电下乡有什么区别？……（126）
77. 汽车、家电以旧换新政策的思路是什么？………（127）
78. 以旧换新政策有什么意义？………………………（127）
79. 汽车以旧换新政策的补贴标准是什么？…………（128）
80. 家电如何"以旧换新"？……………………………（129）
81. 扩大农村金融机构定向费用补贴政策范围的目的是什么？………………………………………（130）
82. 扩大前的农村金融机构定向费用补贴政策的主要内容有哪些？…………………………………（131）
83. 扩大前的农村金融机构定向费用补贴政策执行情况效果如何？…………………………………（131）
84. 农村金融机构定向费用补贴政策扩大的范围和对象有哪些？……………………………………（131）
85. 扩大农村金融机构定向费用补贴政策范围的标准和条件是什么？………………………………（132）
86. 扩大范围后的农村金融机构定向费用补贴与扩大范围前的政策如何衔接？……………………（132）
87. 金融机构应如何申请补贴资金？…………………（133）

88. 地方财政部门如何做好农村金融机构定向费用补贴工作？ …………………………………………… (133)
89. 金融机构将为返乡农民工创业提供哪些信贷支持？ ………………………………………………… (133)
90. 农民如何取得信贷支援？ ………………………… (134)
91. 农村劳动力自主创业可否申请贷款担保？ ……… (135)
92. 农民自主创业有补助吗？ ………………………… (135)
93. 什么是"两免一补"？ …………………………… (136)
94. 如何界定"两免一补"补贴范围？ ……………… (136)
95. "两免一补"申报程序是什么？ ………………… (137)
96. "两免一补"补助标准是什么？ ………………… (137)
97. 什么是家庭经济困难学生资助政策体系？ ……… (137)
98. 当人民面临自然灾害时，国家有哪些补贴措施？ … (139)
99. 什么是财政投资？ ………………………………… (139)
100. 财政投资对农业发展有什么作用？ …………… (140)
101. 财政投融资怎样加快新农村建设？ …………… (141)
102. 我国有哪些政策性银行？这些银行如何发挥支农作用？ ………………………………………… (141)
103. 什么是购买性支出？ …………………………… (142)
104. 购买性支出对国家经济会有什么影响？ ……… (142)
105. 什么是财政的"农业支出"？ ………………… (144)
106. 什么是政府采购？ ……………………………… (145)
107. 2009年我国政府采购规定有什么新变化？ …… (146)
108. 什么是税收返还？ ……………………………… (147)

国　　债 …………………………………………… (148)

1. 什么是国债？ …………………………………… (148)
2. 发行国债的目的是什么？ ……………………… (148)

3. 市场经济条件下国债的功能是什么？ ………… (149)
4. 国债有哪些种类？ ……………………………… (150)
5. 我国国债是如何分类的？ ……………………… (152)
6. 国债的发行价格如何确定？ …………………… (153)
7. 国债的偿还方式有哪几种？ …………………… (153)
8. 国债偿还的资金来源有哪些？ ………………… (153)
9. 我国国债立法历程是怎样的？ ………………… (154)
10. 什么是特别国债？ ……………………………… (154)
11. 农民如何购买国债？ …………………………… (155)
12. 农民认购国债应注意什么？ …………………… (156)
13. 国债如何下乡？ ………………………………… (157)
14. 我国地方债发展情况如何？ …………………… (158)
15. 地方政府发债优点和缺点有哪些？ …………… (158)

税　　收 ………………………………………………… (159)
1. 什么是税收？ …………………………………… (159)
2. 税收与人民生活有什么关系？ ………………… (160)
3. 什么是税制？ …………………………………… (161)
4. 我国的税收管理体制是怎样的？ ……………… (161)
5. 为什么要进行农村税费改革？ ………………… (162)
6. 实行农村税费改革的主要成效有哪些？ ……… (162)
7. 农村综合改革的主要内容有哪些？ …………… (163)
8. 什么是税种？ …………………………………… (163)
9. 我国现行的税种有哪些？ ……………………… (164)
10. 为什么要取消农业税？ ………………………… (164)
11. 取消农业税为农民减轻了多少负担？ ………… (166)
12. 什么是纳税人？ ………………………………… (166)
13. 纳税人有哪些权利与义务？ …………………… (168)
14. 纳税程序有哪些？ ……………………………… (168)

15. 什么是负税人？ …………………………………………（169）
16. 什么是课税对象？ ………………………………………（169）
17. 什么是税源？ ……………………………………………（170）
18. 什么是价外税？ …………………………………………（170）
19. 什么是价内税？ …………………………………………（171）
20. 税率如何确定？ …………………………………………（171）
21. 什么是比例税率？ ………………………………………（171）
22. 什么是定额税率？ ………………………………………（172）
23. 什么是累进税率？ ………………………………………（173）
24. 什么是实际税率？ ………………………………………（174）
25. 国家怎样来征税？ ………………………………………（174）
26. 税收优惠方式有哪些？ …………………………………（175）
27. 我国税收优惠主要针对哪些领域？ ……………………（177）
28. 国家对农民专业合作社有哪些税收优惠政策？ ………（181）
29. 为推动农村经济发展，促进农民增加收入，国家有哪些涉农税收优惠政策？ ………………………（181）
30. 国家关于农业生产资料方面的税收优惠政策有哪些？ …………………………………………………（182）
31. 依靠税收政策支持推进现代农业发展的重要性是什么？ ……………………………………………………（185）
32. 怎样对下岗或失地农民在城镇非农产业再就业给予税收照顾？ ……………………………………（186）
33. 我国对农产品抵扣进项税额的增值税政策有哪些？ …………………………………………………（187）
34. 我国对农业企业税收有哪些优惠政策？ ………………（188）
35. 国税局是从什么时候开始有的？为什么要设立这样的机构？ ………………………………………（191）
36. 地税局是从什么时候开始有的？为什么要设立这

样的机构？…………………………………………（193）
37. 什么是增值税？…………………………………（194）
38. 如何区分一般纳税人和小规模纳税人？………（194）
39. 增值税的税目和税率有哪些？…………………（195）
40. 增值税主要有哪些免税规定？…………………（196）
41. 我国对农产品增值税的规定是什么？…………（198）
42. 农民销售自产的农产品要缴纳增值税吗？……（199）
43. 我国现行的农产品出口退税政策有什么规定？…（199）
44. 我国关于以农林剩余物为原料的综合利用产品增
    值税的政策有哪些？…………………………（200）
45. 一个增值税案例…………………………………（201）
46. 什么是消费税？…………………………………（202）
47. 消费税的征税范围包括什么？…………………（202）
48. 消费税的税率是多少？…………………………（203）
49. 什么是燃油税？…………………………………（205）
50. 什么是营业税？…………………………………（206）
51. 营业税的税目和税率有哪些？…………………（206）
52. 营业税有哪些免税规定？………………………（207）
53. 对于涉农企业营业税有哪些优惠政策？………（208）
54. 营业税对农产品加工企业有哪些间接优惠政策？…（208）
55. 营业税计算案例…………………………………（209）
56. 什么是个人所得税？……………………………（210）
57. 我国个人所得税税目税率有哪些？……………（210）
58. 我国个人所得税有哪些免征、减征规定？……（212）
59. 个人所得税征收方法？…………………………（214）
60. 起征点与免征额有什么区别？…………………（214）
61. 农民工要缴纳个人所得税吗？…………………（215）
62. 农民为什么不用缴纳个人所得税？……………（216）

63. 我国对企业所得税税目税率有什么规定？ …………（216）
64. 什么是小型微利企业？ ……………………………（217）
65. 农民开办企业要交公司所得税吗？ ………………（218）
66. 国家对企业所得税优惠政策的农产品初加工范围有哪些规定？ ……………………………………（218）
67. 现行税法对从事农、林、牧、渔业项目享受企业所得税优惠有哪些具体规定？ ……………………（223）
68. 什么是土地增值税？ ………………………………（224）
69. 土地增值税税率是如何规定的？ …………………（224）
70. 什么是房产税？ ……………………………………（225）
71. 农民在宅基地上自建房屋需要交房产税吗？ ……（225）
72. 自建房产无证要纳税吗？ …………………………（226）
73. 个人出租房产是否交纳房产税？ …………………（226）
74. 什么是城镇土地使用税？ …………………………（227）
75. 城镇土地使用税的税额如何计算？ ………………（228）
76. 房产税、土地增值税、城镇土地使用税有什么区别？ ……………………………………………………（229）
77. 什么是耕地占用税？ ………………………………（231）
78. 《条例》修改前后减免税政策有哪些变化？ ………（231）
79. 农村居民在老宅基地翻盖新房要交纳耕地占用税吗？由老宅基地搬迁到新地方建房要交纳耕地占用税吗？ ……………………………………………（232）
80. 1987年4月1日以前建房，是否征收耕地占用税？ ……………………………………………………（232）
81. 农民占用耕地新建自用住宅如何缴纳耕地占用税？ ……………………………………………………（232）
82. 耕地占用税由哪个部门负责征收？以前由哪个部门代征？代征是否有效？农民交纳耕地占用税后会拿

到什么凭证？……………………………………（233）
83. 什么是契税？……………………………………（233）
84. 契税与土地增值税的不同？……………………（233）
85. 契税的税率是如何规定的？……………………（234）
86. 契税有哪些优惠政策？…………………………（234）
87. 房屋附属设施的契税应如何计算？……………（235）
88. 农民的房屋买卖，契税如何征收？……………（236）
89. 农民工城镇买房契税减免的规定是什么？……（236）
90. 什么是车船税？…………………………………（237）
91. 农用机动车辆如何缴纳车船税？………………（237）
92. 什么是车辆购置税？……………………………（237）
93. 我国有关车辆购置税的减征的规定……………（238）
94. 我国有关车辆以旧换新有哪些规定？…………（238）
95. 车船税与车辆购置税有什么区别？……………（238）
96. 什么是资源税？…………………………………（238）
97. 资源税的范围有哪些？…………………………（239）
98. 农民身边的哪些资源应纳税？…………………（239）
99. 什么是印花税？…………………………………（239）
100. 印花税征税税率是多少？………………………（240）
101. 农民专业合作社的印花税减免有什么规定？……（240）
102. 什么是城市维护建设税？………………………（241）
103. 城市维护建设税计征时如何计算？……………（241）
104. 农民用交城市维护建设税吗？…………………（241）

第一部分 财政与财政政策

财　　政

1. 什么是财政？

从造字学上看,"财政"由"财"和"政"两字组成。"财"则有"贝"与"才"两个偏旁,左边"贝"乃古代之货币,右边"才"指人才,乃古代之君子,可谓是君子爱财,取之有道。"政":孙中山曾经说过"政"是"众人之事",故"财政"可解释为"为大众理财"。财政是伴随国家的产生而产生的。人类社会随着生产力的不断提高,出现私有财产,社会分裂为阶级才产生了国家。国家一旦产生,就必须从社会分配中占有一部分国民收入来维持国家机构的存在并保证实现其职能,于是才产生财政这种特殊的经济行为和经济现象。从经济学的意义来理解,财政是一个经济范畴,是一种以国家为主体的经济行为,是政府集中一部分国民收入用于满足公共需要的收支活动,也可以理解为,财政是以国家为主体的分配活动。

2. 财政的研究对象是什么？

财政的研究对象是公共物品,那什么是公共物品呢？从字面上理解,公共物品即是大家的物品。如在我们日常的生活中,最普遍、最常见的公共物品之一是路灯,它对通过街道的每个人都提供了相同的功能。假如有一天路灯坏了,你换了一个灯泡,它在照亮了你的同时也照亮了其他的路人,但是他们并没有为此付费而得到了好处,那么对你来说,最平等的方法是让那些过路人也为此付费。但过路的人也许会告诉你他们愿意让路灯继续黑下去也不愿意为此付费,尽管他们并不是希望路灯继续黑下去,而是将自己真实的想法隐藏起来,希望搭你的便车由你来替他们付费。当然,你作为一个有教养的人不会去和那些斤斤计较的人们去计较,并会慷慨地为此出钱换了那个坏了的灯泡。但是,假如那个灯泡的市场售价是50元,会怎么样呢?100元,或者是10000元呢?市场就这样趋近于失灵:假如没有任何外力作用,我们的路灯多数都会黑掉。路灯仅仅是一个例子,在我们的身边这种例子数不胜数:道路、绿化、农村水利设施、电力设施等等。

因此,公共物品如上所述是具有非竞争性和非排他性的物品。非排他性是指一件商品我用了,并不影响其他人再用;非竞争性是指某人对公共物品的消费并不会影响别人同时消费该产品及其从中获得的效用。与公共物品相对的是私人物品,私人物品是具有竞争性和排他性的物品。排他性是指一件商品我用了别人就不能再用,竞争性是指我用了一件商品别人就会少用一件。日常生活中,私人物品到处都是,比如电视机、面包等。

3. 农村常见的公共物品有哪些?

农村公共产品是广泛分布于农村地区的、能同时被多人共同消费和使用的产品。理论上讲,在农村地域范围内,应该依靠政府力量供给的公共产品主要有:

(1)公共工程:大中型农业基本建设投资项目,主要指政府办的对农业生产有直接联系,如根治河流、治涝、引水、灌溉等大型水利工程,兴建大中型水利枢纽,大规模植树造林,农业生产和农产品流通的重点基础设施及商品粮基地建设等工程;农村环境保护工程,如退耕还林还草工程、治理环境污染等。

(2)公共教育:农村范围内的中小学九年义务教育;教育等部门所属各类学校的基建支出;支援不发达地区的教育支出;农村扫盲工作等。

(3)社会保障:主要用于抚恤和社会救济福利事业,对农村五保户、贫困户的生活救济和生产自救扶持,农村福利机构的建立和福利设施的建设以及自然灾害救济等。

(4) 医疗保障:环境治理、健康宣传等公共卫生和计划生育、传染病控制等基本临床医疗服务支出;农村基本医疗服务网络的建设等。

(5) 行政机构管理费和事业单位事业费:指农村基层政府正常运作,实现宏观管理职能所需要的管理费以及农村农林水气象等部门的事业费,如农业科研、技术推广、畜牧兽医、水利部门所需经费。

(6) 社会秩序和法律的维护:法律和秩序是保障社会正常、健康发展和运行的基础,农村社会也不例外,因此,公检法等部门所需经费应由公共财政负担。

4. 财政与民生有什么关系?

"民生"一词最早出现在《左传·宣公十二年》,所谓"民生在勤,勤则不匮。"这里的"民",就是百姓的意思。而《辞海》中对于"民生"的解释是"人民的生计",是一个带有人本思想和人文关怀的词语,语境中显然渗透着一种大众情怀。"在现代社会中,民生和民主、民权相互倚重,而民生之本,也由原来的生产、生活资料,上升为生活形态、文化模式、市民精神等既有物质需求也有精神特征的整体样态。"

现代意义上的民生概念有广义和狭义之分。广义上的民生概念是指,凡是同民生有关的,包括直接相关和间接相关的事情都属于民生范围内的事情。这个概念的优点是充分强调民生问题的高度重要性和高度综合性,但其明显的不足在于,概念范围太大。其所包括的内容过于庞大,所涉及的面过于宽泛,同具体政策层面上的民生问题难以吻合,难以把握,所以,在具体政策和实际生活领域,人们一般不使用广义上的民生概念。狭义上的民生概念主要是从社会层面上着眼的。从这个角度看,所谓民生,主要是指民众的基本生存和生活状态以及民众的基本发展机会、基本发展能力和基本权益保护的状况,等等。

建设社会主义和谐社会是一项系统工程,必须坚持以人为本,始终把最广大人民的根本利益作为一切工作的出发点和落脚点,"正确处理新形势下人民内部矛盾,认真解决人民群众最关心、最直接、最现实的利益问题"[①],把民生问题作为重中之重。具体来说,就是要把就业、教育、分配、社保、稳定五大现实问题解决好。

"就业是民生之本",就是说"就业"是人民生存和生活的根本。就是要大力解决下岗职工再就业,引导农村富余劳动力向非农产业转移,抓好高校毕业生、复转军人、新增劳动力的就业问题,实行"劳动者自主择业,市场调节就业,政府促进就业"的方针,使人人有活干,有饭吃。

"教育是民生之基",就是说"教育"是强国富民的基础,要努力提高国民素质,把教育放在优先发展的战略地位,加大投入,加强农村义务教育,实行"两免一补",解决进城务工子弟上学难等问题,让孩子们都能无忧无虑地读书,让家长们不再为学费发愁。

"分配是民生之源",就是说"分配"是人民休养生息的源泉。就是"改革发展成果让人民共享",推进分配制度改革,完善以按劳分配为主、多种分配形式并存的分配制度,建立正常的工资增长机制,通过"扩中、提低、限高",缩小贫富差距,形成"两头小、中间大"的分配格局,让广大人民群众都过上好日子。

"社保是民生之依",就是说"社保"是人民生存和发展的依托。就是要把老百姓都装进"保险箱",完善和健全养老、失业、医疗等社会保障机制,落实城镇居民最低生活保障;探索建立农村养老、医疗保险和最低生活保障制度;大力加强对特殊困难群众的救助,确保弱势群体的生活底线,使人民群众老有所养,病有所医,居有其屋,衣食无忧。

---

① 《中国共产党十六届五中全会会议公报》2005年10月11日。

"稳定是民生之盾",就是说"稳定"是人民安居乐业的可靠保障和坚强后盾。"稳定压倒一切。""利莫大于治,害莫大于乱。"就是要重视社会稳定工作,健全社会矛盾纠纷处理机制,排难解纷,把各种矛盾化解在萌芽状态,加强社会治安防控体系和综合治理,依法严厉打击各种刑事犯罪,争取社会治安状况的根本好转,增强人民群众的安全感。

2009年中央财政用在与人民群众生活直接相关的教育、医疗卫生、社会保障和就业、保障性住房、文化方面的民生支出合计7422.56亿元,比上年增长31.7%,其中教育支出1981.39亿元,医疗卫生支出1273.21亿元,社会保障和就业支出3296.67亿元,保障性住房支出550.56亿元,文化体育与传媒支出320.73亿元。如果包括环境保护、交通运输等方面涉及民生的支出,中央财政实际用于民生的投入还要更大一些。中央对地方税收返还和转移支付也有部分由地方用于保障和改善民生。

总的来说,2009年中央财政积极调整优化支出结构,不断加大民生投入保障力度,取得了比较好的效果,进一步保障和改善了民生。农村义务教育经费保障机制改革各项政策目标提前一年全面实现,近1.5亿名学生享受免除学杂费和免费教科书政策,中西部地区约1120万名学生获得生活费补助。城市义务教育阶段免学杂费工作继续推进,支持解决880万农民工随迁子女的就学问题。全国中小学校舍安全工程启动,改造校舍1.2亿平方米。家庭经济困难学生资助政策进一步落实,约470万名高校和1120万名中等职业学校学生受益。实施更加积极的就业政策,全年累计实现新增就业1102万人。新型农村合作医疗参合人数达到8.3亿人,城镇居民基本医疗保险参保人数达到1.8亿人,财政补助标准提高到人均80元。在30%的基层医疗机构实施基本药物制度。支持2.9万所乡镇卫生院、5000所中心乡镇卫生院建设,基层医疗卫生服务能力增强。在320个县开展新型农村社会养老保险试点,推动我国社会保障制度建设迈出历史性步伐。提高企业退休人员基本养老金水平,城镇企业职工基本养老保险省级统筹基本实现。城乡低保月人均财政补助标准分别增加15元、10元,部分优抚对象等人员抚恤和生活补助标准进一步提高。对7570万城乡低保对象、农村五保供养对象和优抚对象等人员发放一次性生活补贴。保障性住房建设力度加大,近千万城乡困难群众居住条件得到改善。这些政策措施,既促进了解决涉及人民群众切身利益的问题,使广大人民群众共享改革发展的成果,又稳定了居民消费预期,缓解了居民消费的后顾之忧。

5. 什么是基本公共卫生服务均等化?

基本公共卫生服务均等化是指每个中华人民共和国公民,无论其性别、年龄、种族、居住地、职业、收入水平,都能平等地获得基本公共卫生服务,主要包括逐步在全国统一建立居民健康档案,并实施规范管理。定期为65岁以上老年人做健康检查、为3岁以下婴幼儿做生长发育检查、为孕产妇做产前检查和产后访视,为高血压、糖尿病、精神疾病、艾滋病、结核病等人群提供防治指导服务。

促进基本公共卫生服务逐步均等化,目标是保障城乡居民获得最基本、最有效的公共卫生服务,缩小城乡居民基本公共卫生服务差距,使广大居民不得病、少得病。根据医改实施方案,国家制定统一的基本公共卫生服务项目,按项目免费向城乡居民提供。各地有条件的,还可以在国家统一项目基础上,增加服务项目。

基本公共卫生服务所需资金将全部由政府承担。基本公共卫生服务人均经费标准是按照政府提供的基本公共卫生服务的单位综合服务成本确定的,2009年不低于15元,至2011年提高到不低于20元,中央财政按一定比例对困难地区予以补助。

我国经过三十多年的改革开放,财政经济实力显著增强,为解决包括基本公共卫生服务在内的民生问题,奠定了坚实的物质基础。随着该项目的实施,人人将享受到公共财政的阳光雨露,这将有效支撑着让全体社会成员共享的和谐稳定,更是惠及全民、人人受益的重大民生工程。

6. 什么是农村公共服务均等化？

公共服务均等化，不能仅仅理解为村级的财务收支或乡镇的财政管理，不能仅仅理解为对困难农民的照顾和减轻农民负担，也不能仅仅理解为各级干部办点示范。根据我国目前的财政能力，其目标应定位于确保全国各地都能提供基本标准的公共产品和公共服务，包括乡村组织的政务服务、管理服务，基础设施建设、"绿箱政策"，基础教育、医疗保健等公共事业保障，养老保险、医疗保险、困难救济等社会保障。

从总体上讲，国家安全和经济稳定由中央政府负责，公共服务和社会保障应交由地方各级政府负责。农村公共事务主要应交给县乡两级政府来承担。事权确定后，要相应确定各级政府的财权，并使之权责相当。

对政府特别是县乡政府提供的公共产品和公共服务要作出规范性的规定。对于中西部农业地区而言，一是保障基层组织的正常运转。主要是编制内的人员工资支出和公用经费支出；二是保障农村义务教育经费；三是支持乡村道路、水电、通讯、广播电视等基础设施建设；四是支持农村公共卫生和医疗防疫体系建设。五是逐步建立农村社会保障制度，扶助弱势群体；六是农业生产性基础设施建设；七是农业科技进步；八是对农业生产补贴等。落实人民代表大会的预算决定权，预算应通过公共信息平台进行公布，便于全社会参与监督。从制度上确立由农民、农村的内部需求决定公共产品投资范围和投资方向。

比如水利，有跨地区的流域调水或防洪工程，有跨县的大型水利工程，有跨乡镇的中型水利工程，也有跨村的小型水利工程，还有灌溉几亩或几十亩的组内山平塘、骨干塘。各类公共产品都靠财政投入不现实，也不经济，特别是对村组的公共事务，无法由财政全部包揽。对农村公益事业建设实行民办公助、以奖代补，以鼓励和支持村组的"一事一议"，提升群众投入村组公益事业的积极性，将会是今后相当长时期的一个主要方法。

7. 当前农村公共服务体系的基本现状如何？

一般而言，农村公共服务是指农村地区为满足农业、农村发展或农民生产、生活共同所需而提供的具有一定的非排他性和非竞争性的社会服务。农村公共服务主要分为两大类，一类指包括农村基层政府行政服务、农村计划生育服务、农业发展战略研究、农村环境保护、农村发展规划、农业灾害预报、农产品信息系统建设、大江大河的治理等在内的纯公共产品与服务；另一类是指农村义务教育、农村公共卫生、农村社会保障、农村道路建设、农田改造、农村水利灌溉系统建设、小流域防洪涝设施建设、农业科技成果推广、农田防护林等准公共产品与服务。具体而言，可按内容将其分为技术性农村公共服务、信息性农村公共服务和专业性农村公共服务等三大类。

当前，农村公共服务有效供给严重不足，农村公共服务的水平很低，农村公共服务的短缺主要由农民自己负担，已经严重影响了农村经济社会的发展，并成为社会和谐的主要障碍。

根据农民的各种社会化需求，中央政府从农民最关心、最直接、最现实的利益入手，大力加强各种农村公共服务的建设。如建立和完善农民收入增加的各种保障机制、农村劳动力流动的管理与服务机制、农民权益保障机制、农村水利、道路、体育、文化娱乐等公共基础设施的建设与管理机制、农村公共卫生、教育、文化等服务体系、农村社会保障机制、农村公共安全应急处理机制等，从整体上推进农村公共服务体系的建立和完善。

基本公共卫生服务均等化的含义，有什么措施保证均等化的实现？

基本公共卫生服务均等化是指保证全体城乡居民都能够免费或只需少量付费就可获得安全、有效、方便的基本公共卫生服务。公共卫生服务的内容主要包括传染病、慢性病、地方病预防控制、计划免疫，妇幼保健，院前急救，采供血等。国家选择最基本的公共卫生服务项目，向城乡居民免费提供服务，地方政府可在此基础上，根据当地财力和突出的公共卫生问题,增加公共卫生服务项目。

促进基本公共卫生服务逐步均等化的政策措施,主要包括五个方面:一是落实公共卫生服务责任。明确并落实各级各类公共卫生服务机构的职责任务。二是加强公共卫生机构服务能力建设。重点改善目前比较薄弱的精神卫生、妇幼卫生、卫生监督等专业公共卫生机构的设施条件。三是加强规划和管理,合理配置公共卫生服务资源。四是保障公共卫生服务所需经费。逐步提高公共卫生服务经费标准,健全公共卫生服务经费保障机制。五是改善服务。制定公共卫生服务标准、工作流程和考核办法,开展主动服务。

8. 什么是地方财政?

各级地方政府财政,是国家财政的重要组成部分。它体现地方政府与所属或所辖区内企业、事业单位、社会、组织、居民之间以及各级政府之间的分配关系。中华人民共和国行政管理体制分为中央、省(自治区、直辖市)、省辖市(自治州、直辖市辖区)、县(自治县、市、旗)和乡(镇)五级政权。按照一级政权一级财政的原则,我国地方财政由省(自治区、直辖市)、县(市、自治县、市辖区)、乡(镇)三级财政组成。在地方财政体系中,省级财政是主导,市级财政是支柱,市辖区、县、乡(镇)财政是基础环节。各级地方财政是同级地方政府执行其职能的财力保证,通过地方政府的预算筹集财政收入,分配财政支出。

在我国,地方财政职责主要有:(1)为国家筹集财政资金。(2)为地方政府实现国家政治经济任务提供财力保证。(3)支持地方经济建设和各项事业的发展。(4)对财政资金的运用进行监督。(5)编制地方各级预算和决算,审查所属各部门、各单位的财务会计预算和决算报表,汇编本地区的总预算草案和决算草案,经同级政府审查后,报立法机构批准,并逐级汇总上报财政部。

9. 什么是财政管理体制?

财政管理体制的实质是正确处理国家在财政资金分配上的集权

与分权问题。国家的各项职能是由各级政府共同承担的,为了保证各级政府完成一定的政治经济任务,就必须在中央与地方政府、地方各级政府之间,明确划分各自的财政收支范围、财政资金支配权和财政管理权。一般地说,各级政府有什么样的行政权力(事权),就应当有相应的财权,以便从财力上保证各级政府实现其职能。

在整个国民经济管理体制中,财政管理体制占有重要的地位,因为各项经济事业的发展都要有财力、物力的支持。正因为如此,财政管理体制必须适应经济管理体制的要求。由于财政管理体制属于上层建筑,它反映社会主义经济基础并由其决定。因此,财政管理体制要为社会主义经济基础和生产力的发展服务,并要适应国民经济发展的要求。

内容包括:

(1) 预算管理体制。根据国家各级政权的职责范围划分各级预算收支范围和管理权限,并规定收支划分的方法。预算管理体制是财政管理体制的核心。由于国家预算集中了国家的主要财力,是国家有计划地组织财政分配的基本形式,通常也把预算管理体制称为财政管理体制。

(2) 预算外资金管理体制。规定预算外资金(见预算)的收支范围和管理权限。预算外资金在性质上属于财政资金,但不纳入国家预算管理而由各地方、各部门、各企业、事业单位自收自支、自行管理。

(3) 税收管理体制。规定各级政权机关在税收管理上的职责和权限。税收是国家最重要的财政收入。在各级政权组织之间,不仅对税种及税收的减免权有明确的划分,而且对税收稽征管理的职权也有具体的规定。

(4) 行政、事业财务管理体制。规定国家行政机关和事业单位为完成其工作任务和事业计划所具有的经费支配权限和责任,经费开支的范围和管理形式,以及在完成任务和计划后对经费节余可以分享的权利。

(5) 固定资产投资管理体制。规定在使用国家投资过程中,国家与建设单位（包括新建、改建、扩建和更新改造的单位）及其职工之间各自的职责和全面完成国家任务后应得的利益。固定资产投资中涉及专业银行信用管理体制和建设单位本身的财务活动，不属于财政管理体制的范围。

（6）企业财务管理体制。规定国营企业再生产过程中国家与企业、职工之间在资金管理、成本管理、企业收入分配和使用等方面的责任、权限和利益。资金（包括企业固定资金和企业流动资金）和积累的分配是财政管理体制直接处理的。涉及企业与银行以及企业内部关系的，则分别属于银行信用管理体制和企业本身的财务活动。

中国的财政管理体制经历了由高度集中的统一收支管理体制逐步转向中央统一领导、分级管理体制的过程。不同时期的财政管理体制有过各种变化，集中和分散的程度不同，分级管理的形式也不同，在大部分时期内，是同当时政治经济发展情况和经济管理体制的要求相适应的。

1978年后，为了加速实行社会主义现代化建设，财政体制进行了一系列的改革，主要是围绕中央与地方、国家与企业的关系进行，以后者为重点。在中央与地方的财政关系方面，扩大了地方的财权，加强了地方理财的责任心，体现了责、权、利相结合的原则。在国家与企业的财政关系方面，改变国家对企业统得过死的状况，扩大企业的自主权，先后试行了企业基金办法、各种形式的利润留成办法和盈亏包干办法。其后，在总结经验的基础上，把企业上缴利润的制度逐步改为向企业征收所得税，企业纳税后的利润归企业自行支配使用（见国营企业利润分配）。通过征收所得税，用法律形式把国家与企业的分配关系固定下来，既保证了国家财政收入的稳定增长，又进一步发挥了税收调节经济的杠杆作用，从而有利于建立和健全企业内部的经济责任制，落实扩大企业自主权的各项措施，充分发挥企业和职工的积极性。在固定资产投资管理体制方面，把财政无偿拨款供应基本建设资金改为通过建设银行有息贷款，定期偿还，并推行投资包干制，明确建设单位和施工单位的经济责任,进一步调动其完成国家计划投资的积极性。对行政、事业单位的经费也开始推行包干使用、节余分成的办法,促使其在完成规定任务的前提下努力节省经费开支。

10. 农村财政分配制度的沿革

新中国成立以后,我国财政分配制度采取"统一领导,分级管理"的方针,各级政府财政经费支出由国家预算统一安排解决,农民只承担国家税收及附加,税负较轻。1958年以后,我国农村实行政、社合一,公社所需经费除了上级政府少量拨款以外,主要靠农村集体经济的积累和各项提留以及社会义务劳动来解决。农民在正税以外,还要负担部分满足社会公共需要的供给义务。改革开放后,农村经济实行联产承包责任制,原来集体经营变成农户分头经营,农户与国家、集体分配关系也就变成农民向国家交税,向集体交公积金、公益金及管理费,这样农民双重负担就显露出来。1983年,撤销人民公社,建立了镇、乡政府,农村实行政社分开改革,但集体经济组织财务与乡镇政府财政却没有分开,本属于集体经济的各项提留被纳入乡镇政府财政轨道。为解决乡镇政府经费不足,基层政府在向农民收税及附加以外,又征收名目繁多的乡镇自筹资金。由于采取"一事一收费制",使乱收费、乱摊派、乱集资等现象大量存在,农民负担日益沉重。1991年,国家对农村提留和统筹作了规定,划定了农村提留和乡镇自筹征收及使用范围,明确规定乡镇自筹用于农村义务教育、计划生育、民兵训练、社会抚恤、乡村道路等五方面,即"五统筹"。从"五统筹"内容来看,它们都属于公共需要,理应列入政府预算,由政府来承担,因此,1994年地税费改革取消了"五统筹",改为收税形式,农民负担减轻了,但长期依靠统筹筹资解决这些事业的基层政府必然发生财政困难,只能想其他办法来弥补资金缺口。1994年分税制财政管理体制对事权划分并没有明确规定,导致中央与地方财权和事权上下不对称。相比而言,中央财政资金较宽裕,地方财力较紧。而在事权上,地方要承担属于中央的项目,地方政府负担加重,乡镇政府实际取得收入无法应对必要开支。同时，由于以农业为主要经济来源的地区，其收入难以大幅增加，加之这些地区二、三产业规模小、效益差，不能提供更多收入，因而收入偏紧。因此，"十五"（2000年~2005年）伊始，中国开始了以减轻农民负担为中心，取消"三提五统"等税外收费、改革农业税收为主要内容的农村税费改革。并从2001年开始，逐步在部分省市进行试点、推广。其主要内容可以概括为："三取消、两调整、一改革"。"三取消"，是指取消乡统筹和农村教育集资等专门向农民征收的行政事业性收费和政府性基金、集资；取消屠宰税；取消统一规定的劳动积累工和义务工。"两调整"，是指调整现行农业税政策和调整农业特产税政策。"一改革"，是指改革现行村提留征收使用办法。2004年开始，取消牧业税和除烟叶外的农业特产税；实行取消农业税试点并逐步扩大试点范围，对种粮农户实行直接补贴、对粮食主产区的农户实行良种补贴和对购买大型农机具户的农户给予补贴；吉林、黑龙江8个省份全部或部分免征了农业税，河北等11个粮食主产省区降低农业税税率三个百分点，其他地方降低农业税税率一个百分点。2005年上半年，中国22个省免征农业税；2005年年底共有28个省区市及河北、山东、云南三省的210个县（市）全部免征了农业税。2005年12月，十届全国人大常委会第十九次会议通过决定，自2006年1月1日起废止《农业税条例》。

农村税费改革，事关广大农民群众的切身利益，是党中央、国务院规范农村分配制度、遏制面向农民的乱收费、乱集资、乱罚款和乱摊派，从根本上解决农民负担问题的一项重大措施，它对于维护农村社会稳定，改善党群关系等方面具有重大意义。任何改革都不是一帆风顺的。农村税费改革的巨大成果，得到了广大农民群众的热烈拥护和支持，这是不言而喻的。然而，在充分肯定成绩的同时，也必须看到税费改革后存在的不容忽视的诸多问题。比如：乡村负债数额大，债务化解难；基层收入甚微，机构正常运转困难；税费改革后，由于历史欠账较多，兴办集体公益事业有事难议、难做，税费尾欠难解决，转移支付资金分配使用及跟踪监督不够等。

对于上述存在的问题,我们必须要按照党中央、国务院的指示精神,认真研究解决改革中出现的新情况、新问题、及时化解矛盾,完善有关配套政策,确保改革顺利进行,向纵深发展。目前采取的措施有:开展乡村债务清理,做到情况明底子清;加大宣传力度,推行"一事一议"制度;加大转移支付力度,确保专款专用等,从根本上保护农村和农民利益,解决地方财政困难,从而对农业经济乃至国民经济发展起促进作用。

11. 财政的职能有哪些?

国家财政一般具有三个职能:

(1)资源配置职能。由于市场存在失灵,市场自发形成的配置不可能实现最优的效率状态,因而需要政府介入和干预。财政配置的机制和手段有:①根据政府经济职能确定财政收入占 GDP 的合理比例,从而实现资源配置总体效率。②优化财政支出结构,保证重点支出,压缩一般支出,提高资源配置的结构效率。③合理安排政府投资的规模和结构,保证国家的重点建设。④通过政府投资、税收政策和财政补贴等手段,带动和促进民间投资、吸引外资和对外贸易,提高经济增长率。⑤提高财政资源配置本身的效率。

(2)收入分配职能。在市场经济条件下,由于各经济主体或个人所提供的生产要素不同、资源的稀缺程度不同以及受各种非竞争因素的干扰,各经济主体获得的收入会出现较大的差距,甚至同要素及劳动投入不相对称,而过分的悬殊将涉及社会公平问题。因此财政的收入分配职能主要是确定显示公平分配的标准和财政调节收入分配的特殊机制和手段。财政实现收入分配职能的机制和主要手段有:①划清市场分配与财政分配的界限和范围。②规范工资制度。③加强税收调节。④通过转移性支出,如社会保障支出、救济金、补贴等,使每个社会成员得以维持起码的生活水平和福利水平。

(3)经济稳定与发展职能。经济稳定包含充分就业、物价稳定和国际收支平衡等多重含义。发展是通过物质生产的不断增长来全面满足人们不断增长的基本需要。财政实现稳定和发展职能的机制和主要手段有：①经济稳定的目标集中体现为社会总供给和社会总需求的大体平衡。②在财政实践中，可以通过一种制度性安排，发挥某种"自动"稳定作用。③政府通过投资补贴和税收等多方面安排，加快公共设施的发展，消除经济增长的瓶颈，并支持第三产业的兴起，加快产业结构的转换，保证国民经济稳定与调整发展的最优结合。④财政就切实保证前面提到的那些非生产性的、社会的公共需要。

12. 财政的作用有哪些？

为更好地说明财政的作用，我们可用例子说明。(1) 我国是发展中国家，国土辽阔，但基础设施远不及发达国家，因此国家将大量的资金投放到了基础设施建设上，比如总投资超过1400亿元的西气东输工程是中国西部大开发标志性工程，于2002年7月4日全线开工。沿线经过新疆、甘肃、宁夏、陕西、山西、河南、安徽、江苏、上海、浙江十个省（区、市）。东段运营一年来，已累计向下游四省一市21家用户供气超过7亿立方米。按照部署，工程于2005年1月1日实现全线商业供气。再如，南水北调工程堪称世纪工程，该项工程通过东线、中线和西线三条调水线路与长江、黄河、淮河和海河四大江河联通，逐步形成"四横三纵、南北调配、东西互济"的水资源优化配置格局。工程总投资近5000亿元，不仅是我国投资最大的水利工程，也将成为迄今为止世界上最大的水利工程。实施东线和中线第一期工程的静态总投资为1548亿元人民币，其中主体工程投资1240亿元，配套工程投资3808亿元。(2) 2006年《政府工作报告》指出，2007年要继续适当减少长期建设国债发行规模和财政赤字。而据国家统计局新闻发言人报道：2006年1~9月份，全社会固定资产投资同分别比一季度和上半年的增速回落15.3和0.9个百分点。特别是一些重点行业投资过快的势头继续得到遏制，这表明国家各项宏观调控政策效果继续显现。(3) 在2003年防控禽流感中，中央财政投入8000万元，省财政投入8853万元,市县财政投入1.8亿多元。(4) 2006年中央财政用于科技、教育、卫生和文化事业的支出分别为774亿元、536亿元、138亿元和123亿元,比上年增长29.2%、39.4%、65.4%和23.9%。(5) 美国有线新闻网最新发自北京的报导也从中俄军演谈到了武器装备问题,认为此次联合军事演习将会引发亚洲地区新一轮的武器竞赛。报导指出,在中国经济高速增长的同时,其军事力量也在同步增长,中国最新公布的军费开支已上升了13%,达到300亿美元,但五角大楼认为中国真正的军费开支已达到650亿美元。

通过上述例子可以发现,这些钱是国家财政从纳税人身上筹集来的,国家又通过财政支出,调节资源配置,集中财力办大事,可见,国家财政在社会发展中有着十分重要的作用。如果要具体来讲,财政在生活的方方面面都发挥着巨大的作用。下面就用简单的图式概括财政的作用。

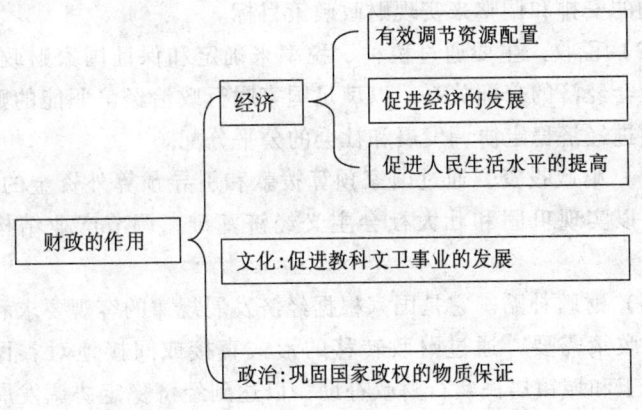

13. 什么是财政政策?

2010年3月15日,温总理在两会上表示:今年继续实行积极的财政政策。财政政策是什么?包括哪些内容呢?

财政政策是指国家根据一定时期政治、经济、社会发展的任务而规定的财政工作的指导原则,通过财政支出与税收政策来调节总需求。增加政府支出,可以刺激总需求,从而增加国民收入,反之则压抑需求,减少国民收入。税收对国民收入是一种收缩性力量,因此,增加政府税收,可以抑制总需求从而减少国民收入,反之,则刺激总需求增加国民收入。财政政策是国家整个经济政策的组成部分,是国家为实现财政政策目标所采取的经济、法律、行政措施的总和。经济措施主要指财政杠杆;法律措施是通过立法来规范各种财政分配关系和财政收支行为,对违法活动予以法律制裁;行政措施指运用政府机关的行政权力予以干预。

14. 财政政策的手段有哪些?

财政政策手段是指为实现一定的财政政策目标而采取的财政分配、管理的方式和措施的总和。我国财政政策的手段主要包括税收、预算、国债、购买性支出和财政转移支付等手段。

(1) 国家预算。主要通过预算收支规模及平衡状态的确定、收支结构的安排和调整来实现财政政策目标。

(2) 税收。主要通过税种、税率来确定和保证国家财政收入,调节社会经济的分配关系,以满足国家履行政治经济职能的财力需要,促进经济稳定协调发展和社会的公平分配。

(3) 财政投资。通过国家预算拨款和引导预算外资金的流向、流量,以实现巩固和壮大社会主义经济基础,调节产业结构的目的。

(4) 财政补贴。它是国家根据经济发展规律的客观要求和一定时期的政策需要,通过财政转移的形式直接或间接地对农民、企业、职工和城镇居民实行财政补助,以达到经济稳定协调发展和社会安定的目的。

(5) 财政信用。是国家按照有偿原则,筹集和使用财政资金的一种再分配手段包括在国内发行公债和专项债券,在国外发行政府债券,向外国政府或国际金融组织借款,以及对预算内资金实行周转有偿使用等形式。

(6) 财政立法和执法。是国家通过立法形式对财政政策予以法律认定，并对各种违反财政法规的行为（如违反税法的偷税抗税行为等），诉诸司法机关按照法律条文的规定予以审理和制裁，以保证财政政策目标的实现。

（7）财政监察。是实现财政政策目标的重要行政手段。即国家通过财政部门对国营企业事业单位、国家机关团体及其工作人员执行财政政策和财政纪律的情况进行检查和监督。

15. 什么是紧缩性的财政政策？

紧缩性财政政策是指通过财政分配活动来减少和抑制总需求。中华人民共和国建立以来，国民经济运行的常态是社会总需求大于总供给，几次国民经济调整中都实行了紧缩性财政政策，以矫治经济发展速度过快、比例严重失调和通货膨胀的弊端。

（1）实行"调整巩固充实提高"方针（1961～1965年）。这次调整的主要任务是克服"大跃进"给国民经济带来的严重比例失调和混乱局面。主要紧缩措施是：大力压缩基本建设投资规模、节约非生产性开支，压缩社会集团购买力；精减职工，减少国家工资支出；对预算外资金实行"纳、减、管"，增加预算内收入；加强财政工作的集中统一，搞好综合平衡。在实行紧缩措施的同时，还采取了有力的增产措施，增加有效供给，如加强财政对农业的支援并减轻农民负担，调整投资结构从而增加农业和轻工业产品的生产，清仓核资充分发挥物资的潜力等。经过五年的努力，国民经济得到迅速恢复和发展。1963～1965年间工农业总产值平均每年增长15.7%，财政收入平均每年增长14.7%，各项经济指标恢复到或超过第一个五年计划时期（1953～1957年）的最好水平。

（2）实行治理整顿和深化改革方针。1989年，中国针对改革开放政策实行以来始终没有得到解决的一些深层问题，提出治理整顿和深化改革的方针，继续控制社会总需求，坚持财政、信贷的双紧政策，实现社会供求总量平衡。在财政方面的主要措施是：加强税收征管，特别是加强对集体经济、个体经济和私有经济的依法征税工作；严格清理和控制税收的减免优惠；逐步将一部分预算外资金转入预算内，逐步提高财政收入占国民收入的比重；适当增加国防费、重点建设基金、农业、教育科学事业的投入，并保证国家债务的还本付息，对事业费和行政管理费作不同程度的压缩；坚持精简机构，裁减冗员；控制社会投资总规模，调整投资结构等。

当社会总需求与总供给大体平衡以后，财政上则转向紧中有松的搭配政策。一方面，通过加强税收征管、调节预算外资金、向居民和企业发行国库券和控制预算支出规模等措施，继续控制总需求；另一方面又通过调整支出结构，增加支农支出，保证重点建设投资，增加教育和科技支出等措施，促进经济结构的调整，增加有效供给。

16. 什么是中性的财政政策？

中性财政政策是指财政的分配活动对社会总需求的影响保持中性。一般而言，这种政策可以理解为收支平衡政策，按这一政策的要求，不宜有大量的结余，也不允许有大量的赤字。

中国政府一贯主张实行"收支平衡、略有结余"的方针。中国的收支平衡模式，是将债务收入视为正常收入，即：经常收入＋债务收入＝全部财政支出。这里的收支平衡的含义，还指不向中央银行透支或借款，以防止财政赤字推动货币供应量扩张，造成通货膨胀。但是，即使这种口径的收支平衡对经济的影响也不是所谓中性的。因为：

（1）财政可以通过发行公债的数量和发行对象的选择来调节居民个人和企业的收入分配。

（2）中国的税收是以流转税为主体，通过流转税和差别税率，可以对经济发展起到鼓励和限制的作用。

（3）中国财政支出中，投资支出的比重较大，可以通过投资规模和结构的调整来调节产业结构和产品结构。

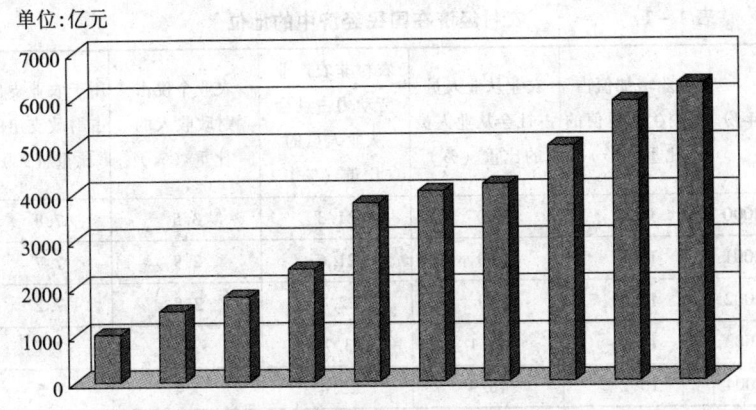

图1-1 1994~2003年国债发行情况

17. 什么是积极的财政政策?

积极的财政政策又称扩张性的财政政策,即增加政府支出来扩大社会总需求,包括增加政府购买、增加政府转移支付、降低税率、发行国债等措施。

财政政策对农村生产生活会有什么影响呢?

从1998年起,我国连续实行了五年的积极财政政策,这一政策对"三农"问题的解决,发挥了重要作用。面临新的形势,我国积极财政政策进行了适时的转型,从2003年开始,由积极的财政政策转为稳健的财政政策。我国财政政策的转型分别给我国农村、农业和农民问题带来深刻的影响。

(1) 农村经济发展。

对表1-1进行分析,首先,农业生产的增加值占国内生产总值的比重从2000~2003年有下降的趋势,而在2004年,其比重却增加了;其次,农业课税占财政收入的比重从2002年以来却在逐年上升,到2004年,其占财政收入的比重有所下降。由此我们可以看出,政府实行积极了财政政策以来,特别是在2004年财政政策转型以后,一定程度上减轻了农民的赋税负担,并且农业生产的效率得到了一定的提高。

表1-1　　　　农村经济在国民经济中的地位

年份	农业增加值占国内生产总值的比重（%）	农业从业人员占社会从业人员的比重（%）	农村非农产业劳动力占社会从业人员的比重（%）	农业个税占财政收入的比重（%）	用于农业支出占财政支出的比重（%）
2000	16.4	50	21.3	3.5	7.8
2001	15.8	50	21.6	2.9	7.7
2002	15.3	50	22.4	3.8	7.2
2003	14.6	49.1	23.79	4	7.1
2004	15.2	46.9	25.4	3.4	7.5

资料来源：《中国统计年鉴》，中华人民共和国国家统计局，2005年。

（2）对农村就业的影响。

表1-2　　　　乡村从业人员（年底数）　　　　单位：万人

年份	农林牧渔业	工业	建筑业	交通运输业、仓储及邮电通信业	批发零售贸易业、餐饮业	其他非农行业
2000	32797.5	4108.6	2691.7	1170.6	1751.8	5441.9
2001	32451	4296	2797.4	1205.4	1864.5	5614.6
2002	31990.6	4505.6	2959	1259.1	1996.8	5815.8
2003	31259.6	4937.1	3201.1	1328.2	2059.2	6185.9
2004	30596	5438.9	3380.5	1475.9	2701.6	6102.4

资料来源：《中国统计年鉴》，中华人民共和国国家统计局，2005年。

如表1-2，首先，相对于2000年从事农林牧副渔业的人数来说，2004年从事该行业的人数下降了6.7%；其次，从事工业、建筑业及服务业行业的就业人数分别逐年增长，尤其以从事工业的人员增长幅度最大；再次，累积各年份各行业农村总的就业人数，其呈现出逐年增加的趋势。由此可见，从实施积极财政政策到后来的稳健的财政政策以来，农村就业人数正在逐年增加，我国农村剩余劳动力过多的问题在一定程度上得到了解决，改善了农村单一从事农业的状况。

(3) 农村基础设施的建设。

表1-3则涉及了农村主要基础设施的改善问题。除了在2001年投资额和新开工电站规模有所下降外,从2002年起投资总额逐年上升,并且从2003~2004年开始实施稳健的财政政策以来,农村水电设施的投资比重加大。可见,国家的财政政策有力促进了农村基础设施的建设。

表1-3 农村水电建设和发电量

年份	本年完成投资（万元）	年末发电设备容量（千瓦）	本年新发电设备容量	在建电站规模（千瓦）	当年新开工电站规模
2000	2220993	27487791	2060127	7459500	2384000
2001	2133741	28787476	1714454	3547500	1462800
2002	2393195	31044576	1883648	5680800	1419000
2003	3006249	34157792	2702834	10850143	6385500
2004	3770733	38655048	4363322	16652425	5362090

资料来源:《中国统计年鉴》,中华人民共和国国家统计局,2005年。

(4) 农民收入。

首先,从2000年起,农民的纯收入得到一定程度上的增长,由此可见,我国实施的财政政策在一定程度上提高的农民的收入;其次,从表1-4中可以看出,农民当年所得的纯收入中,农业收入对农民的收入贡献较大,其在这三个年份里对应所占纯收入的比重分别为37%、34%、36%,而工业收入和其他第三产业收入所占纯收入的比重远远小于农业收入所占的比例。这不仅说明农业收入是农民的主要是收入,也反映出农村第二、三产业的发展还很落后的现状。

综上所述,我国实施积极的财政政策以来,到后来的稳健的财政政策,改善了农村的基础设施情况,增加了农民的就业人数,增加了农民收入,在一定程度上缓和了"三农"问题,产生了一定的积极影响。

表 1-4　　　　农村居民家庭平均每人纯收入　　　　单位：元

项目/年份	2000	2003	2004
纯收入	2253.42	2622.24	2936.4
按收入来源分			
工资性收入	702.3	918.38	998.46
家庭经营纯收入	1427.27	1541.28	1745.79
农业收入	833.93	885.71	1056.5
工业收入	52.67	60.49	58.65
其他收入	664.52	757.66	822.78

资料来源：《中国统计年鉴》，中华人民共和国国家统计局，2005 年。

18. 中央财政支持革命老区发展的政策主要有哪些？

革命老区在战争时期为中国革命做出过重大贡献，但由于受历史、自然等因素制约，老区经济仍然比较落后，财力比较薄弱，财政比较困难，公共服务水平不高。党中央、国务院对革命老区非常关心，中央财政一直十分重视对老区的支持与帮助。除通过统一的转移支付制度对革命老区所在省区加大支持外，还制定了专项支持政策。

（1）设立革命老区专项转移支付。从 2001 年起，中央财政单独设立了土地革命时期老区转移支付，资金规模由 2001 年的 5.02 亿元提高到 2006 年的 17 亿元。为了充分发挥资金的使用效益，让老区人民切身感受到党中央的温暖，中央明确省级和市级财政要将中央对革命老区的转移支付资金分配落实到对中国革命做出较大贡献且财政较为困难的连片革命老区，用于帮助老区人民群众改善生产生活条件。并要求有条件的地区可以在预算中安排一些资金，增加对革命老区转移支付规模。

（2）实行税收优惠政策。对国家确定的革命老根据地、少数民族地区、边远地区、贫困地区新办的企业，经主管税务机关批准后，可减征或者免征所得税 3 年。此外，革命老区还可以统一享受国家现行的区域、产业和行业税收优惠政策。

19. 中央财政支持民族地区发展的政策主要有哪些？

中央财政历来十分重视少数民族地区的发展，除通过统一的转移支付制度对少数民族地区加大支持外，还采取了诸多特殊支持政策。

（1）设立民族地区转移支付。自 2000 年起，中央财政每年拿出一部分资金，加上当年民族地区增值税环比增量的 80%，对民族省区和非民族省区的民族自治州安排专门的财力性转移支付。从 2006 年起，中央财政又将非民族省区的民族自治县纳入转移支付范围。2005 年中央财政安排民族地区转移支付 159.09 亿元。

（2）一般性转移支付对民族地区实行优惠政策。考虑民族地区的特殊支出因素，通过因素选取增加对民族地区的一般性转移支付。同时，在有些少数民族地区特殊因素暂时难以量化的情况下，通过提高对民族地区转移支付系数，增加一般性转移支付额。

（3）调资转移支付和艰苦边远地区津贴对民族地区给予照顾。1999 年以来，中央先后出台了 5 次增加机关事业单位职工工资和离退休人员离退休费政策，并出台了发放一次性年终奖金政策。其中，后三次调资对民族省区实行全额补助前两次调资及年终奖金补助中，民族省区转移支付系数在同档次非民族省区转移支付系数的基础上增加 5 个百分点。另外，国务院决定从 2001 年起建立艰苦边远地区津贴制度，由此增加的支出全部由中央财政负担，享受此项补助的基本上是西部民族省区。

（4）农村税费改革转移支付对民族地区的照顾。其中，在分配农村中小学教师工资转移支付时，民族地区的转移支付系数高出同档次非民族地区 5 个百分点。对由于免征农业税和除烟叶以外的农业特产税而减少地方财政收入的少数民族集中的中西部地区，由中央财政给予适当补助。

（5）实行税收优惠政策。对国家确定的革命老根据地、少数民族地区、边远地区、贫困地区新办的企业，经主管税务机关批准后,可减征或者免征所得税3年。

20. 中央财政支持边境地区发展的政策主要有哪些?

中央财政历来十分重视边境地区的发展,除通过统一的转移支付制度对边境所在省区加大支持外,还针对边境地区采取了专项支持政策。

(1) 从1977年起,中央财政设立了边境事业补助费,该补助于2001年并入新设立的边境地区转移支付中。边境事业补助费和边境地区转移支付,主要用于改善边境地区人民生产生活条件和促进边境地区经济社会发展的各项事业,有力地支持了边境地区的各项基础设施建设。2002年起,中央财政又陆续对边境地区一级铁路和陆路口岸安排了国门环境整治补助,专门用于国门建设及周边环境整治。

(2) 建立了艰苦边远地区津贴补助制度。根据国务院关于建立艰苦边远地区津贴的决定,自2001年起,中央建立了艰苦边远地区津贴补助制度,2006年做了进一步完善。依据自然地理环境和人文社会发展等方面的指标,对县级行政区域的艰苦边远程度进行量化评估,在此基础上确定了实施艰苦边远地区津贴的范围和类别。列入范围的机关事业单位工作人员和离退休人员享受艰苦边远地区津贴。现行艰苦边远地区津贴类别有六类。实施艰苦边远地区津贴所需经费由中央财政负担。

(3) 实行税收优惠政策。对国家确定的革命老根据地、少数民族地区、边远地区、贫困地区新办的企业,经主管税务机关批准后,可减征或者免征所得税3年。

21. 中央出台了哪些促进农民增收的政策?

农民增收的问题,有一个阶段性。在粮棉油等基本农产品供给不足的时候,"三农"工作的重点就是保供给;经济发展到了一定阶段,增产和增收实际上是两位一体的农村工作和任务,我们开始重视农民的收入问题了。从2004年到2009年这6年,农民人均纯收入年均增加 8% 以上，这个速度历史上也不多见。2009 年全国农民的人均纯收入为 5153 元，与 2008 年相比，农民增收差不多近 400 元，增收幅度很大。但是和城市相比，确实收入差距还比较大。

党的十七届三中全会提出从 2009 年到 2020 年，这 12 年中农民的收入要以 2008 年为基数翻一番，这就意味着年均增长差不多 6%。这两年都实现了。促进农民增收，主要应加强以下几个方面：一是提高城镇化水平，逐步减少农村人口，相应地提高农民平均拥有的资源要素数量。二是要加大政府对农业的支持保护力度。特别是像近几年的补贴政策，农民非常欢迎，实际上成为农民增收的一个重要来源。三是政府要加大对农业、农村的投入，改善农业、农村的基础设施，降低农民的生产经营成本和生活费用。

22. 我国现行农业财政政策有哪些？

农业财政政策是国家财政政策的重要内容，也是促进农村社会经济协调发展的财力保障。改革开放三十年来，我国农业财政政策发生了重大变化，积累了宝贵的经验，对于调整国民收入分配格局、推进"三农"发展，发挥了非常重要的作用。

经过建国以来特别是改革开放以来的不断发展，到新世纪初，我国人均 GDP 超过 1000 美元，开始步入工业化中期阶段，我国经济也进入一个新的发展阶段。国家财政实力不断壮大，2003~2007 年，全国财政收入累计完成约 17 万亿元，比上一个五年增加 10 万亿元，年均增长 22.1%；全国财政支出累计约 17.7 万亿元，比上一个五年增长 9.6 万亿元，年均增长 17.6%。这就表明当前我国初步具备了工业反哺农业的能力。

在进入新的经济发展阶段之际，党的十六大提出统筹城乡经济社会发展的要求，十六届四中全会上胡锦涛总书记提出了"两个趋向"的重要论断，即："纵观一些工业化国家发展的历程，在工业化初始阶段，农业支持工业、为工业提供积累是带有普遍性的趋向；但在工业化达到相当程度以后，工业反哺农业、城市支持农村，实现工业与农业、城市与农村协调发展，也是带有普遍性的趋向"。同时，中共中央做出了我国已经进入工业反哺农业、城市支持农村阶段的判断。党的十七大又进一步明确提出形成城乡经济发展一体化的经济格局，建立以工促农、以城带乡的长效机制。在这些重大问题进行科学判断的基础上，我国传统的运用农业积累支持工业的政策开始向工业反哺农业的政策转变。

农业财政政策是贯彻落实中央"工业反哺农业"政策的重要手段，2003年以来我国农业财政政策出台的重大政策措施主要包括：

——取消农业税，增加转移支付，为农民减负。我国农村税费改革经过了两个阶段：2000～2003年为第一个阶段，基本政策取向是"减轻、稳定、规范"，农民承担的税费负担显著下降；从2004年开始农村税费改革进入新阶段，根据当时情况和农业、农村发展的要求，以及国家的财力状况，转向全面取消农业税，原定五年实现取消农业税的目标，结果到2006年就全部取消了。这样农民负担总额减少约1250亿元，人均减负约140元。为了确保农村税费改革以及取消农业税政策的实施，2000年到2007年，中央财政累计安排农村税费改革转移支付补助资金超过3380亿元，其中2007年达到782亿元。

——对农业生产实行直接补贴，促进农民增收。我国从2005年开始实行了"三项补贴"制度，即农民收入直补、购买农机具补贴、购买良种补贴，并对短缺的重点粮食品种在粮食主产区实行最低收购价。当年"三项补贴"为163.7亿元，2006年"三项补贴"政策又扩展为"四项补贴"政策，即又增加了对农民购买生产资料进行补贴，当年"四项补贴"数额为309.5亿元。2007年根据市场需求，在"四项补贴"政策的基础上，又推出了针对生猪生产、奶业、油料生产等的补贴，这几项补贴加起来已经超过了1000亿元。

——调整和优化政府基建投资结构，改善农村生产生活条件。近年来在逐年压缩国债项目资金规模的同时，适当增加了中央预算内基建投资规模，使中央政府投资总规模逐年提高，并确保每年用于农村的投资规模和比例均高于上年。2003～2007年，中央政府投资累计安排支农资金达3551亿元，年均增长15.5%。目前，中央政府支农投资占中央政府投资总规模的比例，已由2003年的35%提高到目前的50%左右，重点支持了农村"六小工程"以及优质粮食产业工程、种子工程等。此外，近五年来中央共投入车购税资金1022.4亿元，国债资金303亿元，带动地方共计完成公共建设投资6486亿元，从而大大促进了农村道路建设。

——逐步将农村社会事业发展纳入公共财政的保障范围。长期以来我国农村社会事业发展滞后，这与当时的宏观背景及其国家投入政策是有关系的。近年来这种状况已开始发生重大变化，国家逐步将农村各项社会事业发展纳入公共财政的保障范围。一是支持农村义务教育。在对农村义务教育实行"两免一补"政策的基础上，2006年开始国家对西部地区全部免除农村义务教育阶段学生学杂费，到了2007年这一政策已扩展到全国1.5亿农村义务教育阶段的中小学生，并提高了农村中小学公用经费保障水平。同时对家庭经济困难学生免费提供教科书并补贴生活费的政策也由西部地区扩展到全国。为此，财政对农村中小学的教育支出大幅度增加，2003~2007年中央财政用于农村教育的支出累计为795.13亿元，其中2007年支出365.22亿元，比2003年增长了7.32倍。二是支持农村医疗卫生事业。为了帮助农村居民解决因病致贫和因病返贫问题，国家从2003年开始进行新型农村合作医疗制度试点，并通过推进农村医疗救助制度建设，解决农村贫困农民的大病医疗保障问题。到目前新型农村合作医疗制度在全国普遍建立，财政对每个农民的补助标准也由最初的20元、40元提高到现在的80元。2003~2007年仅中央财政对农村新型合作医疗及其他卫生支出的补助额累计达到348.1亿元，其中2007年为174.7亿元，比2003年的13亿元增长了12.4倍。三是支持农村文化事业。2007年安排资金16.1亿元，加快实施广播电视村村通工程，切实提高中央广播电视节目无线覆盖水平，支持解决农民群众"听广播难、看电视难"的问题。以农村基层为重点，积极推进全国文化信息资源共享工程和农村电影数字化放映。四是支持在全国范围建立农村最低生活保障制度。近年来我国一些地方探索建立农村低保制度,到2006年底,全国已有23个省(市)建立了低保制度,在2007年这项制度已在全国普遍实行。农村低保制度的资金来源以地方财政为主体,中央财政给予必要的补助,2007年政府财政共投入130亿元,其中地方投入100亿元,中央补助30亿元。

——继续大力支持生态建设、扶贫及农业综合开发。近年来财政继续大力支持天然林保护、退耕还林、京津风沙源治理等林业重点生态工程建设。2003~2007年,中央财政安排资金1358亿元,支持退耕还林、荒山荒地造林以及保护天然林和重点公益林等。同时,积极支持财政扶贫开发。2003~2007年,中央财政安排财政扶贫资金647亿元,支持农村贫困地区和贫困人口自我发展,缩小农村贫困地区与其他地区发展差距。另外,大力加强农业综合开发。2003~2007年,中央财政共安排农业综合开发资金490.3亿元,改造中低产田1.28亿亩,新增粮食生产能力168亿公斤,对促进农民增收也起到了重要作用。

——增加"三农"投入总量,完善投入管理机制。从2003年起,中央财政用于"三农"的投入首次超过2000亿元,达到2144亿元。此后,每年都较大幅度增加,2007年达到4318亿元,比2003年增加了2174亿元,增长了1014%。2003~2007年中央财政累计对"三农"的投入为15581.2亿元,比1998~2002年的"三农"投入总量7437.04亿元,增加了8144.16亿元,年均增长17.8%,比同期中央财政支出年均增长率高出1.9个百分点。社会各界公认,近五年中央对"三农"支持力度之强、投入规模之大、增加幅度之快,都是前所未有的。同时近年来充分发挥财政支农政策的导向功能和财政支农资金"四两拨千斤"的作用,探索资金整合、财政贴息、以奖代补、民办公助、以物代资、奖补结合、信贷担保、农业保险等投入激励手段,调动农民和社会各方面增加投入,从而使得多元化、多渠道投入农业的格局更加明显。

由上可以看出,新时期的农业财政政策日趋完善,带有鲜明的时代特征,这主要可以概括为:投入领域由过去注重农业生产环节为主转向现在的农业生产、农村社会事业发展并重,不断扩大了公共财政覆盖农村的范围;彻底取消农业税,加大"三农"投入,国家与农民的分配关系已由"多予、少取、放活"转变为"基本不取、多予与放活并重";不断出台和强化农业各项投入政策措施,我国已初步建立了"以工补农、以城带乡"的反哺农业的投入机制。

由于新时期农业财政政策的完善和"三农"投入力度的加大,我国农业和农村发展迈上了新的台阶。2004年以来,我国连续4年粮食增产,2007年产量跨过万亿斤大关;农民人均纯收入连续4年增幅超过6%,2007年首次突破4000元,跃上一个新的台阶;社会主义新农村建设稳步推进,农村面貌大大改善。广大农民和社会各界反映,近几年财政支农措施之实、投入力度之大、农民受惠之多、农村发展之快是多年来少有的。

23. 2010年中央一号文件中与财政支农有关的精神有哪些?

2010年中央一号文件与财政支农有关的精神主要体现在以下两方面:

(1) 我国支农投入将步入机制化新时代。2010年中央一号文件首提"总量持续增加、比例稳步提高",12个字意义重大,进一步凸显"三农"是目前全党工作的重中之重。作为新世纪以来第7个中央一号文件,今年中央一号文件再度聚焦"三农",具有明显的政策导向。

近年来我国"三农"投入总量或多或少都会增加,但比例有的年份可能还有降低。而2010年一号文件不仅要求总量增加,而且比例也要提高,对支农投入力度提出了更高的要求。

"三个优于"。2010年中央一号文件在关于三大支农资金渠道的表述上也有变化。文件提出,要确保财政支出优先支持农业农村发展,预算内固定资产投资优先投向农业基础设施和农村民生工程,土地出让收益优先用于农业土地开发和农村基础设施建设。目前国家用于农业投入的渠道主要包括财政支农资金、预算内固定资产投资和土地出让收益三个方面。围绕这三个资金渠道,今年一号文件提出的"三个优先"相对于以往的表述,更加明确了支农资金的投入方向和重点。

"三个高于"。2006年的中央一号文件在支农投入上强调了"三个高于",即国家财政支农资金增量要高于上年,国债和预算内资金用于农村建设的比重要高于上年,其中直接用于改善农村生产生活条件的资金要高于上年。

"三个继续高于"。2007年中央一号文件又提出"三个继续高于"保证支农投入:2007年财政支农投入的增量要继续高于上年,国家固定资产投资用于农村的增量要继续高于上年,土地出让收入用于农村建设的增量要继续高于上年。

"三个明显高于"。2008年中央一号文件进一步提出了"三个明显高于"的要求,即2008年财政支农投入的增量要明显高于上年,国家固定资产投资用于农村的增量要明显高于上年,政府土地出让收入用于农村建设的增量要明显高于上年。

从"三个高于"到"三个继续高于"再到"三个明显高于",从十七届三中全会提出的"三个大幅度增长"到今年一号文件提出的"三个优先",中央关于支农投入表述不断变化的背后,正是我国"三农"投入机制化不断完善的过程。而新投入机制的内涵就是在"总量持续增加、比例稳步提高"的基础上,做到"三个优先",三方面内容一脉相承,相互衔接。

财政部数据显示,2003年中央财政用于"三农"投入首次超过2000亿元,达到2144亿元,2007年达到4318亿元,比2003年增长101.4%。在此基础上,2008年中央财政安排"三农"支出5625亿元,比上年增加1307亿元,是我国中央财政支农资金增加量首次超过千亿元。

财政部预计,2009年中央财政用于"三农"方面的支出达到7161.4亿元,地方财政支农投入也不断增加,"三农"投入规模再创历史新高。

当前我国经济社会已经发展到了一个新阶段,亟待通过加大统筹城乡发展力度，破解城乡差距扩大等制约经济社会发展的一些深层次问题。这就需要加快农村经济社会发展，促进资源要素向农村转移，推动国民经济转变发展方式。

"随着城镇化、工业化进程的加快，尽管农业产出在GDP中的比例日益下降，但其作用却越来越重要，尤其在金融危机背景下其重要性更加突显。"农业作为蓄水池，可以吸纳失业农民工返乡就业，此外我国农村人口众多，农村又可以成为潜力巨大的内需市场。加大"三农"投入对于扩大国内消费，保持经济平稳较快发展具有重要意义。

(2) 夯实农业农村基础成为2010年中央一号文件的重心。

2009年以来，尽管受到国际金融危机的严重冲击，从中央到地方的强农惠农政策支持却不减反增。数据显示，2009年中央财政预算安排"三农"支出达7161.4亿元，"三农"投入规模再创历史新高。

2010年中央一号文件提出了多项具体要求，如：确保财政支出优先支持农业农村发展，预算内固定资产投资优先投向农业基础设施和农村民生工程，土地出让收益优先用于农业土地开发和农村基础设施建设等。还要求各级财政对农业的投入增长幅度都要高于财政经常性收入增长幅度。

农民将获得更多农业生产补贴。粮食直补、农资综合补贴、农机购置补贴和良种补贴是近年来国家对农民从事农业生产给予的四项最重要的补贴。2009年中央财政对此投入了1230亿元，同比增长19.4%。实践证明，"四补贴"政策有效调动了农民生产积极性，推动了粮食等主要农产品生产的稳定发展。

2010年中央一号文件把这项好政策加以强化，扩大了粮种补贴的品种，扩大马铃薯补贴范围，启动青稞良种补贴，实施花生良种补贴试点。同时，扩大了农机补贴领域，牧业、林业和抗旱、节水设备首次纳入补贴范围。

此外，还扩大了补贴政策的受益范围，由以前主要在农区对农民进行补贴，扩大到了牧区、林区和垦区。

农发行将开展"中长期政策性"信贷业务。2010年中央一号文件提出,加大政策性金融对农村改革发展重点领域和薄弱环节支持力度,拓展农业发展银行支农领域,大力开展农业开发和农村基础设施建设中长期政策性信贷业务。"中长期政策性"这6个字,意味着在今后的农业建设中将有更多的信贷资金进来,弥补长期以来农村基础设施建设资金的不足。

着力破解农村融资难。农村融资难一直是我国"三农"发展中的短腿。2010年中央一号文件对此明确提出,加快培育村镇银行、贷款公司、农村资金互助社,有序发展小额贷款组织,引导社会资金投资设立适应"三农"需要的各类新型金融组织。

目前全国还有2945个乡镇(占整个乡镇的8.6%)没有任何金融机构,708个乡镇没有任何金融服务。为此文件要求抓紧制定对偏远地区新设农村金融机构费用补贴等办法,确保3年内消除基础金融服务空白乡镇。

推进现代农业建设重点是水利和种业。2010年中央一号文件在确定今年农业农村工作的总体要求时,把发展现代农业作为转变经济发展方式的重大任务。转变农业生产方式对国家整体推进发展方式转变意义重大。"转变增长方式不仅仅是宏观经济和工业企业的事,我国生产方式最粗放、科技含量最低的还是农业。"从气候环境来说,农业耗能水平虽然不是太高,但总量惊人。

2010年中央一号文件强调,国家固定资产投资要把水利建设放在重要位置,提出加强大江大河治理,推进大中型灌区续建配套和节水改造,按期完成规划内病险水库除险加固任务,大幅度增加中央和省级财政小型农田水利设施建设补助专项资金规模。

同时,文件把农业科技创新的重点放在种业发展上,提出推动国内种业加快企业并购和产业整合,抓紧培育有核心竞争力的大型种子企业。

改善农村民生再出一系列好政策。2010年中央一号文件确定要实施新一轮的农网改造升级工程,以缓解"家电下乡"之后农村用电总量明显增加的压力。这项政策实施以来,截至去年末已累计销售家电下乡产品3430万件，不仅拉动了农村消费，也为相关企业提供了更大市场空间。

农村危房改造也成为文件重点关注领域，提出抓住当前农村建房快速增长和建筑材料供给充裕的时机，把支持农民建房作为扩大内需的重大举措，采取有效措施推动建材下乡。

此外，中央一号文件在促进农民就业创业、提高农村教育卫生文化事业发展水平、提高农村社会保障水平等方面也出台了一系列新措施。

针对中央一号文件为何把改善农村民生作为调整国民收入分配的重要内容的问题，有专家表示，城乡之间的差距不仅是居民收入的差距，更体现在基础设施和公共服务等民生方面。调整国民收入分配结构，除了在一次分配中增加劳动者收入之外，很重要的一条是通过各种办法来改善农村民生。

24. 什么是财政监督？

财政监督是财政监督机关对行政机关、企事业单位及其他组织执行财税法律法规和政策情况以及对涉及财政收支、会计资料和国有资本金管理等事项依法进行的监督检查活动，根据我国现行财政管理体制和有关法律法规的规定，财政监督范围包括预算执行、税收征管与解缴、财务会计、国有资本金基础管理等方面，具体表现是：

（1）对本级各部门及下一级政府预算、决算的真实性、准确性、合法性进行审查稽核，并根据本级政府授权对下级政府预算执行情况进行监督。

（2）对本级各部门及其所属各单位的预算执行情况及预算外资金收取、管理和使用情况进行监督。

（3）对本级预算收入征收部门征收、退付预算收入情况，本级国库办理预算收入的收纳、划分、留解、退付和预算支出的拨付情况进行监督。

（4）对本级财政资金的使用效益情况进行监督。

（5）对国有资本金基础管理及国家基本建设项目预算执行情况进行监督。

（6）对会计信息质量和社会审计机构贯彻执行财税政策、法律法规情况及其在执业活动中的公正性、合法性进行监督。

25. 我国对县乡财政监督有何规定？

为确保各项强农惠农政策落到实处、资金管理使用规范安全有效，《财政部关于切实加强县乡财政监督检查工作的通知》（财监[2010] 58号）要求，进一步强化县乡财政监督检查工作，提高县乡财政资金管理水平，主要内容有：

（1）高度重视县乡财政监督检查工作。

随着财政资金向基层、农村倾斜力度的加大，县乡基层财政部门在资金管理和政策执行中的重要地位日益突出，其管理水平的高低直接关系财政政策执行的效果，关系到财政资金的安全、规范和有效。各地要高度重视县乡财政监督工作，充分认识做好县乡基层财政监督工作的重要意义。上级财政部门要通过信息交流、业务培训等多种方式，加强对下级财政监督工作的支持和督促指导，促进乡镇开展监管工作。县乡财政要转变观念，强化监督意识，将精力和重心真正转移到对财政资金的监管上来，推动建立健全覆盖所有政府性资金和财政运行全过程的监督机制。

（2）强化县乡财政监督检查工作措施。

各地要认真研究具体措施，制定工作方案，明确县乡基层财政监督职责、重点和流程。进一步健全财政监督职能，完善组织机构，充实人员队伍，提升干部素质，充分发挥就地监督的优势。要创新监督检查工作机制，积极探索财政监督检查结果的有效运用，并结合当地实际抓紧制定和完善县乡财政监督检查的相关制度办法。要加强与有关部门的协调，全面掌握下达到县乡的各类资金的政策信息；加强各级财政部门间的沟通协调，建立省、市、县三级互联、互通、互补的工作机制。县级财政部门要强化自身监管能力建设，明确乡镇财政的监管范围，量化监管任务，细化监管重点和关键环节。乡镇财政要认真落实监管责任,指定专人负责监督检查工作。

(3) 加大强农惠农资金监督检查力度。

各地要将各级政府安排和分配用于县乡以下的各种财政资金、乡镇集体经济收入以及乡村债务等全部纳入财政监管范围。要采取定期检查、不定期抽查、上下联动、横向联合等多种方式开展强农惠农政策落实和资金使用情况的监督检查和跟踪问效。从项目申报、资金下达、资金管理、资金使用、项目实施、项目效益等关键环节入手,认真履行监督检查职责,严格依法监督,按程序检查,确保国家各项强农惠农政策贯彻落实,各项资金使用安全、规范、有效。省财政厅每年对县乡财政的管理和监督检查情况进行督导、巡查和抽查。

(4) 建立信息通报和公开公示制度。

省上将建立信息通报制度,及时将有关政策规定、监督检查的重点和具体要求逐级进行传达贯彻。县乡基层财政部门要将财政监督工作开展情况、存在的问题、项目预算执行和实施进度及效果等信息,及时全面地报告上级财政部门。县乡基层财政部门要切实加强信息公开公示工作,逐步扩大公开范围,增加公开内容,广泛听取群众意见和要求,自觉接受群众和社会监督,确保各项强农惠农政策落到实处。

国家预算

1. 什么是国家预算?

国家预算,是经法定程序批准的国家年度财政收支计划。实现财政职能的基本手段,反映国家的施政方针和社会经济政策,规定政府活动的范围和方向。

预算一词从字面上理解是指在经济上预先盘算的意思。国家预算也称政府预算,是政府的基本财政收支计划。国家的财政分配活动不能盲目进行,国家要从社会产品中收取多少,通过什么方式收取,收来的钱用在什么地方,怎么使用,达到什么效果,都必须事先作出估算,并经过法定程序予以确认。

预算是国家财政发展到一定阶段适应加强财政管理和监督的需要而产生的。剩余产品是财政产生的经济条件,国家则是财政产生的社会条件。奴隶制国家的出现,随之也产生了财政收支活动,但当时的国家财政与王室收支没有严格分开;封建社会曾经出现过类似预算的财政管理制度,但由于封建君主拥有至高无上的权力,王室支用无度,横征暴敛,随心所欲,不受约束,国家财政管理很难形成统一的收支计划。封建社会末期,随着资产阶级力量的强大,逐渐地要求限制封建帝皇的无限财政,监督国家财政收支。这场斗争最初集中在课税权上,随后逐渐发展到资金支配权,并最终要求取消封建贵族对财政的控制和享有的特权,要求国家财政收支应有利于资本主义经济的发展。这迫使封建帝皇承认了资产阶级的部分权利,同意由政府每年制定一个国家财政收支文件,将财政收支作事先安排,向资产阶级占统治地位的议会报告,并由议会审批,形成国家财政收支文件。

下面是国家预算中的中央财政收入预算表、中央财政支出的预算表(只是国家预算中的一部分,详情可参见财政部网站上公布的各预算表)。

表1-5　　　　2010年中央财政收入预算表　　　　单位:亿元

项　目	2009年执行数	2010年预算数	预算数为上年执行数的%
一、税收收入	33359.48	35983.00	107.9
国内增值税	13915.99	15350.00	110.3

续表

项　　目	2009年执行数	2010年预算数	预算数为上年执行数的%
国内消费税	4759.12	5241.00	110.1
进口货物增值税、消费税	7729.15	8070.00	104.4
出口货物退增值税、消费税	-6486.56	-7070.00	109.0
营业税	167.11	190.00	113.7
企业所得税	7618.82	8061.00	105.8
个人所得税	2366.72	2542.00	107.4
城市维护建设税	123.52	140.00	113.3
印花税	495.04	516.00	104.2
其中：证券交易印花税	495.04	516.00	104.2
船舶吨税	23.79	25.00	105.1
车辆购置税	1163.17	1338.00	115.0
关税	1483.57	1580.00	106.5
其他税收收入	0.04		
二、非税收入	2536.66	2077.00	81.9
专项收入	215.44	216.00	100.3
行政事业性收费收入	354.84	410.00	115.5
罚没收入	35.01	36.00	102.8
其他收入	1931.37	1415.00	73.3
中央财政收入	35896.14	38060.00	106.0
调入中央预算稳定调节基金	505.00	100.00	19.8
支出大于收入的差额	7500.00	8500.00	113.3

表1-6　　　　2010年中央财政支出预算表　　　　单位：亿元

项　　目	2009年执行数	2010年预算数	预算数为上年执行数的%
一、一般公共服务	1082.25	1014.95	93.8
中央本级支出	924.18	857.20	92.8
对地方转移支付	158.07	157.75	99.8

续表

项　目	2009年执行数	2010年预算数	预算数为上年执行数的%
二、外交	249.76	281.39	112.7
中央本级支出	249.75	281.39	112.7
对地方转移支付	0.01		
三、国防	4829.85	5190.82	107.5
中央本级支出	4825.01	5185.77	107.5
对地方转移支付	4.84	5.05	104.3
四、公共安全	1287.45	1390.69	108.0
中央本级支出	845.79	816.74	96.6
对地方转移支付	441.66	573.95	130.0
五、教育	1981.39	2159.90	109.0
中央本级支出	567.62	610.35	107.5
对地方转移支付	1413.77	1549.55	109.6
六、科学技术	1512.02	1632.85	108.0
中央本级支出	1433.85	1597.19	111.4
对地方转移支付	78.17	35.66	45.6
七、文化体育与传媒	320.73	314.49	98.1
中央本级支出	154.75	157.96	102.1
对地方转移支付	165.98	156.53	94.3
八、社会保障和就业	3296.66	3582.25	108.7
中央本级支出	454.36	307.97	67.8
对地方转移支付	2842.30	3274.28	115.2
九、医疗卫生	1277.14	1389.18	108.8
中央本级支出	63.50	43.31	68.2
对地方转移支付	1213.64	1345.87	110.9
十、环境保护	1151.80	1412.88	122.7
中央本级支出	37.90	55.26	145.8
对地方转移支付	1113.90	1357.62	121.9

续表

项目	2009年执行数	2010年预算数	预算数为上年执行数的%
十一、城乡社区事务	95.64	227.58	238.0
中央本级支出	3.92	1.98	50.5
对地方转移支付	91.72	225.60	246.0
十二、农林水事务	3511.24	3778.94	107.6
中央本级支出	318.69	321.95	101.0
对地方转移支付	3192.55	3456.99	108.3
十三、交通运输	2178.71	2119.19	97.3
中央本级支出	1069.18	1288.74	120.5
对地方转移支付	1109.53	830.45	74.8
十四、资源勘探电力信息等事务	851.27	696.12	81.8
中央本级支出	508.23	432.44	85.1
对地方转移支付	343.04	263.68	76.9
十五、商业服务业等事务	618.03	852.58	138.0
中央本级支出	155.77	201.92	129.6
对地方转移支付	462.26	650.66	140.8
十六、金融监管等事务支出	778.04	429.54	55.2
中央本级支出	778.04	415.54	53.4
对地方转移支付		14.00	
十七、地震灾后恢复重建支出	969.99	780.01	80.4
中央本级支出	130.60	42.93	32.9
对地方转移支付	839.39	737.08	87.8
十八、国土气象等事务	244.38	336.25	137.6
中央本级支出	160.04	131.32	82.1
对地方转移支付	84.34	204.93	243.0
十九、住房保障支出	979.32	992.58	101.4
中央本级支出	455.19	376.58	82.7
对地方转移支付	524.13	616.00	117.5

续表

项目	2009年执行数	2010年预算数	预算数为上年执行数的%
二十、粮油物资储备管理事务	1128.59	1078.41	95.6
中央本级支出	649.66	781.61	120.3
对地方转移支付	478.93	296.80	62.0
二十一、预备费		400.00	
二十二、国债付息支出	1320.70	1535.16	116.2
中央本级支出	1320.70	1535.16	116.2
二十三、其他支出	441.17	614.74	139.3
中央本级支出	173.11	205.69	118.8
对地方转移支付	268.06	409.05	152.6
对地方税收返还	4942.27	5004.36	101.3
对地方一般性转移支付	8852.74	9445.14	106.7
中央财政支出	43901.14	46660.00	106.3

注：本表对地方一般性转移支付，加上"2010年中央对地方税收返还和转移支付预算表"中的一般公共服务、公共安全、教育、社会保障和就业、医疗卫生和农林水等一般性转移支付，等于"2010年中央对地方税收返还和转移支付预算表"中的一般性转移支付总额。

2. 国家预算的原则是什么？

国家预算原则是指国家选择预算形式和体系应遵循的指导思想，也就是制定政府财政收支计划的方针。即公开性、可靠性、完整性、统一性和年度性。

（1）公开性。国家预算反映政府的活动范围、方向和政策，与全体公民的切身利益息息相关，因此国家预算及其执行情况必须采取一定形式公开，为人民所了解并置于人民的监督之下。

（2）可靠性。每一收支项目的数字指标必须运用科学的方法，依据充分确实的资料，并总结出规律性，进行计算，不得假定、估算，更不能任意编造。

(3) 完整性。该列入国家预算的一切财政收支都要列在预算中，不得打埋伏、造假账、预算外另列预算。国家允许的预算外收支，也应在预算中有所反映。

(4) 统一性。虽然一级政府设立一级预算，但所有地方预算连同中央预算一起共同组成统一的国家预算。因此要求设立统一的预算科目，每个科目都应按统一的口径、程序计算和填列。

(5) 年度性。政府必须按照法定预算年度编制国家预算，这一预算要反映全年的财政收支活动，同时不允许将不属于本年度财政收支的内容列入本年度的国家预算之中。

上述预算原则是就一般意义而言的，不是绝对的。一个国家的预算原则一般是依据预算本身的属性，并与本国的经济实践相结合，通过制定预算法来体现。

3. 什么是预算管理体制？

预算管理体制是处理中央财政和地方财政以及地方财政各级之间的财政关系的基本制度，预算管理体制的核心，是各级预算主体的独立自主程度以及集权和分权的关系问题。预算体制是国家预算编制、执行、决算以及实施预算监督的制度依据和法律依据，是财政管理体制的主导环节。

(1) 预算管理体制的内容是确定预算管理的主体和级次：一级政权构成一级预算管理主体，中国共有五级；(2) 预算收支范围的划分：国家财力在中央和地方各级政府之间如何分配，是预算管理体制的核心内容；(3) 中国的预算管理权限划分：人大——审查批准本级草案及执行报告；人大常委会——监督执行，审查批准本级调整方案及决策；政府——编制预决算草案、向人大汇报、汇总下一级、组织执行、决定动用、编制调整方案、监督各部门及下级的执行等；财政部门——具体编制草案及调整，定期汇报。(4) 预算调整制度和方法：由财政部门提出并编制预算调整方案，经同级人大常委审查批准后方可执行，并报上一级政府备案来源。

新中国成立以来，我国财政体制不断改革与完善，预算管理体制也经历了不断改进的过程：(1) 统收统支体制，即高度集中的预算管理体制，财力、财权高度集中于中央。是1950~1952年经济恢复时期的预算体制，在三年调整时期和文革时的一些年份也用过。(2) 统一领导，分级管理体制，1953~1979年实行，主要特征：中央统一制定预算政策和制度，地方分级管理；有关税权集中于中央，由地方组织征收，分别入库；中央确定地方预算的支出范围；中央统一进行地区间的调剂；地方以支定收，结余留用。(3) 划分收支，分级包干体制，1980~1993年实行，也称"分灶吃饭"体制，实际上就是确认地方政府利益的过程。当地方政府有了自己的财政收支范围，有了稳定的税收及相应的预算管理权，地方政府在"分级管理"中的预算主体地位就形成了。(4) 分税制预算管理体制的建立与完善，1994年至今，建立中央税收和地方税收体系，分设中央与地方两套税务机构分别征管，改进预算编制办法，建立适应分税制需要的国库体系和税收返还制度等措施，调整了中央与地方的分配关系，初步建立了规范的分级预算管理制度。

4. 如何看待预算信息公开？

推行政府信息公开，是党中央、国务院在新的历史时期作出的重要决策，也是当前政府工作的一项重要内容。财政部高度重视预算信息公开工作，多次召开专题会议研究部署推进相关工作。

政府预算体现了国家的方针政策，规定政府活动的范围和方向。预算信息公开是公共财政的本质要求，也是推行政府信息公开的重要内容。做好预算信息公开工作，有助于保障公民的知情权、参与权、表达权和监督权，推动社会主义政治文明与和谐社会建设；有助于建设高效廉洁政府，提高政府执政能力和办事效率；有助于促进依法理财、民主理财，加强财政科学化精细化管理；有助于提升预算管理水平，提高财政资金使用效益。因此，我们对预算信息公开工作十分重视，将努力把这项工作做得更好。

2009年"两会"后，财政部将经全国人大批准的中央财政收入预算表、中央财政支出预算表、中央本级支出预算表、中央对地方税收返还和转移支付预算表等四张中央财政预算表格和预算报告通过财政部门户网站第一时间向社会公布，受到社会各界的广泛关注。推进预算信息公开，是财政部坚定不移的努力方向和一项长期重点工作。下一步，财政部将继续加大预算信息公开力度，更好地推进预算信息公开工作。

5. 我国的预算程序是如何规定的？

为提高财政资金分配和使用的规范性、安全性和有效性，从编制 2000 年预算起，我国开始实行部门预算编制管理模式。部门预算，是指政府部门依据国家有关政策法规及其履行职能需要，由基层预算单位开始编制，逐级上报、审核、汇总，经财政部门审核后提交立法机关依法批准的涵盖部门各项收支的年度财政收支计划。

中央部门预算采取自下而上的编制方式，编制程序实行"二上二下"的基本流程。一是中央部门编报部门预算建议数，简称"一上"。编报部门预算要从基层预算单位编起，层层汇总，由一级预算单位审核汇编成部门预算建议数，上报财政部门。二是财政部下达部门预算控制数，简称"一下"。财政部对各中央部门上报的预算建议数审核、平衡后，汇总成中央本级预算初步方案报国务院，经批准后向各中央部门下达预算控制限额。三是中央部门上报部门预算，简称"二上"。各中央部门根据财政部下达的预算控制限额，编制部门预算草案上报财政部。四是财政部批复部门预算，简称"二下"。财政部在对各中央部门上报的预算草案审核后，汇总成中央本级预算草案和部门预算草案，报经国务院审批后，提交全国人民代表大会审议，并在人代会批准预算草案后一个月内向中央部门批复预算，各中央部门应在财政部批复本部门预算之日起 15 日内，批复所属各单位的预算，并负责具体执行。

6. 地方各级人民代表大会、人民政府、财政部门在预算管理上的职权是如何划分的？

按照《中华人民共和国预算法》的规定，地方各级人民代表大会、人民政府和财政部门在预算管理中承担着各自不同的职责。

地方各级人民代表大会拥有的预算管理职权是：审查本级总预算草案及本级总预算执行情况的报告；批准本级预算和本级预算执行情况的报告；改变或撤销本级人民代表大会常务委员会关于预算、决算的不适当的决议；撤销本级政府关于预算、决算的不适当的决定和命令。

地方各级人民代表大会常务委员会拥有的预算管理职权是：监督本级总预算的执行；审查和批准本级预算的调整方案；审查和批准本级政府决算；撤销本级政府关于预算、决算的不适当的决定和命令；撤销下一级人民代表大会及其常务委员会关于预算、决算的不适当的决定和命令。

地方各级人民政府拥有的预算管理职权是：编制本级预算、决算草案；向本级人民代表大会作关于本级总预算草案的报告；将下一级政府报送备案的预算汇总后报本级人民代表大会常务委员会备案；组织本级总预算的执行；决定本级预算预备费的动用；编制本级预算的调整方案；监督本级和下级政府各部门关于预算、决算的不适当的决定、命令；向本级人民代表大会及其常务委员会报告本级总预算的执行情况。

地方各级政府财政部门拥有的预算管理职权是：具体编制本级预算、决算草案；具体组织本级总预算的执行；提出本级预算预备费动用方案；具体编制本级预算的调整方案；定期向本级政府和上一级政府财政部门报告本级总预算的执行情况。

7. 什么是财政平衡？

任何国家在任何经济发展阶段的财政都面临财政收支总量关系的处理问题。如果一个国家在一定时期（通常为一年）财政收入和支出大致相等，我们就说这个国家的财政是平衡的。在判定一个国家或一级政府的财政是否平衡的时候，通常不把债务收入统计在收入范围之内。按照这种统计口径，财政实现平衡是相对的，财政不平衡是绝对的。因为一个国家在一个财政年度内让财政收入和支出一分不差几乎是不可能的,通常总会有一定数量的盈余或赤字。

8. 什么是财政赤字?

财政赤字是一国财政支出大于财政收入而形成的差额,由于会计核算中用红字处理,所以称为财政赤字。财政赤字是财政收支未能实现平衡的一种表现,是一种世界性的财政现象。

一国之所以会出现财政赤字,有许多原因。有的是为了刺激经济发展而降低税率或增加政府支出,有的则因为政府管理不当,引起大量的逃税或过分浪费。当一个国家财政赤字累积过高时,就好像一间公司背负的债务过多一样,对国家的长期经济发展而言,并不是一件好事,对于该国货币亦属长期的利空,且日后为了要解决财政赤字只有靠减少政府支出或增加税收。

赤字财政政策是在经济运行低谷期使用的一项短期政策。在短期内,经济若处于非充分就业状态,社会的闲散资源并未充分利用时,财政赤字可扩大总需求,带动相关产业的发展,刺激经济回升。在当前世界经济增长乏力的条件下,中国经济能够保持平稳增长态势,扩张性赤字财政政策功不可没。从这个角度说,财政赤字是国家宏观调控的手段,它能有效动员社会资源,积累庞大的社会资本,支持经济体制改革;促进经济的持续增长。实际上财政赤字是国家为经济发展、社会稳定等目标,依靠国家坚实和稳定的国家信用调整和干预经济,是国家在经济调控中发挥作用的一个表现。

财政赤字的大小对于判断财政政策的方向和力度是至关重要的。财政政策是重要的宏观经济政策之一,而财政赤字则是衡量财政政策状况的重要指标。因此,正确衡量财政赤字对于制定财政政策具有十分重要的意义。

9. 国家预算资金与民生有什么关系?

2009 年中央财政用在与人民群众生活直接相关的教育、医疗卫生、社会保障和就业、保障性住房、文化方面的民生支出合计 7422.56 亿元,增长 31.7%,其中教育支出 1981.39 亿元,医疗卫生支出1273.21亿元,社会保障和就业支出3296.67亿元,保障性住房支出550.56亿元,文化体育与传媒支出320.73亿元。如包括环境保护、交通运输等方面涉及民生的支出,中央财政实际用于民生的投入还要更大一些。中央对地方税收返还和转移支付也有部分由地方用于保障和改善民生。

总的来说,去年中央财政积极调整优化支出结构,不断加大民生投入保障力度,取得了比较好的效果,进一步保障和改善了民生。农村义务教育经费保障机制改革各项政策目标提前一年全面实现,近1.5亿名学生享受免除学杂费和免费教科书政策,中西部地区约1120万名学生获得生活费补助。城市义务教育阶段免学杂费工作继续推进,支持解决880万农民工随迁子女的就学问题。全国中小学校舍安全工程启动,改造校舍1.2亿平方米。家庭经济困难学生资助政策进一步落实,约470万名高校和1120万名中等职业学校学生受益。实施更加积极的就业政策,全年累计实现新增就业1102万人。新型农村合作医疗参合人数达到8.3亿人,城镇居民基本医疗保险参保人数达到1.8亿人,财政补助标准提高到人均80元。在30%的基层医疗机构实施基本药物制度。支持2.9万所乡镇卫生院、5000所中心乡镇卫生院建设,基层医疗卫生服务能力增强。在320个县开展新型农村社会养老保险试点,推动我国社会保障制度建设迈出历史性步伐。提高企业退休人员基本养老金水平,城镇企业职工基本养老保险省级统筹基本实现。城乡低保月人均财政补助标准分别增加15元、10元,部分优抚对象等人员抚恤和生活补助标准进一步提高。对7570万城乡低保对象、农村五保供养对象和优抚对象等人员发放一次性生活补贴。保障性住房建设力度加大,近千万城乡困难群众居住条件得到改善。这些政策措施,既促进了解决涉及人民群众切身利益的问题,使广大人民群众共享改革发展的成果,又稳定了居民消费预期,缓解了居民消费的后顾之忧。

10. 近年来国家预算对农村义务教育资金是如何安排的?

"一年之计,莫如树谷;十年之计,莫如树木;百年之计,莫如树人。"近年来，国家大力实施科教兴国战略和人才强国战略，但由于我国人口众多，地区差异、城乡差异大，"上学难，上学贵"的问题一直以来都是社会关注的热点，为了解决这一问题，国家不断加大对农村义务教育的投入，先后实施了"国家贫困地区义务教育工程"、"全国中小学危房改造工程"、国家西部地区"两基"攻坚计划、农村贫困学生"两免一补"等政策和措施，才使得家庭困难的农村孩子有了受教育的机会。随着我国经济的持续稳步发展和综合国力的日益提升，政府大力推行公共财政，致力于加大义务教育投入特别是农村义务教育投入。在各级政府的共同努力下，农村义务教育财政投入快速增长，财政投入占农村义务教育经费总投入的比重，从税费改革前1999年的61.18%提高到2004年的80.16%。从2006年起，按照"明确各级责任，中央地方共担，加大财政投入，提高保障水平，分步组织实施"的原则，逐步将农村义务教育全面纳入公共财政保障范围。不考虑教师工资增长因素，2006~2010年五年间，中央与地方各级财政将累计新增农村义务教育经费约2182亿元。农村义务教育是全面建设小康社会的基石，在构建社会主义和谐社会、建设社会主义新农村的伟大事业中具有基础性、先导性和全局性的重要战略地位，国家预算对农村义务教育资金安排的增长有力的保证了义务教育事业的长足发展。

11. 近年来国家预算对农村医疗卫生资金是如何安排的？

2006年，国家制定了《农村卫生服务体系建设与发展规划》，要求到2010年，初步建立起基本设施比较齐全的农村卫生服务网络、具有一定专业素质的农村卫生服务队伍、运转有效的农村卫生管理体制，使农民人人享有初级卫生保健服务。中央重点支持的建设项目总投资216.84亿元，其中中央财政安排投资147.73亿元，其余69.11亿元由地方安排。中央财政重点支持中西部地区的乡镇卫生院，贫困县、民族自治县、边境县的县医院、县中医院、民族医院和县级妇幼保健机构的建设。

按照目前新农合政策规定：2009年开始中央政府补助农民每人

每年 40 元，地方政府每人每年补助 40 元，农民自己交 20 元。至 2010 年，各级财政对城镇居民医保和新农合的补助标准提高到每人每年 120 元，并适当提高个人缴费标准，具体缴费标准由省级人民政府制定。2009 年中央财政安排新型农村合作医疗补助资金 253 亿元，对农民参加新型农村合作医疗给予补助。

截至 2009 年底，全国有 2716 个县（区、市）开展了新型农村合作医疗，参合人口数达 8.33 亿人，比上年增加 1800 万人；参合率为 94.0%，比上年增加 2.5 个百分点。

2009 年度筹资总额达 944.4 亿元，人均筹资 113.4 元。全国新农合基金支出 922.9 亿元；补偿支出受益 7.6 亿人次，其中：住院补偿 0.6 亿人次，门诊补偿 6.7 亿人次。

表 1-7　　　　　新型农村合作医疗情况

	2009 年	2008 年
参合人口数（亿人）	8.33	8.15
参合率（%）	94.0	91.5
当年筹资总额（亿元）	944.4	785.0
人均筹资（元）	113.4	96.3
当年基金支出（亿元）	922.9	662.3
当年补偿支出受益人次（亿人次）	7.59	5.85

12. 近年来国家预算对农村养老资金的安排是怎样的？

2009 年 9 月，国务院印发了《关于开展新型农村社会养老保险试点的指导意见》，决定 2009 年在全国 10% 的县（市、区、旗）开展新型农村社会养老保险试点，以后逐步扩大试点范围，在全国普遍实施，2020 年之前基本实现对农村适龄居民的全覆盖。新型农村社会养老保险采取个人缴费、集体补助和政府补贴相结合的筹资方式。地方政府对农村居民个人缴费给予补贴，每人每年至少补 30 元。政府对符合领取条件的参保人全额支付新农保基础养老金。目前，中央确定的基础养老金标准为每人每月 55 元，地方政府可以根据实际情况提高标准，对长期缴费的农村居民，可适当加发基础养老金。中央财政对中西部地区按中央确定的基础养老金标准给予全额补助，对东部地区给予50%的补助。按照国务院新农保试点工作领导小组的工作安排，2009年已在320个县开展新型农村社会养老保险试点，并下达中央财政新农保补助资金10.8亿元。

13. 我国财政支农的历史与内容

世界所有国家，不论它是发达国家还是不发达国家，都离不开农业的基础支持，许多发达国家的农业在国民生产中占有的地位并不重要了，但那些发达国家依然对农业高度重视，原因即是农业是国之基、民之本。新中国财政支农的历史大概可以分为五个阶段，每个阶段都带有鲜明的时代特征。

第一阶段（1949~1958）：财政对农业的索求力度大大高于支农力度

这一时期的农业是国民经济的主导产业，国家为了稳固新生的政权，逐步对农产品实行统购统销以保证工业化的推进。财政对农业的支持主要是安排少量的资金支持恢复农业生产，从农业上取得的财政收入要远远大于财政对农业的投入。同一时期，由于新中国财政收支渠道较少，财政支农的资金来源渠道和投向都比较单一。

第二阶段（1958~1978）：《农业税征收条例》实施，农业支持工业功莫大焉

这一时期人民公社制度确立，国家实行高度集中的计划经济体制，颁布了《农业税征收条例》，实行农产品统购制度。统购派购制度的实行使工农业产品的贸易环境向着工业严重倾斜。工农产品价格剪刀差使国家从农业中积累了相当数量的资金用于工业化。据计算，到1978年，国家从农业中汲取的积累大约在6000亿元。农业为中国的工业化作出了巨大的贡献。相对而言，财政对农业的投入份额非常小。

第三阶段（1978~1994）：改革解放了农业生产力，财政支农政策初步形成

1978年，中国的改革首先从农业农村开始，实行家庭承包经营调动了农民的积极性，解放了被长久桎梏的生产力。同时，改变工农业交换不平等的状况，国家大幅度地提高了农产品收购价格，农民增加了收入。80年代后期，由于投入不足，我国农业呈现疲软后退的局面。国家财政开征了耕地占用税，并以此为主要资金来源建立了农业发展基金，实施大规模的农业综合开发。这一时期是现行财政支农政策的形成时期。

第四阶段（1994～2002）：中国市场经济体制确立，财政加强了支农力度

这一阶段是我国确立社会主义市场经济体制改革目标并付诸实施的重要历史阶段。1994年，财政确立了分税制的管理体制改革。1998年，实施积极的财政政策。2000年起，财政支出改革、税费改革和公共财政框架进行了改革、构建。这些改革推动了与社会主义市场经济相适应的现代财税制度逐步形成。这一时期，财政支农投入逐步增加，在继续支持农业基础设施建设、农业科技进步、农业抗灾救灾、农村扶贫开发的同时，加大了对生态建设的支持，加大了对农村改革特别是农村税费改革的支持。

第五阶段（2003年起）：国家制定了新农村建设的政策，财政支农力度提升到战略高度

2003年对于中国农业来说，是个具有里程碑意义的一年。党中央在提出"统筹城乡发展"解决三农问题的基础上，进一步提出全面、协调、可持续的科学发展观，并要求全党把解决"三农"问题作为一切工作的重中之重。财政支农方面，除了已有的政策继续执行并加大力度外，一是提出并开始实施公共财政覆盖农村政策，新增教育、卫生、文化支出主要用于农村，同时在基本建设投资包括国债资金方面加大了对农村公共基础设施建设的投入。二是改变财政支农方式，对农民实行直接补贴。三是改革农业税制，取消农业特产税，取消农业税。发展中国农业，不仅要在制定的政策上利农，更重要的是要投入大量资金扶农。通过我国经济发展的以上五个阶段可以看出，由于特殊的历史背景，以及长期以来"重城市轻

农村、重工业轻农业"的非均衡发展战略,加之中国农业是天生的弱质产业,比较效益又低于其他产业,中国农业已到必须"大输血"的境地了。1998~2003年,中央财政直接用于"三农"的支出累计9350多亿元,2005年,中央财政安排支农预算资金2975亿元,2006年安排支农款3397亿元。国家为了实现制定的建设新农村战略,在财政上作了很大的支持。

财政支农政策包括两大类,一类是支出政策,主要方式是投资、补助、补贴等,一类是税收政策,主要方式是轻税、减免、退税等。支出方面。中央财政现有直接支农资金15大类,包括以下方面:农业基本设施建设投资(国债资金)、农业科学事业费、科技三项费用、支援农村生产支出、农业综合开发支出、农林水气等部门事业费、支援不发达地区支出、水利建设基金、农业灾歉减免补助、农村税费改革转移支付、农产品政策性补贴支出、农村中小教育支出、农村卫生支出、农村救济支出、农业生产资料价格补贴。这是目前中央财政支农的主要内容,基本涵盖了中央财政支农的各个方面。税收方面。2006年全面取消了农业税。在农产品加工增值税和出口退税上,国家财政对农产品加工增值税实行进项抵扣政策,对农产品及加工品出口实行优先退税政策。

同时,国家财政还通过清理、取消各种不合理收费,减轻农民的额外负担;通过利用外资支持农业农村发展。此外,财政部、农业部、银行等其他部门也按国家制定的政策将工作重心也转移到支农方向上了。

我国财政支农政策的具体内容包括:

第一,支持农业农村基础设施建设。主要是大江大河的治理、中小型基本农田水利设施建设、农业科研基础设施建设、大宗农产品商品基地建设、乡村道路建设、农村电网改造、人畜饮水设施改善等,用于这方面的财政支农资金包括农业基本建设投资(含国债投资)、农业综合开发、小型农田水利建设支出、农村小型公益设施建设资金、扶贫资金等。

第二,支持农业科技进步。

主要是农业科研、科技成果中试转化、农业科技推广应用和农民科技培训等。用于这方面的财政支农资金包括农业科研支出、科技三项费用、农业科技推广支出、农业科技成果转化资金、农民科技培训资金、财政扶贫资金等。

第三，支持粮食生产和农业结构调整。

主要是支持粮食等大宗农作物生产发展、农业结构调整、农业产业化经营和农村劳动力转移就业等。用于这方面的财政支农资金包括良种补贴、农业产业化资金、农民就业技能培训资金、支持农民专业合作组织资金、农产品政策补贴资金等。

第四，支持生态建设。

主要是支持生态恶化的重点地区改善生态环境，为国民经济和社会可持续发展奠定基础。用于这方面的财政支农资金包括退耕还林资金、天然林保护资金、森林生态效益补偿资金、草原生态治理资金、水土保持资金等。

第五，支持抗灾救灾。

主要是支持抗御洪涝灾害、动植物病虫害和其他一些自然灾害，帮助受灾地区和群众恢复生活生产。用于这方面的财政支农资金包括特大防汛抗旱资金、动植物病虫害防治资金、森林草原防火资金、农村救济费、农业税灾歉减免补助资金、蓄滞洪运用补偿资金等。

第六，支持扶贫开发。

主要是支持贫困地区改善生产生活条件，促进贫困地区社会经济发展。用于这方面的资金包括财政扶贫资金、国债资金（以工代赈）等。

第七，支持农村社会事业发展。

主要是支持发展农村教育、卫生、文化等事业，促进农村社会经济协调发展。财政用于这方面的资金包括教育支出、医疗卫生支出、文化支出等。

第八，支持农村改革。

主要是支持农村深化改革，促进理顺农村经济关系，加快农村市场经济体制建设。财政用于这方面的资金包括农村税费改革转移支付、农产品政策补贴等。

14. 什么是预算外资金?

预算外资金是指根据国家财政制度和财务制度的规定,不纳入国家预算,由地方各部门,各企事业单位自收自支的资金。它是国家预算资金的必要补充,具有分散性、自主性、专用性的特点。预算外资金指国家机关、事业单位和社会团体为履行或代行政府职能,依据国家法律、法规和具有法律效力的规章而收取、提取和安排使用的未纳入国家预算管理的各种财政性资金。

中华人民共和国建立初期,预算外资金数量少,规模小,只有农村自筹和机关生产收入等几项,主要是为解决机关零星开支和一些农村文教卫生行政经费的需要而设置。1952年整顿时,在机关生产方面,除民政等生产事业单位的收入外,其余各机关、部队的生产单位收入一律纳入预算;对农村自筹规定了"包、筹、禁"原则,即有些开支纳入预算包起来,有些开支允许继续自筹,除此之外禁止自行摊派。1953年预算外资金相当于国家预算收入的比例由1952年的7.8%下降为4.2%。第一个五年计划时期(1953~1957年),国营企业实行经济核算制,设置了企业奖励基金、福利基金和大修理基金。预算外资金的项目、数量都有所增加,1957年预算外资金数量相当于国家预算收入的8.5%。1958年国营企业实行利润留成制,同时国家对各项附加的范围和比例作了调整。预算外资金又有很大发展,1960年已相当于国家预算收入的20.6%。调整时期(1963~1965年)对预算外资金实行"纳、减、管"办法,即有的项目纳入预算,有的项目降低提留标准,并制定了一些加强管理的措施,到1965年预算外资金相当于国家预算收入的比例下降到16%。"文化大革命"时期,由于向企业下放财权,预算外资金的范围和规模又有所扩大,1976年相当于国家预算收入的比例上升到35.5%。1978年以后,企业自主权不断扩大,行政事业单位的经费管理办法也进行了改革,预算外资金大幅度增长,1989年已相当于国家预算收入的 94.8%。

15. 预算外资金的范围是什么？

地方财政支配的各项附加收入和集中的有关资金；国有企业及主管部门掌握的各项专用基金；行政事业单位的自收自支资金；中央和地方主管部门所属不纳入预算的企业收入；法律、法规规定的行政事业性收费、基金和附加收入等；国务院或省级人民政府及其财政、计划（物价）部门审批的行政事业性收费；国务院及财政部审批建立的基金、附加收入等；主管部门所属单位集中上缴资金；用于乡镇政府开支的乡自筹和乡统筹资金；其他未纳入预算管理的财政性资金。社会保障基金在国家财政尚未建立社会保障预算制度以前，先按预算外资金管理制度进行管理，专款专用。财政部门在银行开设统一的专户，用于预算外资金收入和支出管理。部门和单位的预算外收入必须上缴同级财政专户，支出由同级财政按预算外资金收支计划和单位财务收支计划统筹安排，从财政专户中拨付，实行收支两条线管理。所以预算外资金收入也是来源于收费，不过是预算外收费。

我国 1993 年以前的预算外资金包括国有企业及其主管部门集中的各种专项基金和地方和中央主管部门管理的预算外资金。随着预算管理体制改革的深入和完善，1993 年以后，对预算外收入的范围进行了调整，将拥有法人财产权的企业及其主管部门集中的资金不再列作预算外收入，从 1996 年开始，电力建设基金、铁路建设基金等中央政府性基金（收费）纳入预算管理，乡镇自筹、统筹资金列入预算外收入；从 1997 年开始，增加政府性基金收入、国有企业和主管部门收入和其他收入。由此，1997 年以后预算外资金收入项目包括：行政事业性收费、政府性基金收入、乡镇自筹统筹资金、国有企业和主管部门收入和其他收入，其中主要是行政事业性收费，2000 年占全部预算外资金收入的 69.4%。预算外资金主要用于基本建设支出、城市维护费支出、行政事业费支出、乡镇自筹统筹支出、专项支出和其他支出，其中行政事业费 2000 年占 63%。

16. 预算外资金是如何管理的？

为了加强预算外资金的管理，国务院曾于 1986 年下发过《关于加强预算外资金管理的通知》（以下简称《通知》），要求对预算外资金实行规范管理，各级政府和财政部门据此相继实行了计划管理，财政审批，专户储存，银行监督的管理办法。但是，随着我国经济体制改革的不断深入，社会财力分配格局和经济活动发生了很大变化，原有的预算外资金管理制度已不能完全适应市场经济发展和政府宏观调控的需要，也不能保证防范腐败和廉政建设的要求，预算外资金管理中存在的问题越来越突出。

针对预算外资金制度与管理中存在的问题，国务院于 1996 年 7 月颁布了《关于加强预算外资金管理的决定》（以下简称《决定》），系统地规定了预算外资金管理的政策措施，指明了预算外资金管理的工作方向，标志着我国预算外资金管理工作进入一个新的阶段。

从 2011 年 1 月 1 日起，国务院决定将按预算外资金管理的收入（不含教育收费，以下简称预算外收入）全部纳入预算管理。

具体规定：

自 2011 年 1 月 1 日起，中央各部门各单位（以下简称中央部门）的教育收费（包括目前在财政专户管理的高中以上学费、住宿费、高校委托培养费、党校收费、教育考试考务费、函大、电大、夜大及短训班培训费等，以下简称教育收费）作为本部门的事业收入，纳入财政专户管理，收缴比照非税收入收缴管理制度执行。

中央部门预算外收入（含以前年度欠缴及未缴财政专户的资金和财政专户结余资金）全部上缴中央国库，支出通过一般预算或政府性基金预算安排。根据各项收入的性质，纳入预算管理的具体方式如下：

（1）交通运输部集中的航道维护收入纳入政府性基金预算管理。

（2）中央部门收取的主管部门集中收入、国有资产出租出借收入、广告收入、捐赠收入、回收资金、利息收入等预算外收入纳入一般预算管理,使用时用于收入上缴部门的相关支出,专款专用。

预算外收入纳入预算管理后,收入预算级次保持不变,原上缴中央财政专户的收入上缴中央国库。

财政部门要及时核拨预算资金,保障相关中央部门的正常运转经费和相关事业开支。纳入政府性基金预算的,执收单位所需支出按政府性基金方式管理。纳入一般预算的,原执收单位为财政补助事业单位的,支出由同级财政安排;原执收单位为经费自理事业单位的,由同级财政通过安排其上级主管部门相关项目支出解决。

教育收费的资金拨付,由财政部门根据部门预算和用款申请,从财政专户中核拨。

17. 预算外资金的收支情况如何?

表1-8　　　　　预算外资金分项目收入　　　　单位:亿元

年份	合计	行政事业收费	政府性基金收入	乡镇自筹统筹资金	地方财政收入	国有企业和主管部门收入	其他收入
1978	347.11	63.41			31.09	252.61	
1980	557.40	74.44			40.85	442.11	
1985	1530.03	233.22			44.08	1252.73	
1990	2708.64	576.95			60.59	2071.10	
1991	3243.30	697.00			68.77	2477.53	
1992	3854.92	885.45			90.88	2878.59	
1993	1432.54	1317.83			114.71		
1994	1862.53	1722.50			140.03		
1995	2406.50	2234.85			171.65		
1996	3893.34	3395.75			272.90	224.69	
1997	2826.00	2414.32			295.78	115.90	

续表

年份	合计	行政事业收费	政府性基金收入	乡镇自筹、统筹资金	地方财政收入	国有企业和主管部门收入	其他收入
1998	3082.29	1981.92	478.41	337.31		54.67	229.98
1999	3385.17	2354.28	396.51	358.86		50.11	225.41
2000	3826.43	2654.54	383.51	403.34		59.22	325.81
2001	4300.00	3090.00	380.00	410.00		60.00	360.00
2002	4479.00	3238.00	376.00	272.00		72.00	521.00
2003	4566.80	3335.74	287.10	293.14		52.33	598.49
2004	4699.18	3208.42	351.29	213.09		64.12	862.26
2005	5544.16	3858.19	359.29	192.94		47.84	1085.90
2006	6407.88	4216.80	376.49	221.29		44.91	1548.39
2007	6820.32	4681.05		180.25		40.16	1918.86

注：1. 1993～1996年的预算外资金收入范围分别有所调整，与以前各年不可比。从1997年起，预算外资金收入不包括纳入预算内管理的政府性基金（收费）。从2004年起，预算外资金收入为财政预算外专户收入。

2. 2003年起，农村税费改革在全国推开，乡镇自筹与统筹资金逐步取消，但个别省份在2003年以后仍有清欠收入。

3. 其他收入，包括彩票公益金、中央电视台广告收入等。

表1-9　　　　　　预算外资金分项目支出　　　　　　单位：亿元

年份	合计	一般公共服务	教育	社会保障和就业	交通运输	城乡社区事物	其他支出
1996	3838.32						
1997	2685.54						
1998	2918.31						
1999	3139.14						
2000	3529.01						
2001	3850.00						
2002	3831.00						

续表

年份	合计	一般公共服务	教育	社会保障和就业	交通运输	城乡社区事物	其他支出
2003	4156.36						
2004	4351.73						
2005	5242.48						
2006	5866.95						
2007	6112.42	611.71	2196.93	255.94	975.96	771.02	1300.87

注：1. 1996年预算外资金支出范围有所调整，与以前各年不可比。从1997年起，预算外资金支出不包括纳入预算内管理的政府性基金（收费）。从2004年起，预算外资金支出为财政预算外专户支出。

2. 2007年预算外资金按新的支出功能分类科目反映。

18. 什么是"收支两条线"？

收支两条线是针对预算外资金管理的一项改革，其核心内容是将财政性收支（预算外收支属于财政性收支）纳入预算管理范围，形成完整统一的各级预算，提高法制化和监督水平。收支两条线，是指具有收费和罚款没收职能的部门和单位，根据国家法律、法规和规章应收取的行政事业性收费（基金、附加）和罚没收入，按规定委托指定代收银行代收代缴或由执收执罚单位直接收取并全额上缴国库或预算外资金财政专户；部门和单位的人员经费、公用经费和办公所需的特殊经费等，由财政部门根据实际情况纳入本级综合财政预算统筹安排。

19. 农村土地出让费如何管理？

土地出让收入是市县人民政府依据《土地管理法》、《城市房地产管理法》等有关法律法规和国家有关政策规定，以土地所有者身份出让国有土地使用权所取得的收入，主要是以招标、拍卖、挂牌和协议方式出让土地取得的收入（占土地出让收入的80%以上），也包括向改变土地使用条件的土地使用者依法收取的收入、划拨土地时依法收取的拆迁安置等成本性的收入、依法出租土地的租金收入等。按照现行政策规定，土地出让收入可以分次分期缴纳，一般在一年内缴清，特殊情况可以在两年内缴清，首次缴纳数额不得低于应缴数额的50%。也就是说，当年签订的土地出让合同价款并不一定在当年全部缴入国库，比如，当年12月份签订的土地出让合同，出让价款通常在下一年度入库。因此，当年全国各地签订的土地出让合同价款数与当年全国各地实际缴入地方国库的土地出让收入数可能会存在一定差异。

2007年之前，土地出让收入先纳入预算外专户管理，再将扣除征地补偿和拆迁费用以及土地开发支出等成本性支出后的余额缴入地方国库，纳入地方政府性基金预算管理。2007年，国家对土地出让收入管理制度进行了改革，将全部土地出让收入缴入地方国库，纳入地方政府性基金预算，实行"收支两条线"管理，与一般预算分开核算，专款专用。

按照现行政策规定，土地出让收入缴入国库后，市县财政部门先分别按规定比例计提国有土地收益基金和农业土地开发资金，缴纳新增建设用地土地有偿使用费，余下的部分统称为国有土地使用权出让金。其中，计提的国有土地收益基金专项用于市县土地收购储备，包括土地补偿费、安置补助费、地上附着物和青苗补偿费、拆迁补偿费以及前期土地开发支出，计提比例由省级人民政府确定。计提的农业土地开发资金（其中省级最高可以集中30%），专项用于农业土地开发，具体使用范围包括土地整理和复垦、宜农未利用地开发、基本农田建设以及改善农业生产条件等方面的土地开发。新增建设用地土地有偿使用费是国务院或省级人民政府在批准将农用地、未利用地转为建设用地时，向取得新增建设用地的市县人民政府收取的收入，由市县人民政府从土地出让收入中按规定标准向中央和省级缴纳。新增建设用地土地有偿使用费实行中央和省两级3:7分成，专项用于耕地开发、土地整理、基本农田建设和保护支出。国有土地使用权出让金主要用于征地拆迁补偿、土地开发、城乡基础设施建设、城镇廉租住房保障等支出。

综合起来看,土地出让收入使用范围包括以下几个方面:一是征地和拆迁补偿支出。包括土地补偿费、安置补助费、地上附着物和青苗补偿费、拆迁补偿费。二是土地开发支出。包括与前期土地开发相关的道路、供水、供电、供气、排水、通讯、照明、土地平整等基础设施建设支出,以及与前期土地开发相关的银行贷款本息等支出。三是补助被征地农民社会保障等支出。四是农村基础设施建设支出。包括用于农村饮水、环境、卫生、教育以及文化等基础设施建设支出。五是农业土地开发支出。六是城市建设支出。包括城市道路、桥涵、公共绿地、公共厕所、消防设施等基础设施建设。七是耕地开发、土地整理、基本农田建设和保护支出。八是城镇廉租住房保障支出。九是土地出让业务支出。十是破产或改制国有企业土地出让收入用于职工安置等支出。

20. 2009年全国土地出让收支基本情况如何?

(1)全国土地出让收入情况。据统计,2009年全国土地出让收入为14239.7亿元,比上年增长43.2%。受国内房地产市场逐步回暖影响,全年土地出让收入增速呈现明显的前低后高走势。其中,上半年收入同比下降19.7%,下半年收入同比增长110.9%。分地区看,全国土地出让收入约2/3来自沿海省份。

总体上看,2009年土地出让收入基本上做到应收尽收。据国土资源部统计,2009年全国土地出让签订合同总价款为15910.2亿元,而当年全国实际缴入国库的土地出让收入为14239.7亿元,占合同总价款的89.5%。土地出让收入国库数额与合同总价款数额存在约1700亿元的差异,主要是分期缴纳所致。如果考虑分期缴纳等因素,2009年全国土地出让收入征收基本到位。

2009年,从土地出让收入中计提的国有土地收益基金收入440.63亿元,比上年增长42.6%;计提的农业土地开发资金收入143亿元,比上年增长13.4%;市县人民政府缴纳的新增建设用地土地有偿使用费923.11亿元(其中,上缴中央财政274.94亿元,上缴省级财政648.17亿元),比上年增长44.5%;国有土地使用权出让金收入12732.96亿元,比上年增长43.5%。

(2) 全国土地出让支出情况。2009年,全国土地出让支出总额为12327.1亿元,比上年增长28.9%。全国土地出让收支结余1912.6亿元,按规定结转下年继续使用。全国土地出让支出结构进一步优化(参见图1-2)。2009年,全国土地出让支出中,用于征地和拆迁补偿支出4985.67亿元,占支出总额的比重(以下简称占比重)为40.4%;用于土地开发支出1322.46亿元,占比重为10.7%;用于城市建设支出3340.99亿元,占比重为27.1%;用于农村基础设施建设支出为433.1亿元,占比重为3.5%;用于补助被征地农民支出194.91亿元,占比重为1.6%;用于土地出让业务支出86.89亿元,占比重为0.7%;用于廉租住房支出187.1亿元,占比重为1.5%;用于耕地开发、土地整理、基本农田建设和保护支出477.56亿元,占比重为3.9%;用于农业土地开发支出107.25亿元,占比重为0.9%;用于地震灾后恢复重建、破产或改制国有企业土地收入用于职工安置等支出1191.17亿元,占比重为9.7%。

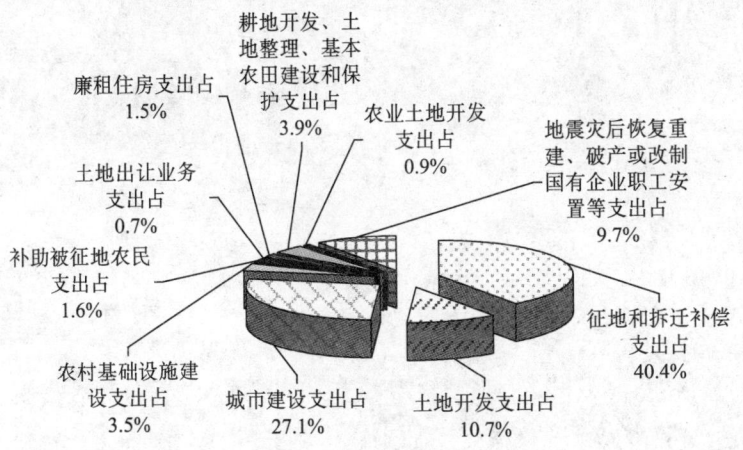

图1-2 2009年全国土地出让支出结构图

第二部分　财政收入与支出

财政收支

1. 什么是财政收入?

依据不同的标准,可以对财政收入进行不同的分类。国际上对财政收入的分类,通常按政府取得财政收入的形式进行分类。这种分类方法下,将财政收入分为税收收入、国有资产收益、国债收入和收费收入以及其他收入等。

具体分类情况是:

第一类:税收收入,下设增值税等 21 款。

第二类:社会保险基金收入,下设基本养老保险基金收入等 6 款。

第三类:非税收入,下设政府性基金收入等 7 款。

第四类:贷款转贷回收本金收入,下设国内贷款回收本金收入等 4 款。

第五类:债务收入,分设国内债务收入、国外债务收入 2 款。

第六类:转移性收入,分设返还性收入等 10 款。

最新财政收入分类方式可以参照《财政部、中国人民银行、国家税务总局关于修订 2009 年政府收支分类科目的通知》。

2009 年财政收入中税收收入 59515 亿元,比上年增长 9.8%;非税收入 8962 亿元,比上年增长 26.1%。主要收入项目:国内增值税增长 2.7%,国内消费税增长 85.3%(剔除成品油税费改革和卷烟消费税政策调整的增收因素后增长 7% 左右),营业税增长 18.2%,企业所得税增长 3.2%,个人所得税增长 6.1%,进口货物增值税、消费税增长4.6%，关税下降16.2%，证券交易印花税下降47.9%，车辆购置税增长17.5%。另外，出口退税6487亿元，比上年增长10.6%，相应减少财政收入。2009年财政收入具体情况可参见下表。

表2-1　　　　　2009年全国财政收入决算表　　　　单位：亿元

项　目	预算数	决算数	决算数为预算数的%	决算数为上年决算数的%
一、税收收入	58673.33	59521.59	101.4	109.8
国内增值税	19326.33	18481.22	95.6	102.7
国内消费税	4434.00	4761.22	107.4	185.4
进口货物增值税、消费税	7995.00	7729.79	96.7	104.6
出口货物增值税、消费税	-6708.00	-6486.61	96.7	110.6
营业税	8145.00	9013.98	110.7	118.2
企业所得税	11845.00	11536.84	97.4	103.2
个人所得税	3982.00	3949.35	99.2	106.1
资源税	440.00	338.24	76.9	112.1
城市维护建设税	1595.00	1544.11	96.8	114.9
房产税	735.00	803.66	109.3	118.1
印花税	607.00	897.49	147.9	68.4
其中：证券交易印花税	252.58	510.38	202.1	52.1
城镇土地使用税	870.00	920.98	105.9	112.7
土地增值税	570.00	719.56	126.2	133.9
车船税	155.00	186.51	120.3	129.3
船舶吨税	21.00	23.79	113.3	118.2
车辆购置税	970.00	1163.92	120.0	117.6
关税	1900.00	1483.81	78.1	83.8
耕地占用税	333.00	633.07	190.11	201.4
契税	1385.00	1735.05	125.3	132.7
烟叶税	73.00	80.81	110.7	119.8
其他税收收入		4.80		130.4

续表

项　目	预算数	决算数	决算数为预算数的%	决算数为上年决算数的%
二、非税收入	7556.67	8996.71	119.1	126.6
专项收入	1727.00	1636.99	94.8	105.3
行政事业性收费收入	1976.00	2317.04	117.3	108.5
罚没收入	933.00	973.86	104.4	108.4
其他收入	2920.67	4068.82	139.3	161.5
全国财政收入	66230.00	68518.30	103.5	111.7
调入中央预算稳定调节基金	505.00	505.00	100.0	45.9
支出大于收入的差额	9500.00	9500.00	100.0	2681.3

2. 中央财政收入与地方财政收入有什么区别？

国家财政收入由中央财政收入和地方财政收入组成，在中央统一领导下，实行中央和地方的分级管理，1994年实施分税制财政体制后，属于中央财政的收入主要包括：（1）地方财政的上缴；（2）中央各经济管理部门所属的企业，以及中央、地方双重领导而以中央管理为主的企业（如民航、外贸等企业）的缴款；（3）关税、海关代征消费税和增值税、消费税、中央企业所得税，地方银行和外资银行及非银行金融企业所得税，铁道、银行总行、保险总公司等集中缴纳的营业税、所得税和城市维护建设税、增值税75%部分，海洋石油资源税的50%部分和证券印花税的75%部分；（4）银行结益的缴款、国债收入和其他收入等。

中央财政收入在我国财政收入中具有重要地位。它担负着保障国家具有全局意义的经济建设、文化建设、科学、国防、行政、外交等各项经费的供给，对支援少数民族地区、调节各级地方预算和救济地方重大自然灾害等，也起着不可替代的重大作用。

地方财政收入是中央财政收入的对称，由省（自治区、直辖市）、市或县（自治州、自治县）的财政收入组成。地方财政收入包括地方财政预算收入和预算外收入。地方财政年度收入，包括地方本级收入、中央税收返还和转移支付。

3. 中央与地方财政收入平衡关系如何？

按照预算法规定，我国实行"一级政府一级预算"，共设立五级预算。国务院编制中央预算草案，由全国人民代表大会批准后执行。地方各级政府编制本级预算草案，由同级人民代表大会批准后执行。地方各级预算收支统称地方财政收支。

以 2008 年为例，全国财政收入 61330.35 亿元，全国财政支出 62592.66 亿元。中央本级收入 32680.56 亿元，占全国财政收入的 53.3%；中央本级支出 13344.17 亿元，占全国财政支出的 21.3%。地方本级收入 28649.79 亿元，占全国财政收入的 46.7%；地方本级支出 49248.49 亿元，占全国财政支出的 78.7%，其中，来源于中央的税收返还和转移支付净额 22044.39 亿元，相当于地方本级支出的 44.8%。

中央财政与地方财政的具体平衡情况是：

中央本级收入（32680.56 亿元）+ 地方上解收入（946.37 亿元）+ 中央财政赤字（1800 亿元）+ 调入中央预算稳定调节基金（1100 亿元）= 中央本级支出（13344.17 亿元）+ 对地方税收返还和转移支付（22990.76 亿元）+ 安排中央预算稳定调节基金（192 亿元）

地方本级收入（28649.79 亿元）+ 中央对地方税收返还和转移支付（22990.76 亿元）= 地方本级支出（49248.49 亿元）+ 上解中央支出（946.37 亿元）+ 地方财政结转和结余（1445.69 亿元）（见下图 2-2）

不难看出：

（1）全国财政收入（支出）= 中央本级收入（支出）+ 地方本级收入（支出），而不是中央财政收入（支出）+ 地方财政收入（支出）。这是因为：中央财政收入包含地方上解收入（中央财政支出包含对地方税收返还和转移支付）；地方财政收入包含中央税

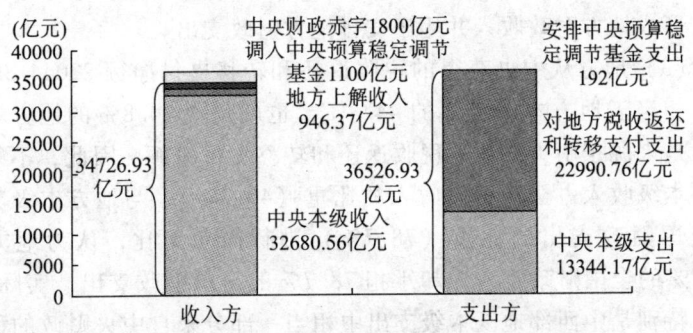

图 2-1　2008 年中央财政平衡关系

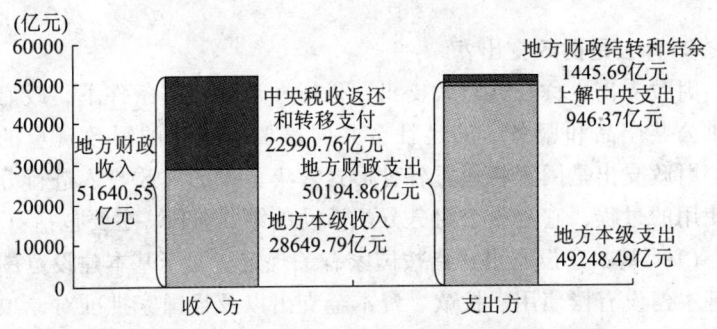

图 2-2　2008 年地方财政平衡关系

收返还和转移支付（地方财政支出包含上解中央支出）。因此，如果将中央和地方财政收入（支出）简单相加得出全国财政收入（支出），将会出现重复计算。

（2）中央对地方的税收返还和转移支付净额 22044.39 亿元，相当于中央本级收入（32680.56 亿元）的 67.5%，也就是说，67.5% 的中央本级收入以税收返还和转移支付的形式转到地方使用。因此，不能将中央本级收入占全国财政收入的比重（53.3%），与中央本级支出占全国财政支出的比重（21.3%）进行简单对比，认为中央以 53.3% 的全国财政收入，只承担 21.3% 的全国财政支出。实际上中央本级收入主要不是用于中央本级支出，大部分通过税收返还和转移支付等形式补助给了地方（主要是中西部地区），相应形成地方财政收入并用于安排地方财政支出。

（3）地方从中央获得的税收返还和转移支付净额22044.39亿元，相当于地方本级支出的44.8%，也就是说44.8%的地方本级支出是来源于中央财政的税收返还和转移支付净额。因此，不能将地方本级收入占全国财政收入的比重（46.7%），与地方本级支出占全国财政支出的比重（78.7%）进行简单对比，认为地方以46.7%的全国财政收入，却承担78.7%的全国财政支出。实际上，地方特别是中西部地区本级支出中相当一部分来自中央财政的税收返还和转移支付。

4. 什么是财政支出？

财政支出也称公共财政支出，是指在市场经济条件下，政府为提供公共产品和服务，满足社会共同需要而进行的财政资金的支付。财政支出是国家将通过各种形式筹集上来的财政收入进行分配和使用的过程，它是整个财务分配活动的第二阶段。主要包括：

（1）基本建设支出：指按国家有关规定，属于基本建设范围内的基本建设有偿使用、拨款、资本金支出以及经国家批准对专项和政策性基建投资贷款，在部门的基建投资额中统筹支付的贴息支出。

（2）企业挖潜改造资金：指国家预算内拨给的用于企业挖潜、革新和改造方面的资金。包括各部门企业挖潜改造资金和企业挖潜改造贷款资金，为农业服务的县办"小"企业技术改造补助，挖潜改造贷款贴息资金。

（3）地质勘探费用：指国家预算用于地质勘探单位的勘探工作费用，包括地质勘探管理机构及其事业单位经费、地质勘探经费。

（4）科技三项费用：指国家预算用于科技支出的费用，包括新产品试制费、中间试验费、重要科学研究补助费。

（5）支援农村生产支出：指国家财政支援农村集体（户）各项生产的支出。包括对农村举办的小型农田水利和打井、喷灌等的补助费，对农村水土保持措施的补助费，对农村举办的小水电站的补助费，特大抗旱的补助费，农村开荒补助费，扶持乡镇企业资金，支援农村合作生产组织资金、农村农技推广和植保补助费，农村草场和畜禽保护补助费，农村造林和林木保护补助费，农村水产补助费，发展粮食生产专项资金。

（6）农林水利气象等部门的事业费用：指国家财政用于农垦、农场、农业、畜牧、农机、林业、森工、水利、水产、气象、乡镇企业的技术推广、良种推广（示范）、动植物（畜禽、森林）保护、水质监测、勘探设计、资源调查、干部训练等项费用，园艺特产场补助费，中等专业学校经费，飞播牧草试验补助费，营林机构、气象机构经费，渔政费以及农业管理事业费等。

（7）工业交通商业等部门的事业费：指国家预算支付给工交商各部门用于事业发展的人员和公用经费支出，包括勘探设计费、中等专业学校经费、技术学校经费、干部训练费。

（8）文教科学卫生事业费：指国家预算用于文化、出版、文物、教育、卫生、中医、公费医疗、体育、档案、地震、海洋、通讯、电影电视、计划生育、党政群干部训练、自然科学、社会科学、科协等项事业的人员和公用经费支出以及高技术研究专项经费。主要包括工资、补助工资、福利费、离退休费、助学金、公务费、设备购置费、修缮费、业务费、差额补助费。

（9）抚恤和社会福利救济费：指国家预算用于抚恤和社会福利救济事业的经费。包括由民政部门开支的烈士家属和牺牲病残人员家属的一次性、定期抚恤金，革命伤残人员的抚恤金，各种伤残补助费，烈军属、复员退伍军人生活补助费，退伍军人安置费，优抚事业单位经费，烈士纪念建筑物管理、维修费，自然灾害救济事业费和特大自然灾害灾后重建补助费等。

（10）行政事业单位离退休支出：指实行归口管理的行政事业单位离退休经费。

（11）社会保障补助支出：指国家预算用于社会保障的补助支出，包括对社会保险基金的补助、促进就业补助、国有企业下岗职工补助、补充全国社会保障基金等。

(12) 国防支出：指国家预算用于国防建设和保卫国家安全的支出，包括国防费、国防科研事业费、民兵建设以及专项工程支出等。

(13) 行政管理费：包括行政管理支出，党派团体补助支出，外交支出，公安安全支出，司法支出，法院支出，检察院支出和公检法办案费用补助。

(14) 政策性补贴支出：指经国家批准，由国家财政拨给用于粮棉油等产品的价格补贴支出。主要包括粮、棉、油差价补贴，平抑物价和储备糖补贴，农业生产资料价差补贴，粮食风险基金，副食品风险基金，地方煤炭风险基金等。

(15) 债务利息支出：指国家预算中用于偿还国内外债务利息的支出。

5. 中央财政支出和地方财政支出的范围有哪些区分？

根据政府在经济和社会活动中的不同职责，划分中央和地方政府的责权，按照政府的责权划分确定支出。中央财政支出包括一般公共服务，外交支出，国防支出，公共安全支出，以及中央政府调整国民经济结构、协调地区发展、实施宏观调控的支出等。地方财政支出包括一般公共服务，公共安全支出，地方统筹的各项社会事业支出等。

6. 中央财政为缓解县乡财政困难采取了哪些措施？

随着改革的逐步推进和社会经济形势的发展变化，特别是深化农村税费改革，取消农业特产税、降低农业税税率等工作的推进，部分地区县乡财政困难比较突出，集中表现为不同程度地存在着欠发行政事业单位人员工资现象，公用经费保障水平低，支持社会公共事业发展能力不足，债务负担沉重等。多年来，中央财政按照党中央、国务院的部署，高度重视县乡财政困难问题，采取了多项有力措施。

(1) 中央财政不断加大一般性转移支付力度，一般性转移支付不规定具体用途,并明确要求省级政府也要进一步加大对县乡财政的转移支付力度。2005年,中央对地方的一般性转移支付规模达到1120亿元,比上年增长50.4%(见图2-3)。

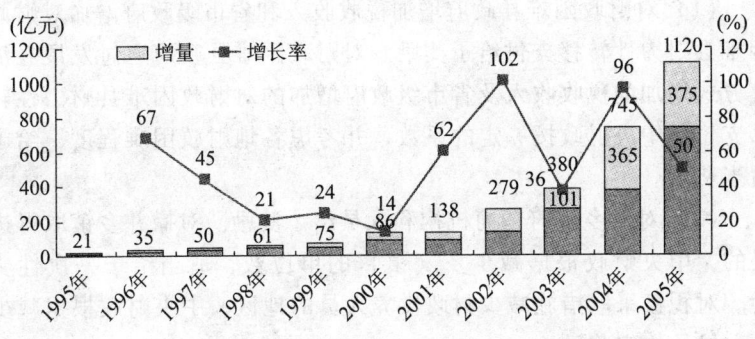

图2-3 1995—2005年一般性转移支付规模

(2)建立激励约束机制,明确省级政府在调节辖区内地区财力差距的职责,采取"三奖一补"的政策,引导省市级政府财力下移,共同努力缓解县乡财政困难。2005年,中央安排"三奖一补"资金150亿元,带动地方安排奖补资金221亿元,县乡政府组织税收收入比上年增加67亿元,791个财政困难县增加财力391亿元。

(3)积极推进省直管县、乡财县管乡用等管理方式,减少中间再分配环节,加强对县乡财政在政策与业务方面的指导,提高财政管理水平。通过实行上述措施后,财力分布不断趋于合理,局部地区县乡财政困难问题得到了缓解。

7. 什么是"三奖一补"?

为缓解县乡财政困难,促进增强基层执政能力建设,2005年,财政部制定了《关于切实缓解县乡财政困难的意见(财预[2005]5号)》,建立激励约束机制,实行"三奖一补"政策。"三奖一补"也就是:对财政困难的县乡政府增加县乡税收收入,以及省市级政府增加对财政困难县财力性转移支付给予奖励,以调动地方政府解决缓解县乡财政困难的积极性和主动性;对县乡政府精简机构和人员给予奖励，促进县乡政府提高行政效率和降低行政成本；对产粮大县给予奖励，以确保粮食安全，调动粮食生产的积极性。主要内容包括：

（1）对财政困难县政府增加税收收入和省市级政府增加对财政困难县财力性转移支付给予奖励。对财政困难县政府通过发展经济等方式增加的税收收入及省市级政府增加的对财政困难县财力性转移支付，中央财政按一定的系数，并考虑各地财政困难程度，给予适当奖励。

（2）对县乡政府精简机构和人员给予奖励。对撤并乡镇取得进展的，中央财政根据减少乡（镇）的单位数，适当给予一次性奖励。对积极采取措施减少财政供养人员的地区，中央财政根据减少人数给予一定奖励。

（3）对产粮大县给予奖励。为鼓励粮食生产，减轻产粮大县财政压力，中央财政对产粮大县考核粮食播种面积、粮食产量、粮食商品量等因素给予奖励，奖励政策对财政困难县适当倾斜。

（4）对以前缓解县乡财政困难工作做得好的地区给予补助。中央财政对奖励政策实施以前，省市级政府财力转移较多、机构精简进度较快、财政供养人员控制有力的地区，给予适当补助。

8. "三奖一补"政策取得的主要成效有哪些？

中央财政实施"三奖一补"政策后，产生了强烈的政策导向作用。调动了地方缓解县乡财政困难的积极性，增强了发展县域经济的主动性，提高了地方对控制和化解县乡政府债务的重视程度，促进了省以下财政体制的完善，加大了预算管理体制改革的力度，强化了对资金使用的监督管理，调动了产粮大县发展粮食生产的积极性。

（1）财政困难县财政保障能力大大提高。2005年，中央财政兑现"三奖一补"资金150亿元，791个财政困难县获得奖补资金103亿元，加上"三奖一补"政策带动地方安排的奖补资金和县乡政府增加的税收收入288亿元，2005年791个财政困难县增加财力

391亿元，人均财力增加3550元，增长23.7%，保证了财政困难县国标工资发放、地方补贴及政府机构正常运转的基本经费需要。

（2）精简机构、人员取得显著成效。2005年，共撤并乡镇1433个，比上年增加681个，县级财政供养系数下降了0.04个百分点。

（3）县乡财政运行状况大为改善。各地财政供养人员国标工资得以按时足额发放，部分工资陈欠得以消化，赤字县个数和赤字额均减少。2005年，全国财政赤字县个数比上年减少52个，县级财政赤字额比上年减少13.5亿元。参见图2-4。

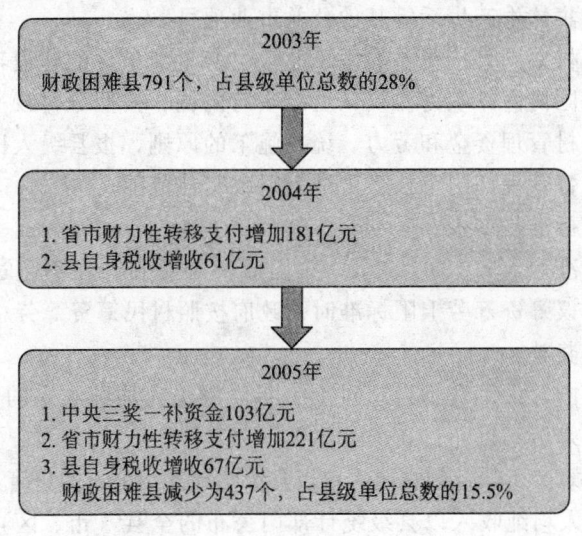

图2-4

9. 什么是一事一议财政奖补政策？

一事一议财政奖补资金（以下简称"奖补资金"）是指由各级财政部门安排的，专门用于鼓励村民通过一事一议程序筹资筹劳、开展村级公益事业建设的资金。主要目的是通过奖励和补助，帮助农民解决一家一户难以办到的村内户外的公益事业。2008年开展村级公益事业建设一事一议财政奖补试点以来，工作进展顺利，取得了明显成效，得到了广大基层干部群众的衷心拥护。为让这项政策惠及广大农民，按照2010年中央1号文件精神，国农改［2010］1号发出《关于做好2010年扩大村级公益事业建设一事一议财政奖补试点工作的通知》，要求进一步做好一事一议财政奖补资金。

奖补范围都有哪些？

据《福建省村民一事一议筹资筹劳管理办法》规定，筹资筹劳适用范围都属奖补范围，主要包括农村小型水利建设、农村人饮工程、村内道路硬化工程、清洁家园项目、文化体育设施建设、农业综合开发土地治理项目、村庄整治中的公共建设项目和村民认为需要兴办的集体生产生活等其他公益事业项目。

相邻村共同直接受益的用于改善生产生活条件的建设项目，由受益村共同协商，签订协议，上级政府协调，按照分村议事、联合申报、分村管理资金和劳力、统一施工的原则，报县级人民政府农民负担监督管理部门审核，可纳入财政奖补范围。

奖补标准是多少？

经批准列入2010年一事一议财政奖补项目，在不超过当地农民一事一议筹资筹劳上限标准时，政府按照村民筹资筹劳总额40%给予财政奖补。

一年内每人筹资不得超过上一年度农民人均纯收入的1%，每个劳动力筹劳不得超过3个工作日。

筹资筹劳所涉及的农业人口以县级统计部门公布的户籍人口数为准，农民人均纯收入以县级统计部门公布的全县（市、区）农民人均纯收入为准，以资代劳工价标准按财政部规定每个工作日20元。

如何申请奖补资金？

1. 申请。按照村级决策、乡镇审核、县级审定的程序，由开展一事一议筹资筹劳的村提出申请，乡镇人民政府对村级申报奖补项目的合规性、可行性和有效性进行审核，上报县级农村综合改革领导小组办公室（以下简称县农村综改办），县级农村综改办会同财政、农业部门（农民负担监督管理办公室，下同）按职责分工进行审查批准。

2. 实施。经批准的一事一议财政奖补项目，在乡镇人民政府统一管理和县级有关部门的指导下，由村民委员会负责组织实施。村民委员会根据县级农业部门批准的筹资筹劳方案，收缴筹资，组织筹劳，并将村民的筹资筹劳资金全额交存所在乡镇一事一议筹资专户。项目竣工验收决算后，由村委员凭有关材料逐级向县级财政部门申请奖补资金。

3. 拨付。县级财政部门对筹资筹劳属实、资金足额进专户，且验收合格的项目，一次性全部兑现奖补资金。

奖补资金管理方面有哪些主要制度？

1. 公示制。一是政务公开。按照政府信息公开的要求，全面公开各级政府及其财政部门制定的关于一事一议财政奖补的政策、标准、实施办法、奖补方案以及相关部门的职责任务、工作分工、办事程序和服务承诺。二是项目公示。拟立项的一事一议财政奖补项目，批准前县（市、区）农村综改办要通过媒体进行公示，内容包括：议事主体、项目内容、工程概算、施工期限、村民筹资筹劳数额、社会捐助、集体投入和县级财政奖补资金安排情况等；已建成的一事一议财政奖补项目，村民委员会要将工程完成情况、资金使用情况向全体村民予以公示，经公示得到绝大多数村民认可的方可上报乡（镇）人民政府予以验收。

2. 专户制。为确保资金及时足额到位，方便管理与监督，县级财政部门、乡镇财政部门（经管站或村财乡代理中心）应开设"一事一议财政奖补资金专户"，实行分村（乡镇）核算，专账管理。县级专户专门用于核算上下级奖补资金，乡级专户专门用于核算上下级奖补资金和农民筹资筹劳资金，其他资金不得进入专户。

3. 预拨及报账制。对较大投资规模的工程项目，为了加快工程进度，村委会在村民筹资筹劳到账，奖补项目启动实施后，可向县级财政部门提出预拨不超过80%的奖补资金申请。年底前，根据项目竣工验收结果和预拨资金情况，村委会应及时收集有关材料向乡镇（县级）财政部门办理竣工项目奖补资金清算手续。

4. 项目档案制。各县、乡、村要建立当年所有项目议事环节、筹资筹劳环节、申请财政奖补环节和奖补资金拨款环节等方面的档案材料，包括村级一事一议筹资筹劳的会议纪录、筹资筹劳方案、项目合同、村民缴款签字、筹资筹劳银行存款证明、项目竣工验收报告等相关原始材料。

5. 项目管护制。一事一议财政奖补形成的项目资产，归村集体所有，按照"谁投资、谁受益、谁所有、谁养护"的原则，村"两委"应建立健全适合项目养护的管理制度，加强项目管护，提高项目的使用效率和养护水平。

10. 财政支出的原则是什么？

为达到科学运用财政资金，满足国家完成各项职能的需要的目的，财政支出的安排应体现以下原则：

（1）量入为出。财政收入和财政支出始终存在数量上的矛盾，脱离财政收入的数量界限盲目扩大财政支出，必定严重影响国民经济的稳步发展，因此，财政支出的安排应在财政收入允许的范围内，避免出现大幅度的财政赤字。

（2）统筹兼顾。国家经济建设各部门和国家各行政管理部门的事业发展需要大量的资金，财政收入与支出在数量上的矛盾不仅体现在总额上，还体现在有限的财政资金在各部门之间的分配。财政支出的安排要处理好积累性支出与消费性支出的关系、生产性支出与非生产性支出的关系，做到统筹兼顾，全面安排。

（3）讲求效益。财政支出的效益体现在财政投资的经济效益和社会效益两个方面，为保证有限的财政资金最大限度的特点，对有经济效益而不需要财政扶持的单位，要做到无偿拨款和有偿使用相结合，财政资金投入与单位自筹资金相结合，资金安排和日后的财政监督相结合。

2009年1~12月累计，全国财政支出执行初步统计数为75874亿元，比上年增加13281亿元，增长21.2%。分中央地方看，中央财政支出43901亿元，其中，中央本级支出15280亿元，同比增长14.5%，对地方税收返还和转移支付支出28621亿元，同比增长

29.8%。地方财政用中央税收返还和转移支付资金以及地方本级收入安排的地方本级支出60594亿元,同比增长23%。地方财政结转下年支出2608亿元。2009年全国财政支出情况详见下表。

表2-2　　　　　2009年全国财政支出决算表　　　　　单位:亿元

项目	预算数	决算数	决算数为预算数的%	决算数为上年决算数的%
一般公共服务	9317.79	9164.21	98.4	110.6
外交	270.64	250.94	92.7	104.2
其中:对外援助	138.87	132.96	95.7	105.9
国际组织	36.57	36.22	99.0	101.5
国防	4806.86	4951.10	103.0	118.4
公共安全	4870.19	4744.09	97.4	116.9
其中:武装警察	773.99	866.29	111.9	130.4
公安	2480.03	2354.89	95.0	114.4
教育	10946.63	10437.54	95.3	115.8
其中:普通教育	8662.20	8190.67	94.6	115.9
职业教育	903.55	908.88	100.6	121.9
科学技术	2647.83	2744.52	103.7	128.9
其中:基础研究	222.90	228.63	102.2	120.0
应用研究	827.90	810.59	97.9	101.7
文化体育与传媒	1248.07	1393.07	111.6	127.1
其中:文化	438.41	485.57	110.8	128.1
体育	237.27	238.26	100.4	116.1
社会保障和就业	8330.67	7606.68	91.3	111.8
其中:财政对社会保险基金的补助	2024.37	1776.73	87.8	108.9
补充全国社会保障基金	50.00	217.14	434.3	196.0
行政事业单位离退休	2141.36	2092.95	97.7	115.5
企业关闭破产补助	406.25	252.30	62.1	76.8
就业补助	502.71	511.31	101.7	123.3
抚恤	328.90	336.16	102.2	123.0
城市居民最低生活保障	516.46	517.85	100.3	125.8
自然灾害生活救助	433.01	122.82	28.4	34.4
保障性住房支出	669.38	725.97	108.5	313.3

续表

项　　目	预算数	决算数	决算数为预算数的%	决算数为上年决算数的%
医疗卫生	3415.61	3994.19	116.9	139.7
其中：医疗服务	570.60	741.54	130.0	154.1
医疗保障	1757.67	1892.21	107.7	133.1
疾病预防控制	287.85	293.36	101.9	123.3
农村卫生	258.89	395.37	152.7	182.3
环境保护	1745.67	1934.04	110.8	133.3
其中：自然生态保护	38.19	53.68	140.6	160.0
天然林保护	92.70	80.60	86.9	98.7
退耕还林	344.20	438.33	127.3	142.9
退牧还草	17.05	36.57	214.5	186.2
能源节约利用	170.00	196.98	115.9	126.6
可再生能源	102.00	59.01	57.9	131.8
城乡社区事务	4712.17	5107.66	108.4	128.5
其中：城乡社区规划与管理	117.37	106.89	91.1	108.8
城乡社区公共设施	2270.24	2549.79	112.3	125.7
农林水事务	5776.02	6720.41	116.4	140.8
其中：农业	2977.69	3826.91	128.5	154.0
林业	516.51	532.10	103.0	119.1
水利	1385.03	1519.64	109.7	135.4
扶贫	387.35	374.80	96.8	117.0
农业综合开发	273.48	286.80	104.9	114.0
交通运输	4172.04	4647.59	111.4	173.6
其中：公路水路运输	960.85	2343.58	243.9	311.7
车辆购置税支出	962.00	1085.08	112.8	108.2
采掘电力信息等事务	2623.41	2879.12	109.7	111.3
粮油物资储备等事务	2509.20	2218.63	88.4	111.6
其中：粮油事务	1839.45	1106.46	60.2	71.4
商业流通事务	321.93	557.70	173.2	295.7

续表

项　目	预算数	决算数	决算数为预算数的%	决算数为上年决算数的%
金融事务	466.19	911.19	195.5	82.8
地震灾后恢复重建支出	1180.00	1174.45	99.5	147.1
国债付息支出	1510.52	1491.28	98.7	106.2
预备费	1040.00			
其他支出	3976.11	3203.25	80.6	109.0
其中：住房改革支出	866.47	903.77	104.3	134.2
全国财政支出	76235.00	76299.93	100.1	121.9
地方财政结转下年支出		2122.24		146.8
安排中央预算稳定调节基金		101.13		52.7

11. 财政支出有哪些分类？

将财政分支出的内容进行合理的归纳，以便准确反映和科学分析支出活动的性质、结构、规模以及支出的效益和产生的时间。分类方法有下列五种：

（1）按经济性质将财政支出分为生产性支出和非生产性支出。生产性支出指与社会物质生产直接相关的支出，如支持农村生产支出、农业部门基金支出、企业挖潜改造支出等，非生产性支出指与社会物质生产无直接关系的支出，如国防支出、武装警察部队支出、文教卫生事业支出、扶恤和社会福利救济支出等。按照财政支出是否能直接得到等价的补偿进行分类，可以把财政支出分为购买性支出和转移性支出。

（2）按最终用途分类，从静态的价值构成上财政支出分为补偿性支出，积累性支出与消费性支出。补偿性支出主要是对在生产过程中固定资产的耗费部分进行弥补的支出，如：挖潜改造资金。积累性支出指最终用于社会扩大再生产和增加社会储备的支出，如基本建设支出、工业交通部门基金支出、企业挖潜发行支出等，这部分支出是社会扩大再生产的保证;消费支出指用于社会福利救济费等,这部分支出对提高整个社会的物质文化生活水平起着重大的作用。从动态的再生产角度考察,则可分为投资性支出和消费性支出。

(3) 按财政支出与国家职能关系可将财政支出分为:

①经济建设费支出,包括基本建设支出、流动资金支出、地质勘探支出、国家物资储备支出、工业交通部门基金支出、商贸部门基金支出等;

②社会文教费支出,包括科学事业费和卫生事业费支出等;

③行政管理费支出,包括公检法支出、武警部队支出等;

④其他支出,包括国防支出、债务支出、政策性补贴支出等。

(4) 按国家预算收支科目将财政支出分为一般预算支出、基金预算支出、专用基金支出、资金调拨支出和财政周转金支出。财政总预算会计对财政支出的核算按国家预算支出科目分类。

(5) 按财政支出产生效益的时间分类可以分为经常性支出和资本性支出:

经常性支出是维持公共部门正常运转或保障人们基本生活所必需的支出,主要包括人员经费、公用经费和社会保障支出。特点是它的消耗会使社会直接受益或当期受益,直接构成了当期公共物品的成本,按照公平原则中当期公共物品受益与当期公共物品成本相对应的原则,经常性支出的弥补方式是税收。

资本性支出是用于购买或生产使用年限在一年以上的耐久品所需的支出,它们的耗费的结果将形成供一年以上的长期使用的固定资产。它的补偿方式有两种:一是税收,二是国债。

12. 什么是转移性支出?

转移性支出是指政府按照一定方式,把一部分财政资金无偿地、单方面转移给居民和其他收益者的支出,主要有补助支出、捐赠支出和债务利息支出。它体现的是政府的非市场型再分配活动。在财政支出总额中,转移性支出所占的比重越大,财政活动对收入分配的直接影响就越大。

13. 什么是转移支付？

转移支付又称无偿支出，它主要是指各级政府之间为解决财政失衡而通过一定的形式和途径转移财政资金的活动，是用以补充公共物品而提供的一种无偿支出，是政府财政资金的单方面的无偿转移，体现的是非市场性的分配关系。一般指中央政府通过国民收入的分配和再分配，将其一部分财政收入单方面无偿地让渡给某些地方而发生的支出，也指地方财政资金（通过中央政府）向其他地方的横向转移支付。

由于各地区地理位置、人口分布、资源禀赋、历史背景、经济发展和经济效益等条件不同，财政收入差别很大，对资金的需要也大不相同。财政转移支付的基本目标是实现市场经济条件下各级政府的财政基本均衡，即中央政府通过转移支付，调整中央政府与各级地方政府之间的财政纵向不平衡和地区之间的财政横向不平衡，以实现各地政府的公共服务趋于均等化。

14. 转移支付的模式有哪些？

转移支付的模式主要有三种：一是自上而下的纵向转移，二是横向转移，三是纵向与横向转移的混合。

我国中央财政是从 1995 年开始正式实施过渡期转移支付办法。根据国际货币基金组织《政府财政统计手册》中的支出分析框架，政府转移支付有两个层次：一是国际间的转移支付，包括对外捐赠、对外提供商品和劳务、向跨国组织交纳会费；二是国内的转移支付，既有政府对家庭的转移支付如养老金、住房补贴等，又有政府对国有企业提供的补贴，还有政府间的财政资金的转移。一般我们称的财政转移支付，是指政府间的财政资金转移，是中央政府支出的一个重要部分，是地方政府重要的预算收入。我国的财政转移支付制度是在 1994 年分税制的基础上建立起来的，是一套由税收返还、财力性转移支付和专项转移支付三部分构成的、以中央对地方的转移支付为主的且具有中国特色的转移支付制度。在西方国家，财政支出的重要分类就是分购买支出和转移支出。

表2-3　2009年中央对地方税收返还与转移支付决算表　　单位：亿元

项目	预算数	决算数	决算数为预算数的%	决算数为上年决算数的%
一、中央对地方转移支付	23954.81	23677.09	98.8	126.6
（一）一般性转移支付	11374.93	11317.20	99.5	129.4
1. 均衡性转移支付	3918.00	3918.00	100.0	111.6
2. 民族地区转移支付	280.00	275.88	98.5	100.0
3. 县级基本财力保障机制奖补资金	550.00	547.79	99.6	125.0
4. 调整工资转移支付	2365.63	2357.60	99.7	96.2
5. 农村税费改革转移支付	770.22	769.47	99.9	100.9
6. 资源枯竭城市财力性转移支付	50.00	50.00	100.0	200.0
7. 定额补助（原体制补助）	138.14	138.14	100.0	101.5
8. 企事业单位划转补助	348.00	347.87	100.0	104.9
9. 结算财力补助	344.51	369.22	107.2	105.8
10. 工商部门停征两费转移支付	80.00	80.00	100.0	170.2
11. 村级公益事业一事一议奖励资金	10.00	10.00	100.0	
12. 一般公共服务转移支付	45.00	23.93	53.2	
13. 公共安全转移支付	332.90	329.84	99.1	
14. 教育转移支付	908.49	893.56	98.4	213.1
15. 社会保障和就业转移支付	1234.04	1201.83	97.4	
16. 医疗卫生转移支付		4.07		
（二）专项转移支付	12579.88	12359.89	98.3	124.1
其中：教育	448.86	520.21	115.9	75.1
科学技术	32.79	78.17	238.4	91.0
社会保障和就业	1816.17	1640.47	90.3	68.4
医疗卫生	1124.28	1205.64	107.2	150.6
环境保护	1199.27	1113.90	92.9	114.4
农林水事务	3143.19	3182.54	101.3	133.3

续表

项 目	预算数	决算数	决算数为预算数的%	决算数为上年决算数的%
二、中央对地方税收返还	4934.19	4886.70	99.0	146.5
增值税和消费税返还	3476.00	3422.63	98.5	101.5
所得税基数返还	910.19	910.19	100.0	100.0
成品油税费改革税收返还	1530.00	1531.10	100.1	
地方上解	-982.00	-977.22	99.5	103.3
中央对地方税收返还和转移支付	28889.00	28563.79	98.9	129.6

15. 中央对地方转移支付形式有哪些？

目前我国中央对地方转移支付由财力性转移支付和专项转移支付构成，其中财力性转移支付包括一般性、民族地区、调整工资、农村税费改革（包括取消农业特产税降低农业税率转移支付）、年终结算财力补助（包括结算补助中除定额结算外的部分、其他补助）等，专项转移支付包括一般预算专项拨款、国债补助等。分税制财政管理体制改革以来，随着中央财力的增强，中央为地方转移支付不断增加，2005 年中央对地方转移支付规模达到 7363 亿元，约相当 1994 年 15 倍。

16. 什么是一般性转移支付？

一般性转移支付是政府间财政关系的重要组成部分，是财力性转移支付的一种。目的是缩小地区间财力差距，实现地区间基本公共服务能力均等化。此类转移支付不规定具体用途，由接受拨款的政府自主安排使用，目的是弥补财政实力薄弱地区的财力缺口，均衡地区间财力差距，实现地区间公共服务能力的均等化。我国一般性转移支付从 1995 年起实施，原称之为过渡期转移支付。一般性转移支付资金按照公平、公正，循序渐进和适当照顾老少边穷地区的原则，主要参照各地标准财政收入和标准财政支出的差额及可用于转移支付的资金数量等客观因素,按统一公式计算确定。

17. 什么是专项性转移支付?

这是一种定向提高某一地区或某几个地区公共物品和公共服务水平的政府转移支付。例如,一些地区农业生产落后,交通运输欠发达,电力供应不足,严重影响到地区的社会公共需要,与其他地区相比差距悬殊,采用专项性转移支付就可以提高这方面力量不足地区的财政供给能力,进而实现全国范围内经济整体素质的平衡。

18. 什么是社会保障支出?

社会保障支出是财政转移支付的重要内容,主要是指国家财政用于社会保障方面的支出,并包括非财政经费安排的社会保障支出,其内容主要包括社会保险支出和社会福利支出(含社会救济支出或社会补助支出和社会优抚支出)两方面。

19. 农村社会保障制度的政策与作用是什么?

农村社会保障体系包括三个子体系,从低到高依次为社会救助体系、社会保险体系和社会福利体系。就目前而言,广大农村居民的基本要求与愿望是实现"生有所靠、病有所医、老有所养",因此,在农村社会保障的各项制度建设中,社会救助(主要是最低生活保障制度)、养老保险制度、医疗保险制度三大基本保障制度的建设是其重点。

农村最低生活保障制度是对家庭人均收入低于最低生活保障标准的农村贫困人口按最低生活保障标准进行差额补助的制度。国务院在1997年作出决定,在全国建立城市居民最低生活保障制度。从1997年开始,国内有条件的省市逐步建立了农村最低生活保障制度,上海、北京、广东、辽宁等省市纷纷提出了"整体推进城乡最低生活保障制度建设"的政策设想。到2003年,已经有15个省的 2037 个县市建立起农村最低生活保障制度，低保对象约为 404 万人，约占农业人口 0.4%，支出的低保资金为 8 亿元。

农村养老保险是我国农村社会保障制度中最早开展的一种形式，农村养老保险是对农村老年人口因丧失劳动能力造成收入中断、无法维持正常生活，由国家、集体、农民个人共同负担的一种保障制度，具有互济性强、针对性强、规范性强的特点。早在 1986 年，民政部就在部分农村富裕地区开展了农村社会养老保险的试点工作。从 1991 年开始，根据国务院的决定，民政部开始有计划有组织地组织农村社会化养老保险改革的试点。1991 年 6 月，民政部制定了《县级农村社会养老保险基本方案》，并决定在全国有条件的地方逐步推开。1995 年 10 月，国务院办公厅批转了民政部《关于进一步做好农村社会养老保险工作的意见》，各级政府做了专门部署，制定了工作方案，到 2004 年底，全国农村参加养老保险的人数达 5378 万。

农村医疗保险是对身遭疾病的农村人口因疾病引起的收入损失和医疗费用损失，所给予补偿的一种保障制度。医疗保险中的疾病指一般疾病，其发病原因与劳动无直接关系，因此，它具有福利性、救济性和暂时性的特点。实行医疗保险的目的在于使劳动者患病后能够尽快得到康复，恢复劳动能力。目前，我国农村的医疗保险包括合作医疗、统筹解决住院费、预防保健合同等多种形式，其中合作医疗是最为普遍的形式。

20. 农村医疗保障财政责任的制度变迁是怎样的？

新中国建立初期，政府在财政极为困难的情况下，着手提高农村医疗保障水平，在部分区、乡设立了卫生所、保健站等初级医疗机构，开始了农村医疗保障体系的初步建立工作。人民公社建立以后，农村实行统一经营、核算、分配的经济制度，农村集体经济组织在对农民个人生活费用进行分配之前就预先扣除部分积累基金，为农村医疗保障体系的建立提供了经济基础。

在人民公社时代，由于国家经济发展处于起步阶段，通过税收手段筹集到的公共财政资源极为有限,农村公共产品的供给并不能以国家财政为主体来提供,人民公社及生产队正常运转所需公共产品只能从制度外获得。人民公社的分配制度是工分制,即集体组织在扣除各项费用之后将剩余部分以工分为权数分配给组织成员。在这种分配制度下,工分总量没有制度化的约束,用劳动替代资本的现象大量存在。工分制以及工分总量的无约束,将公共产品投入的成本转移给农民,是公社时期制度外公共产品供给的主要基础。在向社员分配之前,公共产品所需的物质成本通过公积金、公益金和管理费等形式直接从各个核算单位扣除,因而普通农民对于自己所应分摊的公共产品的成本并不清楚。

在前农村改革阶段,公社卫生院实行"社办公助",主要依靠公社的集体经济力量维持。此时,财政补助用于培训医务人员的经费和支持穷队办合作医疗;社员的医疗费用由大队统筹,基本医疗服务的费用主要由集体承担。大队卫生所几乎完全靠集体经济投资和维持。社员看病的药费由大队统一支付或按一定比例报销;基层医疗人员的报酬采取由大队记工分的方式解决,参与集体收益分配和口粮分配。前农村改革阶段是农村合作医疗全面铺开、高速发展的阶段。全国合作医疗村覆盖率在1958年时已达到10%。从1959~1962年的4年间,虽遭遇了3年自然灾害带来的经济困难,但覆盖率持续上升,1962年的村覆盖率达到46%。1963~1968年间,受国民经济实行"调整、巩固、充实、提高"方针的影响,覆盖率曾一度下降。1968年以后,合作医疗的经验在全国范围内推广,加上"文化大革命"政治运动的推动,至1976年时村覆盖率上升至90%的顶峰(详见图2-5)。

在前农村改革阶段,农村医疗保障的主要形式是农村合作医疗。政府在此阶段主要通过间接方式为农村医疗保障提供支持:通过对医务人员的培养积累了大量可服务于农村医疗卫生领域的人力资源,充分调动了医务人员的积极性;通过对医药行业的管理和对农村自种草药的政策引导,解决了农村缺医少药的难题;以高覆盖、低水平为运行目标适应了当时医药匮乏的状况,为农村医疗保

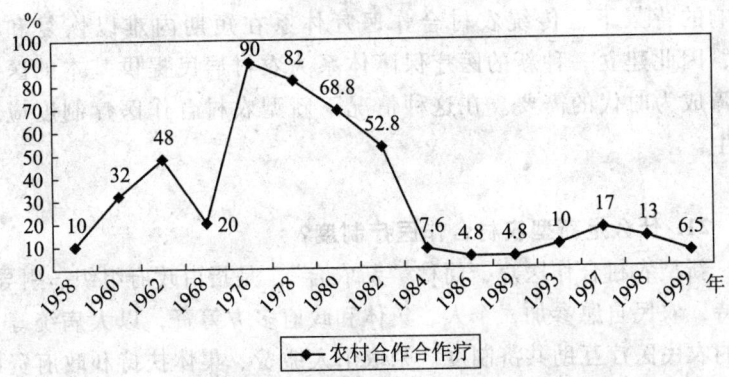

图 2-5 我国农村合作医疗村覆盖率趋势

障提供了广泛的间接支持。这一阶段集体经济成为农村合作医疗筹资的主要来源，医疗服务需方的药费由集体经济统一支付或报销，医疗服务供方的工资由大队以特殊的记工分的形式解决。人民公社所具有的高度资源整合能力，把医疗服务供需双方置于同一个框架之内，极大减少了由市场化所引起的医疗市场失灵情况的发生。

1978年开始的农村家庭承包责任制改革使得农村医疗保障的保障形式、筹资方式发生了重大变化，农村医疗保障不再以合作医疗作为主要形式，大部分农民成为自费医疗群体。村集体和政府在医疗保障中的作用减弱，农村医疗呈现了市场化的趋势。1978年以后合作医疗随着农村改革的深化，经历了曲折发展的历程：1984年全国农村普遍实行家庭承包责任制，合作医疗村覆盖率急剧下降到7.6%左右的低点；1989年农村合作医疗村覆盖率下降至4.8%。1997年是农村合作医疗恢复和重建的高峰期，当年的村覆盖率达到17%，然而1999年村覆盖率仅为6.5%。其间，受到农业部等部委下发有关减轻农村负担文件的影响，农村合作医疗的村覆盖率一度下降，直至后来出台的文件指出"合作医疗并非增加农民负担"，才将这一症结问题解决。

在农村改革阶段市场化取向对农村居民的医疗保障产生不利

影响的背景下,传统农村合作医疗体系在短期内难以恢复和重建,因此建立一种新的医疗保障体系为农村居民提供基本的医疗保障成为时代的需要。在这种情况下新型农村合作医疗制度应运而生。

21. 什么是新型农村合作医疗制度?

新型农村合作医疗,简称"新农合",是指由政府组织、引导、支持,农民自愿参加,个人、集体和政府多方筹资,以大病统筹为主的农民医疗互助共济制度。采取个人缴费、集体扶持和政府资助的方式筹集资金。

22. 财政在建设新型合作医疗中起到了怎样的作用?

财政在建设新型合作医疗中起着重要作用。为体现党和政府对农民健康的关心,提高农民的受益水平,引导农民踊跃参加,2009年的筹资水平达到人均100元,中央和地方各级财政共落实补助资金627亿元,4.9亿人次获得补偿,1560万人得到健康体检。全国1/3的地区开展门诊统筹试点,效果良好。进一步提高住院费用补偿比例,50%的地区提高幅度达到5个百分点以上。2010年,在确保参合率保持在90%以上的同时,要提高筹资标准,各级政府的补助水平要达到每人每年120元。地方财政增加的合作医疗补助经费,应主要由省级财政承担,原则上不由省、市、县按比例平均分摊,不能增加困难县的财政负担。农民个人缴费标准暂不提高。同时,将中西部地区中农业人口占总人口比例高于70%的市辖区和辽宁、江苏、浙江、福建、山东和广东六省的试点县(市、区)纳入中央财政补助范围。中央财政对辽宁、江苏、浙江、福建、山东和广东省按中西部地区补助标准的一定比例安排补助资金。各级财政部门要认真落实新型农村合作医疗补助资金,在年初预算中足额安排,并及时下拨到位,为新型农村合作医疗的顺利开展提供必要的资金保障。

23. 近几年新型农村合作医疗情况如何？

表 2-4　　　　　　　新型农村合作医疗情况

年份	开展新农合县（市、区）（个）	参加新农合人数（亿人）	参合率（%）	当年基金支出（亿元）	补偿支出受益人次（亿人次）
2004	333	0.80	75.20	26.37	0.76
2005	678	1.79	75.66	61.75	1.22
2006	1451	4.10	80.66	155.81	2.72
2007	2451	7.26	86.20	346.63	4.53
2008	2729	8.15	91.53	662.31	5.85

参加新农合人数指根据本地新农合实施方案到年内新农合筹资截止时已缴纳新农合资金的人口数。

新农合当年基金支出指本年度实际从新农合基金账户中支出用于新农合补偿的资金。

新农合补偿支出受益人次指年内新农合参合人员因病就医获得补偿的人次数，包括住院、家庭账户形式、门诊、特殊病种大额门诊、住院正常分娩、体检和其他补偿人次之和。

新农合本年度筹资总额指为本年度筹集的、实际进入新农合专用账户的基金数额。包括本年度中央及地方财政配套资金、农民个人交纳资金（含民政部门及其他相关部门代缴的救助资金）、新农合基金本年度产生的全部利息收入及其他渠道实际筹集到的新农合基金额。筹资数额以进入新农合专用账户的基金数额为准，不含上年结转额资金。

24. 什么是医疗救助？

城乡医疗救助制度，是医疗保健体系的一个重要组成部分，与城镇职工基本医疗保险、新型农村合作医疗，以及正在试点的城镇居民基本医疗保险等共同构成城乡居民基本医疗保障网络。医疗救助与医疗保险所强调的"统筹共济"、"权利义务对等"原则不同，它是政府和社会对贫困人群中因病无经济能力进行治疗，或因支付数额庞大的医疗费用而陷入困境的人群，实施专项帮助和经济支付的一种救助制度。

25. 假设某农民在外出打工时突患大病，那么他该如何申请医疗救助呢？

我国医疗救助实行属地化管理，即符合救助条件的农民工患病必须到户籍所在地申请医疗救助。如果其户籍所在地开展了新型农村合作医疗，医疗救助制度可帮助符合条件的农民工缴纳个人参合费，使其按新型合作医疗制度的有关规定报销一定的医疗费用。对于因患大病，经新型农村合作医疗报销后个人负担部分仍然较重，影响家庭基本生活的农民工，还可以申请二次救助。没有开展新农合地区的贫困农民工，也可以在户籍所在地按规定直接申请医疗救助。

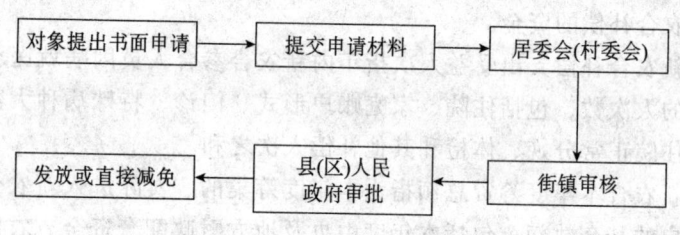

图 2-6 医疗救助申请审批流程

26. 农村社会养老保险的基本原则是什么？

农村社会养老保险的基本原则是：保障水平与农村生产力发展和各方面承受能力相适应；养老保险与家庭赡养、土地保障以及社会救助等形式相结合；权利与义务相对等；效率优先，兼顾公平；自我保障为主，集体（含乡镇企业、事业单位）调剂为辅，国家给予政策扶持、政府组织与农民自愿相结合。

27. 农村社会养老保险的制度模式的主要特点有哪些？

农村社会养老保险的制度模式主要有以下几个特点：一是基金筹集以个人缴费为主、集体补助为辅、国家政策扶持，明确了个人、集体和国家三者的责任，突出自我保障为主的原则，不给政府背包袱；二是实行储备积累，建立个人账户，农民个人缴费和集体补助全部记在个人名下，属于个人所有。个人领取养老金的多少取决于个人缴费的多少和积累时间的长短；三是农村务农、经商等各类从业人员实行统一的社会养老保险制度，便于农村劳动力的流动；四是采取政府组织引导和农民自愿相结合的工作方法。这是我国农村经济发展很不平衡所决定的过渡时期的工作方法，随着农村经济的发展，在有条件的地区将逐步加大政府推动的力度，以体现社会保险的特性。

28. 开展农村社会养老保险的基本条件是什么？

《国务院办公厅转发民政部关于进一步做好农村社会养老保险工作的意见的通知》（国办发［1995］51号）中，明确规定了开展农村社会养老保险的基本条件。即："农民群众温饱问题基本解决，基层组织比较健全的地区。"

29. 农村社会养老保险中怎样办理保险关系转移手续？

保险关系的转移有三种情况，一是迁出，二是迁入，三是本县（市、区）内转移。现分述如下：一、迁出。保险对象因户口迁居外县、要求转移保险关系户的，应持有关证明材料到乡（镇）农保管理机构办理迁出手续。有关材料应包括转移申请书、户口转移证明等。乡（镇）农保管理机构查验后，应在申请书上签署意见，将申请者的缴费证、户口转移证明材料、申请书及缴费记录卡上交到县级管理机构。县级管理机构在收到上述材料后，要确认其转移资格，进而对"缴费记录卡"进行核实，并向迁入县（市）发要求转入保险对象的函件。待迁入县（市）复函同意办理转移手续后，要及时将转移者的保险金本息，按规定的计算标准进行核算，转入迁入的县级农保管理机构。转移者的个人基本情况登记表及缴费记录卡也要随之转到保险对象将迁入的缴费单位。二、迁入。在收到迁出县（市）要求转移的函件后，迁入县的管理机构要及时复函。待对方的保险金转移过来后，要会同财会部门对保险金进行审核，确认无误后，要向迁入县的农保机构发出由财会部门和县级管理机构分别审核后的保险金收讫回执。对迁入者的缴费记录卡和缴费证要审核，钱账要一致。

30. 农村社会养老保险的保险对象领取养老金时，需办理哪些手续？

保险对象在到达领取养老金年龄时，应向所在行政村或所在企事业单位的代办员申请办理领取手续。本人的户口簿或身体证等有效证件应做为申报的证明材料，在代办员的指示下，填写领取申请表，交回缴费证。待缴费单位和乡镇保险管理机构办理完有关手续后，领取人会接到通知，到村或乡领取养老金。

31. 什么是农村社会养老保险的缴费期？

农村社会养老保险的缴费期是指参加保险的农民或乡镇企业职工，在参加保险后，开始向社会保险管理或经办机构缴纳保险费至开始领取养老保险金的时段。这个概念即是一个时段上的划分，也是义务与权利的界定线。按照《农村社会养老保险基本方案》的规定，保险对象60周岁为养老保险金的领取期，即保险对象到达60周岁的次月开始领取养老保险金。那么，在领取期之前的时期，即为养老保险的缴费期。

32. 农村社会养老保险对象有什么权益？

保险对象的权益有：（1）投保人在交费期间身亡者，个人交纳全部本息，退给其法定继承人或指定受益人。（2）投保人领取养老金，保证期为十年。领取养老金不足十年身亡者，保证期内的养老金余额可以继承。无继承人或指定受益人者，按农村社会养老保险管理机构的有关规定支付丧葬费用。领取者超过十年长寿者，支付养老金直至身亡为止。(3) 保险对象从本县（市）迁往外地。若迁入地尚未建立农村社会养老保险制度，可将其个人交纳全部本息退给本人。(4) 投保人招工、提干、考学等农转非，可将保险关系（含资金）转入新的保险轨道，或将个人交纳全部本息退还本人。

33. 农村社会养老保险交费有哪些方式？

由于大多数农民的收入不固定，因此，农村社会养老保险的缴费方式十分灵活，大体分为发下三种：一是定期交费。在收入比较稳定或比较富裕的地区和人群采用这种方式。如乡镇企业可按月、按季交纳保费，富裕地区的农民可按半年或按年交纳保费，其交费额既可以按收入的比例，也可以按一定的数额交纳。二是不定期交费。多数地区因收入不稳定而采取的方式。丰年多交，欠年少交，灾年缓交。家庭收入好时交，不好时可不交。三是一次性交费。多数是岁数偏大的农民，根据自己年老后的保障水平将保费一次交足，一直到60岁以后按规定领取养老金。

34. 参加农村社会养老保险的对象和年龄有什么规定？

《农村社会养老保险基本方案（试行）》规定，参加农村社会养老保险的对象是非城镇户口、不由国家供应商品粮的农村人口。一般以村为单位确认（包括村办企业职工、私营企业、个体户、外出人员等）。乡镇企业职工、民办教师、乡镇招聘干部、职工等，可以由乡镇企业或事业单位确认，组织投保。交纳保险年龄一般为20周岁至60周岁。领取养老金的年龄一般为60周岁。

35. 农村社会养老保险制度模式的主要特点是什么？

农村社会养老保险的制度模式主要有以下几个特点：一是基金

筹集以个人缴费为主、集体补助为辅、国家政策扶持,明确了个人、集体和国家三者的责任,突出自我保障为主的原则,不给政府背包袱;二是实行储备积累,建立个人账户,农民个人缴费和集体补助全部记在个人名下,属于个人所有。个人领取养老金的多少取决于个人缴费的多少和积累时间的长短;三是农村务农、经商等各类从业人员实行统一的社会养老保险制度,便于农村劳动力的流动;四是采取政府组织引导和农民自愿相结合的工作方法。这是我国农村经济发展很不平衡所决定的过渡时期的工作方法,随着农村经济的发展,在有条件的地区将逐步加大政府推动的力度,以体现社会保险的特性。

36. 什么是农村社会养老保险的保证期?

农村社会养老保险基本方案中规定:"保险对象领取养老金,保证期为十年。领取养老金不足十年身亡者,保证期内的养老金余额可以继承。无继承人或指定受益人的,按农村社会养老保险管理机构的有关规定支付丧葬费用。"

37. 什么是新型农村社会养老保险?

新型农村社会养老保险之所以被称为新农保,是相对于以前各地开展的农村养老保险而言,过去的老农保主要是农民自己缴费,实际上是自我储蓄的模式,而新农保最大的特点是采取个人缴费、集体补助和政府补贴相结合的模式,有三个筹资渠道。特别是中央财政对地方进行补助,这个补助又是直接补贴到农民的头上。它是继取消农业税、农业直补、新型农村合作医疗等一系列惠农政策之后的又一项重大的惠农政策。此外,不同于老农保主要建立农民个人账户的模式,新农保借鉴了目前城镇职工统账结合的模式。新农保在支付结构上分两部分:基础养老金和个人账户养老金,基础养老金由国家财政全部保证支付,这意味着中国农民60岁以后都将享受到国家普惠式的养老金。根据规划,将于2020年前全部实现所有农民都享有新农保。

38. 各地区农村社会养老保险的情况如何?

表 2-5　　各地区农村社会养老保险情况 (2008 年)　　单位: 万人

地 区	年末参加农村社会养老保险人数	本年参保人数	本年乡镇企业参保人数	领取养老金人数 本年领取养老金农民人数	领取养老金人数 本年退保转移死亡人数
全 国	5595.1	819.1	35.6	511.9	124.5
北 京	128.1	92.7	0.8	7.3	1.4
天 津	51.1	51.0			
河 北	262.8	11.8	0.1	9.4	0.8
山 西	160.0	9.4	1.8	7.6	
内蒙古	104.9	23.6	0.9	15.4	0.5
辽 宁	220.3	2.1	0.6	5.7	1.4
吉 林	7.4		0.2	0.5	
黑龙江	189.5	0.1	0.2	7.8	3.6
上 海	45.9	9.7	1.1	31.0	11.6
江 苏	958.0	252.1	21.1	176.4	22.5
浙 江	428.7	46.6	3.7	18.6	52.1
安 徽	153.1	13.4		8.0	14.7
福 建	150.9	1.5		2.0	0.7
江 西	211.2		9.9	0.2	
山 东	1133.7	189.8	2.3	90.8	7.2
河 南	172.5	7.3	0.2	6.9	0.5
湖 北	258.8	0.1		3.1	0.6
湖 南					
广 东	113.8	21.2		59.3	0.4
广 西	177.5		5.1	0.2	
海 南	20.1	1.3		0.1	0.1
重 庆	38.4	1.7		3.4	0.2

续表

地区	年末参加农村社会养老保险人数	本年参保人数	本年乡镇企业参保人数	领取养老金人数	
				本年领取养老金农民人数	本年退保转移死亡人数
四 川	314.1	29.3		24.4	3.1
贵 州	4.2	4.2		1.3	
云 南	141.1	3.8	2.0	7.2	1.1
西 藏					
陕 西	124.9	41.9		9.8	1.1
甘 肃	8.9	1.9		0.4	
青 海					
宁 夏	3.8	2.4		0.9	
新 疆	11.3	0.2		0.1	0.1

39. 农村的五保户由谁供养？

五保户是指《农村五保供养工作条例》中的五保供养对象，我国《农村五保户供养条例》（2006年3月1日起施行）规定：老年、残疾或者未满16周岁的村民，无劳动能力、无生活来源又无法定赡养、抚养、扶养义务人，或者其法定赡养、抚养、扶养义务人无赡养、抚养、扶养能力的，享受农村五保供养待遇。

所谓五保，主要包括以下几项：保吃、保穿、保医、保住、保葬（孤儿为保教）；供养形式：在当地的农村五保供养服务机构的集中供养和在家的分散供养。我国《农村五保户供养条例》第九条规定：（一）供给粮油、副食品和生活用燃料；（二）供给服装、被褥等生活用品和零用钱；（三）提供符合基本居住条件的住房；（四）提供疾病治疗，对生活不能自理的给予照料；（五）办理丧葬事宜。

农村五保供养对象可以在当地的农村五保供养服务机构集中供养，也可以在家分散供养。农村五保供养对象可以自行选择供养形式。集中供养的农村五保供养对象，由农村五保供养服务机构提供供养服务；分散供养的农村五保供养对象，可以由村民委员会提供照料，也可以由农村五保供养服务机构提供有关供养服务。

40. 什么是财政补贴？

财政补贴是指在某一确定的经济体制结构下，财政支付给企业和个人的、能够改变现有产品和生产要素相对价格，从而可以改变资源配置结构、供给结构和需求结构的无偿支出。对财政补贴主要有以下分类：按财政补贴的项目和形式分类，主要有价格补贴、企业亏损补贴、财政贴息、减免税收、房租补贴、职工生活补贴、外贸补贴等。按补贴的环节分类，可以分为生产环节的补贴、流通环节的补贴、分配环节的补贴和消费环节的补贴。按补贴的经济性质分类，分为生产补贴和生活补贴。按补贴的内容分类，可以分为现金补贴和实物补贴。

我国从1953年起实行财政补贴政策。20世纪50~60年代，财政补贴的范围小、数量少，国家财政能够及时调整补贴政策，使补贴与当时的财政承受能力基本相适应。从1979年起，为了改革不合理的价格和支持农业生产发展，国家多次较大幅度地提高了农产品收购价格，但考虑到稳定人民群众生活，对主要农产品的销售实行了"价格基本稳定，购销价差由财政补贴"的政策，同时，对一些与人民日常生活相关的工业消费品以及煤炭石油等基础工业产品也实行了亏损补贴政策，致使财政补贴总额猛增。1978~1989年，国家财政负担的价格补贴和企业政策性亏损补贴由135.99亿元增加到972.43亿元，增长了6.2倍，平均每年递增19.6%，明显快于同期财政收入只增长1.5倍、年平均增长8.6%的速度。其中，价格补贴支出平均每年递增37.6%，占国家财政支出的比重，由1978年的1%，上升到1989年的12.9%，升高了11.9个百分点。企业政策性亏损补贴平均每年递增15.3%，占国家财政收入的比重，由1978年的11%，上升到1989年的21.4%，升高了10.4个百分点。

20世纪90年代以来，随着社会主义市场经济体制的逐步确立，财政补贴在总量上表现为前期消退和后期反弹，而企业亏损补贴逐年削减。财政价格补贴的消退起始于1991年，直接原因是在价格改革方面迈出了重要步子，特别是国务院决定提高城镇居民定量供应的粮油销售价格。1979年以来，国家先后多次提高了粮油的收购价格，1990年的粮油收购价分别比1966年提高了1.5倍和2.1倍，而城镇居民的口粮供应价格依然维持在1966年的水平上，以致购销差价越来越大，国家用于粮油的补贴也日益增加。据统计，当时的面粉、大米、玉米三种粮食的平均购销差价为0.30元/公斤，加上粮食经营费用补贴城镇居民购买一公斤粮食国家要补贴0.60元；食用油的购销差价补贴与经营费用补贴每公斤高达4元。1991年5月1日全国统一提高居民口粮价格，由原来的平均每公斤0.294元提高到0.494元，上涨68%。食用植物油销售价格提高到定购价水平，上涨170%。与此同时，粮油价格补贴也由"暗补"转化为"明补"，每位职工增加工资6元，离退休人员及大中专学生、现役军人等同样予以适当补偿。实践证明，这一重大的改革措施不但为解决粮油价格改革这一老大难创造了有利条件，同时也大大地降低了近几年来逐年攀升的财政价格补贴。据测算，1991年5月提高粮油价格总水平之后，一年可减少国家对粮油价格补贴约130亿元，若扣除向职工发放明补等因素，全年可净减少财政补贴数10亿元。在粮油价格放开的同时，民用煤、肉禽蛋等居民生活必需品的价格也逐步放开，延续了几十年的票证全部取消，所有这些，都使财政补贴的压力有所减缓，1991年我国财政价格补贴为373.77亿元，1992年为321.64亿元，到1993年进一步下降到299.30亿元占全国财政收入的比重也由1991年的11.9%下降到1993年的6.9%。

财政价格补贴的反弹出现于1994年，主要原因是严重的通货膨胀致使国家不得不动用财政价格补贴来平抑市场物价，保证经济的持续健康发展。1994年，由于自然灾害等因素的影响，全年粮食价格指数达150.7%，各级政府对此十分重视，并付出了较多的财政补贴。1994年全年价格补贴达314.47亿元。1995年，各级政府继续狠抓物价控制工作，投入了大量的财政补贴，平抑物价，到当年底，各地物价涨幅普遍下降近10个百分点，而财政价格补贴却上升了。在一定程度上讲，1995年的通货膨胀之所以得到有效控制，财政补贴发挥了主要的作用。据统计，全年财政价格补贴达364.89亿元，比1994年增长16%，比1993年增长21.9%，是改革开放以来最高的年份之一。1996年以后，随着社会主义市场经济体制的建立与逐步完善，围绕转换国有企业经营机制，出台了一系列改革措施。对于一般小型国有企业，实行了承包经营、租赁经营，有的改组为股份合作制，有的出售给集体或个人；对于效益较差，连年亏本的企业，坚决实行"关、并、停、转"，调整了产业结构，提高经济的总体运行质量，使长期以来不少企业依赖国家财政补贴的状况得以缓解。我国企业亏损补贴将进一步稳定下降，整体的财政补贴也在下降。

41. 国家现行惠农补贴政策具体有哪些？

我国现行的各项惠农补贴政策具体见下表表2-6。这些政策深受基层和农民欢迎，在未来还需要不断巩固、完善和加强，逐步形成目标清晰、受益直接、类型多样、操作简便的农业补贴制度。各地用于种粮农民直接补贴的资金要达到粮食风险基金的50%以上。加大良种补贴力度，扩大补贴范围和品种。扩大农机具购置补贴规模、补贴机型和范围。加大农业生产资料综合补贴力度。中央财政要加大对产粮大县的奖励力度，增加对财政困难县乡增收节支的补助。同时，继续对重点地区、重点粮食品种实行最低收购价政策，并逐步完善办法、健全制度。

表 2-6　　　　　　　　　现行惠农补贴政策

行业	项目名称	扶持或补贴（助）标准	适用对象
农业	粮食直补	以县（市、区）为单位，按统一标准发放	种粮的农户
	粮棉油良种补贴	按实际种植面积补贴，早稻10元/亩、中稻15元/亩、晚稻15元/亩，小麦10元/亩、优质稻良种1元/亩、棉花15元/亩、油菜10元/亩	种植粮棉油的农户
	农资综合直补	以县（市、区）为单位，按统一标准发放	种粮农户
	水稻保险补贴	每亩保额200元，保费率7%，每亩保费14元，其中中央财政补贴40%，计5.6元；省级财政补贴25%，计3.5元；县（市、区）财政补贴10%，计1.4元；农户承担25%，计3.5元	水稻种植户
	户用沼气建设补助	国家新增投资国债项目每户1200元，省补300元，合计1500元	项目农户（非普惠制）
	农村沼气服务网点建设补助	每个网点国家补1.5万元	农村沼气服务网点
林业	退耕还林补助	坡耕地造林补助标准为：粮食补助每亩210元/年，生活补助每亩20元/年，种苗费补助每亩50元（头年一次性补助）。荒山造林补助标准为：头年一次性补助种苗费每亩50元（坡耕地造林经济林补助5年，生态林补助8年）。	纳入国家退耕还林工程的退耕户
	生态公益林补偿	每亩林地每年补助4.5元	纳入国家重点生态公益林补偿的林农

续表

行业	项目名称	扶持或补贴(助)标准	适用对象
水利	农村饮水安全工程建设补助	按解决人口数,每人补助500元,其中中央补300元、省补66元、地方自筹134元	按项目大小分别由镇、村集体修建和农户自建
畜牧	能繁母猪补贴	每头能繁母猪每年补贴100元。其中:中央、省财政每头补80元,县(市、区)财政每头补20元	能繁母猪饲养户
畜牧	能繁母猪保险补贴	每头保额1000元,保费率6%。每头能繁母猪保费60元,其中中央财政补贴50%,计30元;省财政补贴30%,计18元;养殖户承担20%,计12元	能繁母猪饲养户
畜牧	奶牛保险补贴	每头奶牛保额6000元,保费率6%。保费360元,其中中央财政补贴30%,计108元,省财政补贴30%,计108元,县(市、区)财政补贴20%,计72元,农户承担20%,计72元	奶牛养殖户
畜牧	生猪标准化规模场(小区)改扩建项目	中央财政按规模每场补贴10万~80万元	养猪年出栏规模在500头以上,由养殖户申请,县(市、区)根据省下达的指标额度进行项目申报,获省正式批准的项目,验收公示后拨付
畜牧	蛋鸡标准化规模养殖场改造以奖代补项目	蛋鸡养殖规模在1万~3万只的每场补10万元;3万~5万只的每场补贴15万元	养殖户申报,县(市、区)畜牧等部门初审,省、地市畜牧部门根据省下达的指标额度验收公示后拨付

续表

行业	项目名称	扶持或补贴（助）标准	适用对象
畜牧	畜禽良种繁育示范项目补贴	中央财政每场补贴100万元	纳入计划的具有一定规模和辐射带动能力的父母代种猪场、种鸡场等
畜牧	省级标准化万头猪场（小区）建设以奖代补项目	省财政每场补贴100万元	纳入计划的年出栏生猪1万头的新建规模猪场。由省验收后拨付
畜牧	动物强制免疫	对重大动物疫病免疫疫苗实行全免，各级财政负担	强制免疫的六种重大动物疫病：猪瘟、口蹄疫（猪、牛、羊）、高致病性猪蓝耳病、鸡新城疫、高致病性禽流感、羊痘
水产	渔用燃油补贴	与2006年基价相比的差额乘耗油量确定补贴标准	从事内陆捕捞及养殖并使用渔船的渔民和渔业企业
农机	农业机械购置补贴	资金补贴不超过所购农机具价格的30%，单机补贴限额5万元；血防疫区执行"以机代牛"50%补贴政策。具体标准以《补贴产品目录》为准	纳入实施范围并符合补贴条件的农牧渔民、直接从事农机作业的农业生产经营组织，以及奶农专业合作社、奶畜养殖场所，鲜乳收购站
交通	通村公路建设奖补	通行政村道路中央、省补助10万元/公里	纳入国家建设规划，且经省市交通部门验收合格的通村油（水泥）路
交通	通村公路养护费	每公里每年2000元	

续表

行业	项目名称	扶持或补贴（助）标准	适用对象
商务	"家电下乡"补贴	对指定的家电下乡产品，按销售价格的13%补贴，中央财政负担80%，省级财政负担20%	在补贴周期内（2008年12月1日至2012年11月30日），每个具有农业户籍的农民购买家电下乡产品，每类限两台（件），补贴品种为彩电、冰箱（冰柜）、手机、洗衣机、壁挂式空调、储水式电热水器、燃气热水器、太阳能热水器、电脑、微波炉、电磁炉
	汽车（不含轿车）摩托车下乡补贴（三轮汽车即原三轮农用车，低速货车即原四轮农用车）	对将三轮汽车或低速货车报废并换购轻型载货车的，按换购轻型载货车销售价格10%给予补贴，换购轻型载货车单价5万元以上的，每辆补贴5000元。对报废三轮汽车每辆补贴2000元，报废低速货车每辆补贴3000元	2009年3月1日至12月31日，农民报废车辆车主与新购车辆车主为同一农民。享受补贴的轻型载货车每户限购一辆
		对购买微型载货车、轻型载货车和微型客车：销售价格每辆5万元以下的，按销售价格10%给予补贴，销售价格每辆5万元以上的，定额补贴5000元	2009年3月1日至12月31日农民购买1.3升及以下排量微型客车，每户限购一辆
		对购买摩托车，销售价格每辆5000元及以下的，补贴销售价格的13%，销售价格每辆5000元以上的，定额补贴650元。上述补贴：中央财政负担80%，省级财政负担20%	2009年2月1日至2013年1月31日，农民购买摩托车，每户限购2辆

续表

行业	项目名称	扶持或补贴（助）标准	适用对象
教育	农村义务教育阶段家庭经济困难寄宿生生活补助	生活补助为小学每生每天2元、初中每生每天3元（每年按在校天数250天计数）	农村义务教育阶段家庭经济困难寄宿生。
	公用经费	小学每生每年300元，初中每生每年500元	农村义务教育阶段中小学校
	全省中职学生贫困生救助	一、二年级每生每年1500元，第三年实行工学结合	全日制在校农村中职学生和城市家庭经济困难的中职学生
卫生	新型农村合作医疗补助	每个农民每年补助80元，其中中央补贴40元、省补助30元、县级10元，农民个人缴费20元	纳入国家试点的县市参加新型农村合作医疗的农民
	晚期血吸虫病人免费治疗	每人每年5000元	经省级血防部门核准的疫区晚期血吸虫病人
国土	农村土地征用补偿费	耕地被征用前三年平均年产值的8至10倍	被征地的农村集体经济组织
	农村土地征用安置补偿费	耕地被征用前三年平均产值的4至6倍	被征用耕地的农户
	地上附着物及青苗补偿费	地上附作物及青苗补偿费根据征地补偿登记，依照征地安置方案确定的标准，支付给地上附着物及青苗的所有者	
民政	农村低保	每人每月补助35~90元	农村低保对象（共同生活的家庭成员年人均收入低于国家公布的农村贫困线）
	农村五保及孤儿补助	五保户集中供养每人每年1800元；分散供养每人每年1300元；散居孤儿每人每年1500元；新增对象由县级财政负担	农村五保户、农村散居孤儿

续表

行业	项目名称	扶持或补贴（助）标准	适用对象
民政	"两属两户"保险	每户保险金额为3000元，保费率3‰，保险费为9元。省财政补贴70%，计6.3元，县财政补贴30%，计2.7元	全市"两属两户"，即持证的农村军属、烈属；农村低保户、分散供养的五保户
民政	城乡特困群众大病医疗救助	按自费部分的40%给予补助，每人每年最高补助5000元	城乡低保户、农村五保供养对象
民政	农村特困户危房改造补助	每户4000~6000元	农村特困户、五保户、孤寡户建房农户
民政	自然灾害救助	对受灾群众提供"衣、食、住"等方面的救助，按受灾情况确定	受灾群众
劳动	职业介绍补贴	每人150元	进城求职的农村劳动者
劳动	职业培训补贴	每人400~800元	准备转移就业的农村劳动者参加职业培训并取得《培训结业证》的，按标准的50%给予补贴；对培训后实现就业的全额补贴
劳动	创业培训补贴	每人1200元	同职业培训补贴
劳动	职业技术鉴定	按照省物价局、省财政厅批准的标准，初次技能鉴定，减半征收	进城务工的农村劳动者，初次技能鉴定
计划生育	农村部分计划生育家庭奖励扶助	每人每月50元	本人及配偶均为农业户口或界定为农村居民户口；1973年至2001年没有违反省计划生育法规和政策规定生育；现有一个子女或两个女孩或子女死亡无子女；年满60周岁

续表

行业	项目名称	扶持或补贴（助）标准	适用对象
计划生育	计划生育家庭特别扶助	独生子女伤残家庭对象每人每月80元，独生子女死亡家庭对象每人每月100元	城镇和农村同时符合以下条件的家庭：扶助对象夫妻一般应在1933年1月1日以后出生，女方须年满49周岁；只生育一个子女或合法收养一个子女；现无存活子女或独生子女被依法鉴定为残疾（伤病残达到三级以上）
移民	大中型水库移民后期扶持	原迁移民每人每年600元，新增人口每人每年500元	原迁移民现金直补个人，新增长人口实行项目扶持，从2006年7月1日起扶持20年
扶贫	"雨露计划"培训	贫困劳动力转移培训以每年省下达标准为准	以"代金券"形式补贴贫困农民培训
扶贫	财政扶贫项目和老区建设项目	基础设施建设：村平3万元，整村推进每村20万元（全市25个村）	全市60个省级重点贫困村和9个老区乡镇
扶贫	省级财政扶贫资金	村平3万元左右	扶持省定重点贫困乡（镇）基础设施和产业化项目建设
扶贫	省财政老区建设	村平3万元左右	扶持重点老区乡（镇）、村基础设施和产业化项目建设

42. 什么是"三补贴"政策？

指粮食直补、良种补贴和农机具购置补贴。粮食直补是指把流通环节的间接补贴改为对种粮农民的直接补贴；良种补贴是指国家通过建立良种推广示范区，对农民选用良种并配套使用良法技术进行的资金补贴；农机具购置补贴是指国家对农民个人、农场职工、农机专业户和直接从事农业生产的农机作业服务组织购置和更新大型农机具给予的部分补贴。

43. 什么叫粮食直补？

粮食直补，全称粮食直接补贴，是为进一步促进粮食生产、保护粮食综合生产能力、调动农民种粮积极性和增加农民收入，国家财政按一定的补贴标准和粮食实际种植面积，对农户直接给予的补贴。粮食直补是指对种粮农民直接补贴，就是把通过流通环节的间接补贴改为对种粮农民的直接补贴，原则上按粮食种植面积把粮食补贴直接发放到种粮农民手中。

44. 粮食直补有什么意义？

粮食直补政策的实施，是继农村税费改革之后又一项影响巨大深刻的变革，是随着国家粮食流通体制市场化改革的不断深化，将国家对粮食的补贴由间接补贴流通环节的国有粮食企业改为直接补贴给生产环节的粮食生产者——农民，也就是所谓的"暗补改明补"。这是中国政府历史上第一次动用国家财政资金给广大种粮农民直接发放补贴，是前人未曾做过的事情，其积极意义在于它为中国农业发展带来了新的契机，其影响是划时代的。

45. 什么是良种补贴？

良种补贴，是指国家对农民选用优质农作物品种而给予的补贴。目的是支持农民积极使用优良作物种子，提高良种覆盖率，增加主要农产品特别是粮食的产量，改善产品品质，推进农业区域化布局、规模化种植、标准化管理和产业化经营。此外，近年来国家还出台了奶牛良种补贴和生猪良种补贴等政策。

46. 良种补贴的范围、对象及标准是什么？

补贴范围：水稻、小麦、玉米、棉花在全国 31 个省（自治区、直辖市）实行良种补贴全覆盖；大豆在辽宁、吉林、黑龙江、内蒙古等 4 个省（自治区）实行良种补贴全覆盖。2010 年 1 月 31 日公布的 2010 年中央一号文件，2010 年国家将对农民增加良种补贴，扩大马铃薯补贴范围，启动青稞良种补贴，实施花生良种补贴试点。

补贴对象：对生产中使用农作物良种的农民（含农场职工）给予补贴。

补贴标准：2009 年良种补贴的执行标准为早稻 10 元/亩；中晚稻、棉花 15 元/亩；小麦、玉米、大豆 10 元/亩。

47. 良种补贴的基本原则是什么？

（1）坚持整体推进的原则，2009 年，对水稻、小麦、玉米、棉花良种补贴实行全覆盖；大豆补贴范围扩大到整个东北地区。项目覆盖区按照实际种植面积全部补贴。

（2）坚持品种择优的原则，各地主导品种的筛选由省级农业部门具体负责，在符合国家有关扶持政策的前提下，优先选择生态适应性好、符合生产需要、市场前景较好的品种。禁止选择未经审定、审定不通过或过期淘汰的品种。

（3）坚持公开推介的原则，主导品种确定后，省级农业部门要通过各种渠道公开向社会发布，并将推介品种随实施方案上报农业部备案。严禁省级以下农业部门进行品种推介活动。

（4）坚持农民自愿的原则，各地农业部门要在充分尊重农民意愿基础上，根据品质优先、市场需求和生产需要，积极引导农民选择使用推介的良种，不得采取强制手段干预农民自愿选种。

48. 取得良种补贴的步骤有哪些？

（1）年初由市农业局下达优质粮食作物良种补贴面积，由区县农业局分解到优质作物集中种植的乡（镇）、村、户。

（2）优势区域内以村为单位，对农户实际种植优质粮食作物品种、面积登记造册，张榜公示。

（3）各村将公示结果上报乡镇政府审核，乡镇政府将审核意见上报区县农业局审批。审批结果（含名册）逐级返回，并抄送乡镇财政所。

（4）农户到良种补贴定点销售部门购种，并持身份证和种子定点销售部门开具的专用凭证，到乡镇财政所领取补贴。乡财政所按张榜公示的实际种植面积发放补贴款。

49. 什么是农机具购置补贴？

农机具购置补贴，又称农机购置补贴，是指国家对农民个人、农场职工、农机专业户和直接从事农业生产的农机作业服务组织，购置和更新农业生产所需的农机具给予的补贴，目的是促进提高农业机械化水平和农业生产效率。

农机购置补贴是国家"三补贴"强农惠农政策的重要内容，是贯彻落实中央一号文件的重要举措，对改善农业装备结构、提高农机化水平、增强农业综合生产能力、发展现代农业、繁荣农村经济具有重要意义。

50. 农民如何取得农机具购置补贴？

（1）由符合购机条件购机者填写书面申请。

（2）各县农机局根据购机者填写的书面申请表将购机者的基本信息（姓名、身份证号、地址、邮编）、拟购机具情况等相关信息录入系统，并现场上传购机者身份证及本人照片至信息系统。

（3）县农机局将购机申请信息经网络时时上报省、市农机局进行公示审批（公示期为5天）。

（4）购机者购机申请经过省、市农机局审核且已过公示期5天后，由县农机局与购机者打印和签定已通过审核的农业机械购置补贴申请表和农业机械购置补贴协议书。

（5）购机者将自动生成的申请表的协议编号和身份证号提供给机具销售商。交机具差价款购机，销售商出具差价款的正式发票。

（6）经销商在农机购置补贴信息系统内录入购机者身份证号和协议编号，在信息系统录入购机者购机日期、发票号码、机具发动机号码、机具出厂编号及购机正式发票图片。

（7）县农机局审核经销商录入的购机相关信息，核实确认购买信息，并打印正式农业机械购置补贴申请表，经购机农户签字后，再由省、市农机局对购机信息核实确认（核实期为10天）。

（8）若省、市农机局对购机情况核实属实，经销商可通过购机补贴信息系统向省局提出结算申请并打印结算资料。

51. 农机购置补贴目录是如何制定的？该目录在哪里能看到？

农机购置补贴目录由各省级农机化主管部门制定。具体的程序是：农业部根据全国农业发展需要和国家产业政策确实补贴机具种类范围，各省区市结合本地实际情况，确定具补贴机具范围；农机生产企业根据农业部和各省区市确定的补贴机具种类、品目，按照通用类和非通用类分别向农业部和各省级农机化主管部门提出补贴产品机型；农业部和各级农机化主管部门分别进行分类分档，确定具体补贴额；省级农机化主管部门将通用类和非通用类机具补贴额汇总合并，形成本省年度农机购置补贴目录。补贴机具必须是先进适用、技术成熟、安全可靠、节能环保、服务到位的列入国家或省级支持推广目录的产品。

了解农机购置补贴目录主要有以下三个渠道：一是中国农业机械化信息网、中国农机推广网及各省和地方农机化信息网；二是在省市县各级农机化主管部门或乡镇农机站就能查看到；三是各地农机化主管部门印发的文件、有关报刊杂志、乡村公告等。各省区市的农机购置补贴目录一般在每年三、四月份发布，具体时间可以咨询本县农机化主管部门。

52. 2010年中央财政安排农机购置补贴资金的规模是多少？补贴机具增加了哪些种类？

2010年中央财政安排农机购置补贴资金145亿元。为了支持春耕备耕，财政部已于 3 月 1 日提前预拨了 2010 年第一批补贴资金 100 亿元。第二批补贴资金近 55 亿元于 8 月初已下达。同时，各级地方财政也应增加农机补贴和农机化方面的投入。

按照中央 1 号文件关于扩大补贴种类，将牧业、林业、抗旱节水机具纳入补贴范围的要求，结合全国农林牧渔业发展需求及产品技术成熟度情况，今年进一步扩大了补贴机具种类范围，由 2009 年的 12 大类 38 个小类 128 个品目扩大到 12 大类 45 个小类 180 个品目，新增 52 个品目。特别是根据林业、抗旱节水机械化发展需要，在原来补贴离心泵、潜水泵、喷灌机、微滴灌机械、渗灌机械等节水抗旱机械及种子烘干机、播种机、中耕除草机、割灌机、修剪机、水果分级机、烟雾机、杀虫灯、诱虫灯等林果业机械的基础上，今年又将种子清选机、起苗机、埋藤机、嫁接设备、水果打蜡机、果蔬烘干机、食用菌生产机械、树木移栽机、粉碎机、开沟机、农用挖掘机、抗旱坐水种机械等林果业、抗旱节水机械设备纳入中央财政资金补贴范围。

在全国统一补贴的 12 大类 45 个小类 180 个品目外，各地还可以自行增加不超过 20 个品目的其他机具列入中央资金补贴范围。考虑到部分小麦联合收割机已到报废更新期，今年恢复小麦联合收割机补贴，对更新报废的小麦联合收割机予以优先补贴。

53. 2010 年农机购置补贴的补贴对象和补贴标准是什么？

2010 年补贴对象是纳入实施范围并符合补贴条件的农牧渔民、农场（林场）职工、直接从事农机作业的农业生产经营组织、取得当地工商登记的奶农专业合作社、奶畜养殖场所办生鲜乳收购站和乳品生产企业参股经营的生鲜乳收购站。

补贴标准有两个方面：一是全国总体上继续执行不超过 30% 的补贴比例。汶川地震重灾区县、重点血防疫区补贴比例可提高到 50%。二是单机补贴额原则上最高不超过 5 万元。100 马力以上大型拖拉机、高性能青饲料收获机、大型免耕播种机、挤奶机械、大型联合收割机、水稻大型浸种催芽程控设备、烘干机单机补贴限额可提高到 12 万元；大型棉花采摘机、甘蔗收获机、200 马力以上拖拉机单机补贴限额可提高到 20 万元。

54. 农民如何申请农机补贴？是不是凡是申请购机的都能享受到补贴？如果不能保证，在确定补贴对象时怎样做到公正公平？

按照现行操作办法，购机补贴实施区内的农民购买补贴机具时，可根据所在县（场）农机化主管部门发布的农机购置补贴方面的公告、文件等要求，按程序通过乡镇农机化管理机构向县级农机化主管部门提出申请，由县级农机化主管部门依据优选条件和农民认可的方式确定补贴受益对象。

在申请补贴人数超过计划指标时，为保证公正、公平，农业部、财政部规定了补贴对象的优选条件：农民专业合作组织；农机大户、种粮大户；乳品生产企业参股经营的生鲜乳收购站、奶农专业合作社、奶畜养殖场所办生鲜乳收购站；列入农业部科技入户工程中的科技示范户；"平安农机"示范户。同时，对报废更新农业机械、购置主机并同时购置配套农具的要优先补贴。申请人员的条件相同或不易认定时，采取农民接受的方式确定。

同时，要求各地严格执行补贴对象公示制度，必须将受益者名单、补贴金额等情况在实施区域内张榜公示，接受群众监督。为方便农民，对价值较低的机具可采取购机和公示同时进行的办法。

55. 到哪里去购买农机具？补贴机具经销商如何确定？

购买补贴产品须到省级农机化主管部门向社会公布的补贴机具经销商处购买。补贴机具经销商应具备资质条件并由农机生产企业自主提出，报省级农机化主管部门统一公布，供农民自主选择，农民可以在省（自治区、直辖市）域内跨县自主购机。

56. 购机补贴资金如何兑现？国家对购机有什么信贷支持政策？

补贴资金的兑现实行省级集中支付制。为减少操作环节，提高资金运作效率，确保资金安全，中央补贴资金只下达到省级财政部门,不再向下拨付。省级财政部门根据农机化主管部门补贴实施后的实际核准情况,直接将补贴资金支付给相关企业或供货方。

农民实行差价购机,即购机农民只需缴纳扣除补贴的差价款,就可提货。这样可以减轻农民一次性筹款难度,降低农民的购机成本,调动农民购机用机的积极性,拉动需求,促进农机工业发展。同时,为了减轻企业资金压力,农财两部要求各省高度重视与企业的资金结算工作,增加结算频次,至少保证每季度结算一次。这样做兼顾了农民和企业双方的利益,使补贴政策效益最大化。实践证明,这些年这项制度实施效果是好的,深受农民欢迎、拥护。

为支持农民购机,国务院明确,允许农民以拟购买的农机具作为抵押物向金融机构贷款。

57. 补贴资金规模扩大后,如何确保农民买到质量合格的产品?

农机产品质量直接关系到农民的切身利益。为确保补贴农机产品质量,我们将采取以下措施:一是加强农机产品鉴定工作。我国《农机化促进法》要求,享受补贴的产品必须是经过农业机械试验鉴定机构进行先进性、适用性、安全性和可靠性鉴定合格的产品。二是完善国家支持推广目录管理。合理调整国家和省级支持推广目录结构。加强评审把关,切实将先进适用、技术成熟、安全可靠、节能环保、服务到位的农机具纳入目录。三是充分保障农民自主选择权。农民可对列入目录的农机产品性能配置等进行综合比较,进一步优中选优,自主选购质量可靠、性价比最优的满意产品。各地不得向购机农民强行推荐产品。四是加强补贴产品质量投诉受理和质量调查。各级农机化主管部门要设立质量投诉电话,及时受理农民质量举报投诉;定期开展补贴产品质量跟踪调查,加强质量督导。对于违反规定、产品质量下降、服务不到位的及时取消补贴资格。

58. 对农民购机后的售后服务有什么要求?

各级农机化主管部门要督促农机生产企业、补贴机具经销商做好农民购机后的服务工作。生产企业要将售后服务机构分布情况及其服务范围向社会公布。进入补贴目录的企业要对售后服务等作出承诺。承诺内容主要包括：（1）切实履行"三包"服务的有关要求；（2）在作业季节接到用户反映质量方面的问题后，在24小时内到达作业现场；（3）企业维修服务中心有充足的零配件供应能力，并保证有一定数量的零配件储备量；（4）免费进行必要的技术培训；（5）对产品销售区域做出承诺，确保供货和售后服务。

为了加强社会各界对补贴产品质量及售后服务的监督，农业部在中国农业机械化信息网上向社会公布了补贴机具质量举报投诉电话：010—67347472。各省区市也都设立了售后服务监督热线，随时接受电话投诉和反映情况，确保农民购机后的售后服务能够及时到位。

59. 什么是农资综合补贴动态调整机制？

农资综合补贴自2006年实施以来，深受广大农民拥护，已成为我国重要的支农惠农政策。完善农资综合补贴动态调整机制，是促进补贴管理制度化、规范化、科学化的重要举措。它的主要内容是：根据化肥、柴油等主要农资价格的上涨情况，在综合考虑当年粮价变动、促进农民增收的基础上，中央财政合理安排农资综合补贴资金，实行动态调整，补贴规模只增不减，以更好地保护农民种粮收益，调动农民种粮积极性。

60. 为什么要实施农资综合补贴动态调整机制？其意义是什么？

为促进粮食生产和农民增收，国家自2004年开始对种粮农民实施了"粮食直补"，2006年又在粮食直补基础上实施了对种粮农民的农资"综合直补"政策。2008年农资综合补贴总额达716亿元，较2006年增长了5倍。这项政策使农民得到了很大实惠，农民满意，社会反映良好，对调动农民种粮积极性、稳定粮食生产发展、确保国家粮食安全起到了重要作用。近年来一些农资价格上涨较快，种粮成本有所上升，迫切需要建立健全一套规范、稳定、科学的补贴长效机制,以确保农民种粮收益不因农资价格上涨而下降,保护农民种粮积极性。

建立健全农资综合补贴动态调整机制,意义重大。一是有利于稳定种粮农民的补贴预期,以更好地调动农民种粮积极性;二是有利于财政部门科学、合理安排补贴预算;三是有利于加强补贴资金的管理;四是有利于促进补贴政策更加公开、透明,便于社会监督。

61. 实施农资综合补贴动态调整机制后,如何确保补贴规模只增不减?

为确保农民种粮收益,实施农资综合补贴动态调整机制遵循了"价补统筹、动态调整、只增不减"的基本原则。

价补统筹,即统筹运用国家财政补贴与调控粮价两方面措施弥补因农资涨价而引起的农民种粮增支。当农资价格上涨时,如果粮价涨幅不大,弥补农资增支则以财政增加补贴为主,适当考虑粮价增收因素;如果粮价涨幅较大,农资增支原则上主要靠粮价增收消化,适当增加财政补贴。

动态调整,即中央财政安排补贴增量资金与农资涨价引起的种粮增支联动,补贴额度动态调整。如果当年农资价格水平较基期上涨较大,导致农民种粮增支较多,中央财政相应多安排增量补贴资金;当年农资价格水平较基期没有上涨或略涨,农民种粮不增支或少量增支,中央财政不安排或少安排增量补贴资金。

只增不减,即中央财政上年已安排的补贴规模在当年不减少。上年补贴规模自动作为次年的存量补贴,由中央财政继续安排。

从具体操作上讲,即以2008年亩均化肥、柴油支出水平为初始基期水平(以后年份高于初始基期水平的,则以该年作为新的基期年)。综合考虑当年农资价格和粮食价格变化以及国家财力情况,确定次年农资综合补贴规模。与基期相比,当年化肥、柴油价格上涨影响农民种粮增支较多时,则在上年补贴规模的基础上适当增加农资综合补贴;当年农资价格不涨或下降时,原则上保持基期补贴存量不变,如果连续三年粮食亩均化肥、柴油支出不高于基期水平,可以统筹当年财力情况适当增加农资综合补贴。

62. 实施农资综合补贴动态调整机制后,中央财政如何确定年度补贴规模?如何分配和拨付补贴资金?

实施农资综合补贴动态调整机制后,中央财政将根据当年农资实际涨价情况,统筹粮价上涨因素后,合理安排补贴规模,在次年年初分配、拨付到省。具体来说,第一步,测算当年因农资涨价引起的增支总额。主要依据国务院价格、农业主管部门统计的全国亩均化肥、柴油增支额、当年粮食播种面积等因素来测算。第二步,确定当年补贴规模。按照补贴"只增不减"的原则,基期补贴存量如数安排。同时,财政部会同国家有关部门,根据当年农资增支总额,粮价上涨因素和财政承受能力,提出新增补贴额,报国务院批准后确定当年补贴增量。基期存量与当年补贴增量之和为补贴总规模。第三步,分配补贴资金。存量补贴资金按基期分配基数不变。增量资金分配,原则上主要考虑各省(自治区、直辖市)粮食播种面积、产量、商品量等因素,并适当考虑地区农资价格差异。补贴资金分配向粮食主产省倾斜。第四步,拨付补贴资金。每年年底确定补贴规模和资金分配方案后,在次年初将资金拨付到地方,要求各地在春耕前将补贴兑付到农户。

63. 实施农资综合补贴动态调整机制,为什么要选择化肥、柴油两大类农资作为测算种粮农资增支、安排补贴规模的依据?

种粮农资按大类划分,主要包括化肥、柴油、种子、农机、农药、农膜等。选择化肥、柴油两大类农资品种作为测算种粮农资增支、安排补贴规模的依据,主要有以下考虑:一是化肥、柴油增支占农资增支的大头,一般占70%多,对种粮农民收支影响大,且全国种粮农民普遍使用,易监测、好算账;二是农药、农膜支出占种粮农资成本的比例小,对农民种粮影响不大,而且品种多、差价大,价格、用量等均难以监测核实;三是国家已安排良种补贴和农机具购置补贴等专项补贴,种子和农机不宜再重复补贴。

64. 实施农资综合补贴动态调整机制后,将采取哪些措施确保政策落到实处?

实施农资综合补贴动态调整机制后,对农户兑付补贴,坚持省长负责制,由各省(自治区、直辖市)制定符合本地实际情况的补贴方式。同时各省(自治区、直辖区)要进一步完善补贴方式,有条件的省份应积极探索按实际粮食播种面积补贴等方式,使补贴与粮食生产直接挂钩。积极探索支持种粮大户的补贴制度,促进土地适度规模经营。

农资综合补贴工作由财政部门牵头负责,财政、发展改革委、农业等部门分工协作,将通过采取强化部门分工和责任、完善农资市场和粮价调控,进一步加强补贴管理和监督等措施来确保政策贯彻落实。要进一步完善农资市场调控和粮食市场调控机制,保持农资市场基本稳定,引导市场粮价保持在合理水平。要进一步健全补贴管理和监督,除继续完善被实践证明行之有效的补贴资金专户管理、财务公开、村级公示、档案管理、"一折通"发放等制度外,还要根据出现的新情况、新问题,不断创新管理和监督方式,确保补贴资金及时足额地兑付到种粮农民手中,杜绝截留、挤占、挪用补贴资金现象的发生。

65. 家电下乡是怎么回事?

家电下乡政策是深入贯彻落实科学发展观、积极扩大内需的重要举措,是财政和贸易政策的创新突破。主要内容是,顺应农民消费升级的新趋势,运用财政、贸易政策,引导和组织工商联手,开发、生产适合农村消费特点、性能可靠、质量保证、物美价廉的家电产品,并提供满足农民需求的流通和售后服务;对农民购买纳入补贴范围的家电产品给予一定比例(13%)的财政补贴,以激活农民购买能力,扩大农村消费,促进内需和外需协调发展。

家电下乡推广工作是促进社会主义新农村建设、提高农民生活质量、扩大农村消费、统筹国内外市场的一项重要举措。投标人应充分考虑农村消费环境差异和农民消费水平特点，研究开发物美价廉、性能可靠、质量保证、节能环保、操作简单的家电产品。同时，考虑到农民对于家电产品使用成熟度较低，应加强和完善售后、维修及培训服务，确保农民买得放心、用得满意。家电下乡与汽车下乡、摩托车下乡，都是国务院作出的重要决策，既是实现惠农强农目标的需要，也是拉动消费带动生产的一项重要措施。

66. 家电下乡的意义是什么？

新形势下，全国范围内推广家电下乡对于扩大内需、保持经济平稳较快增长具有重要意义，这是贯彻落实党中央、国务院加强和改善宏观调控决策部署、实施积极财政政策的重要举措。

（1）有利于拉动农村消费。扩大农村需求是扩大国内需求的重点，把农村潜在的巨大消费需求转化为现实购买力，则能为我国日益形成的强大生产力提供有力支撑，为国民经济提供持久拉动力。抓住当前农村家电普及的有利时机，进一步推广家电下乡，能够直接提高农民消费能力，在更大范围内调动农民购买的积极性，真正把内需特别是农村消费启动起来。

（2）有利于促进行业发展。我国是世界最大的家电生产和出口国，彩电、冰箱、洗衣机、手机产量均居世界第一，出口依存度大。最近一段时间受国际市场影响，出口受阻，行业发展遇到较大困难。推广家电下乡，能够促进家电生产、流通和农民需求的有机对接，有利于消化家电产品过剩产能，为企业调整产品结构、促进行业健康发展拓展了空间。

（3）有利于改善民生。推广家电下乡，能够让更多的农民用上性价比高、服务有保障的名牌家电产品，尽早享受到经济社会发展成果。特别是在农村普及彩电和手机，可以丰富农民精神文化生活，帮助农民了解国家政策、获取更多市场信息、学习生产技术，促进农民增收。这是贯彻国家工业反哺农业、城市支持农村的方针，逐步缩小城乡发展差距，实现农村经济社会全面发展的具体体现。

（4）有利于落实节能减排。按照中央建设资源节约型、环境友好型社会,增强可持续发展能力的要求,家电下乡在产品标准中特别强调了节能,使家电下乡产品成为家电节能减排的先导和示范。其中,家电下乡冰箱、冷柜、彩电比市场同类产品节电20%以上,洗衣机能效等级比市场平均水平高2—3个等级。从消费者角度考虑,这也有利于减少农民家电使用成本、减轻农民经济负担。

(5) 有利于完善农村生产和流通服务体系。推广家电下乡政策不仅仅是给一些财政支持,一补了之。而是通过发挥财政资金的杠杆作用,引导更多的企业关注农村市场,不断建立和完善面向农村的生产、流通和售后服务网络,改变长期形成的以单一供给结构面向差别很大的城乡二元结构的状况,实现协调可持续发展。

家电下乡的产品是如何确定的?

家电下乡的产品,是针对农民消费需求的基础上,综合考虑各种因素确定的。家电下乡的产品应是大部分低收入农民消费升级所需的大件消费品;通过补贴能够有效调动中低收入农民购买积极性;产品的技术、性能比较成熟,生产厂家比较集中,售后服务体系比较完善,不会产生补贴产品购买后的质量、服务等纠纷;且农民消费意愿较强,产品的销售增长潜力大的产品。因此,最开始家电下乡的品种包括彩电、冰箱(含冰柜)、洗衣机、手机、计算机、热水器、微波炉、空调、电磁炉九类。

之后国家又在推广家电下乡的产品方面做出如下调整:(1) 根据对农村市场的调查,在试点期间彩电、冰箱(含冰柜)、手机基础上,将农民购买意愿较高的洗衣机也纳入家电下乡补贴范围。(2) 为使家电下乡产品能够更好的适应各地特点,满足农民多样化的需求,将彩电,电冰箱(含冷柜)的最高限价均提高了500元,并大幅增加了每类产品的型号数量。(3) 提高了节能标准,如冰箱、冷柜为新标准的二级,相当于欧盟A+和A级;洗衣机全自动能效等级达到2级以上,双桶3级以上,比市场平均水平高2—3个等级。(4) 取消了招标产品必须为国家免检产品的条件,使大、中、小企业均能在同一平台上参与竞争。

67. 国家对家电下乡推广工作是如何安排的？

从 2008 年 12 月 1 日，山东、青海、河南、四川、内蒙古、辽宁、大连、黑龙江、安徽、湖北、湖南、广西、重庆、陕西等 14 个省、自治区、直辖市及计划单列市开始推广家电下乡。试点的三省一市执行到 2011 年 11 月底，其他省、自治区、直辖市、计划单列市执行到 2012 年 11 月底。

从 2009 年 2 月 1 日起，其余的省、自治区、直辖市、计划单列市以及新疆生产建设兵团开展家电下乡工作。

68. 怎样识别家电下乡产品？

为了便于农民识别，商务部、财政部特别制定了家电下乡产品标识。家电下乡产品外包装的正前面（手机的包装应为正上面即顶部）应印制家电下乡中标产品标识及"财政部商务部家电下乡中标产品"字样；洗衣机、彩电、冰箱（冰柜）外包装的左侧面右上角应印制家电下乡产品说明；手机的外包装应在正前面印制家电下乡产品说明；家电下乡产品使用说明书封面左上角应增加家电下乡专用标识及"财政部商务部家电下乡中标产品"字样，右下角粘贴有"家电下乡产品标识卡"。

家电下乡专用标识

69. 参加家电下乡的销售企业有哪些？

承担销售任务的企业应具有较强实力、信誉好、农村市场网络健全，既可以是家电零售企业，也可以是生产企业设立的经销公司或省级代理商。基本条件是：合适尺寸。

（1）企业年家电产品销售额在本省位居前列，一般应在5亿元以上；

（2）资信状况良好；

（3）配送能力覆盖本省所有县（市）；

（4）销售服务网点原则上覆盖本省所有县（市），且网点规模、服务水平等处当地前列。

表 2-7

产品种类	企业名称
手机项目	海尔集团公司，四川长虹电器股份有限公司，海信集团有限公司，夏新电子股份有限公司，北海恒基伟业科技发展有限公司，天津三星通信技术有限公司。
彩电项目	TCL集团股份有限公司，海尔集团公司，四川长虹电器股份有限公司，海信集团有限公司，康佳集团股份有限公司，深圳创维-RGB电子有限公司。
电冰箱项目	海尔集团公司，康佳集团股份有限公司，星星集团有限公司，青岛澳柯玛股份有限公司，合肥美菱股份有限公司，江苏白雪电器股份有限公司，海信科龙电器股份有限公司，河南新飞电器有限公司。
冷柜项目	海尔集团公司，星星集团有限公司，青岛澳柯玛股份有限公司，合肥美菱股份有限公司，江苏白雪电器股份有限公司，河南新飞电器有限公司。

70. 农民如何购买家电下乡的产品？

农民可在所在省、自治区、市辖市及计划单列市指定的销售网点购买家电下乡产品。为了便于农民更好的识别家电下乡指定销售网点，商务部、财政部专门制定了统一的家电下乡销售门店标识，要求销售网点在明显位置悬挂,并张贴统一的家电下乡产品公示栏和农民购买须知。

农民可在家电下乡指定的销售网点购买试点产品。要求生产企业和流通企业履行中标承诺,加强与县级主管部门和基层政府、组织的沟通、协作,共同做好试点产品生产前的调查研究,针对不同试点区位、不同农民收入水平确定不同型号产品的生产规模,采取有效措施保障供货时间和供货数量,确保试点产品不断档、不脱销,并采用多种销售方式,如大篷车流动售货等,方便农民就近购买。各生产企业和流通企业已做好相关的工作方案和应急预案,确保农民能及时购买到试点产品。

家电下乡产品在价格上有何规定?

目前,家电下乡各类产品的最高限价分别为:彩电 3500 元,电冰箱(含冷柜)2500 元,手机 1000 元,洗衣机 2000 元,壁挂式空调 2500 元,落地式空调 4000 元,储水式电热水器 1500 元,燃气热水器 2500 元,太阳能热水器 4000 元,电脑 3500 元,微波炉 1000 元,电磁炉 600 元。

由于家电下乡产品品种增加,几类产品的最高限价也有所提高,一部分较高性能型号的产品可以纳入家电下乡产品范围。

家电下乡产品的中标价格是每个型号产品的最高限价,企业可以按中标价格销售,也可以根据成本变化及市场供求调低售价,但售价不能高于中标价格,这是家电下乡的一项基本规则。目前,家电下乡补贴系统从技术上也可防止售价高于中标价格现象的发生。家电下乡产品售价如果高于中标价格将无法登录补贴系统,农民将享受不到补贴政策,农民即使买了下乡产品也会去商场退货。如果发现个别销售网点利用农民不了解政策,欺骗消费者,超过限价销售下乡产品,发现一起查处一起,按规定暂停或取消其家电下乡产品经销资格并没收其保证金。

71. 农民购买的家电下乡产品如何进行维修?

为保证下乡产品的供应、销售及维修服务,对参加家电下乡工作的生产和流通企业在生产、配送、销售、维修等方面都提出了明确要求，如加强中标产品的生产；积极联系乡村基层组织开展农民购买意愿调查、组织好货源，确保不脱销、不断档；对偏远地区组织好团购，做到送货上门、搞好安装调试和使用辅导；严格执行国家三包规定，强化维修服务网点，开展巡回维修服务等。这些要求，已在企业中标协议中予以明确，中标企业必须履行。实施地区商务财政部门也根据自身实际情况制定了详细实施方案，确保农民买得放心、用得满意，享受到与城里人一样的服务。

72. 农民购买家电下乡产品时需要注意的问题有哪些？

农民朋友需要特别关注以下几方面问题：

（1）应事先了解家电下乡政策，确认家电下乡产品型号、最高限价和销售网点名单（可网上查询或致电400—887—3200）。

（2）索要正规税务发票。

（3）购买家电下乡产品开箱时，要注意验证及保存产品标识卡（粘贴在说明书封面上），确定标识卡正确完好后，方可从说明书上取下标识卡，并以此作为申领补贴的重要凭证。无标识卡的产品应拒绝接受。

（4）购买家电下乡产品后，需将标识卡上的卡号、产品编码的条形码和购买人的个人信息告知网点销售人员，进行销售登记以备补贴。

（5）购买条件：必须是农业户口，必须购买家电下乡指定产品，不可跨省购买。

73. 农民购买家电下乡产品后如何领取补贴？

销售网点在农民购买家电下乡产品后三日内将销售信息录入家电下乡信息管理系统。农民购买试点产品后，在规定时间内，持购买产品的发票原件及复印件、身份证明原件及复印件（包括居民身份证，户口簿或公安户籍管理部门出具的证明）、补贴类家电产品专用标识卡、购买人储蓄存折以及管理部门需要的其他材料，到户口所在地乡镇财政部门申报补贴。乡级财政部门初核后，报县财政部门，县财政部门审核确认后，将补贴资金通过银行发放到农民储蓄账户上。

74. 家电下乡产品补贴数量限制与补贴标准是什么？

每户每类家电下乡产品补贴数量不得超过2台（件）。按照产品最终销售价格的13%给予补贴。

75. 什么是以旧换新政策？

"以旧换新"政策，是在国务院领导的亲自推动下，相关部门共同研究推出来的一项利国利民利企的好政策。党中央和国务院在全面实施家电下乡和汽车、摩托车下乡的同时，2009年5月份，出台了以旧换新的政策，对汽车和家电以旧换新，通过财政补贴这个政策工具促进消费。这项政策和汽车下乡、家电下乡一起构成了扩大汽车和家电消费的政策体系，是宏观调控的一项重要措施，可以有效的发挥财政倍数效益，扩大消费需求。

76. 家电以旧换新政策与家电下乡有什么区别？

两者的具体区别详见下表2-8。

表2-8

	家电下乡	家电以旧换新
实施范围	全国	京、津、沪、鲁、苏、浙、粤，以及福州、长沙
补贴产品	彩电、冰箱、洗衣机、手机、空调、热水器、电磁炉、微波炉、电脑	彩电、冰箱、洗衣机、空调、电脑
补贴比例	13%	10%
补贴方式	凭购买发票向当地财政部门申领	从产品销售价格中扣除
限购数量	2台	不限
实施周期	4年	将近1年

续表

厂商选择	家电下乡	家电以旧换新
厂商选择	对家电厂商、流通企业进行招标	对销售企业和回收企业进行招标
限价	限制产品价格：彩电单价不超过2000元；电冰箱（含冷柜）单价不超过2500元；手机单价不超过1000元；洗衣机单价不超过2000元。	设补贴上限：电视400元/台，冰箱（含冰柜）300元/台，洗衣机250元/台，空调350元/台，电脑400元/台

77. 汽车、家电以旧换新政策的思路是什么？

采取财政补贴方式，鼓励汽车、家电"以旧换新"，建立有效的激励机制，进一步扩大内需特别是消费需求，促进节能减排，发展循环经济。坚持与"汽车摩托车下乡"、"家电下乡"等扩大消费政策相衔接；与将于2011年施行的《废弃电器电子产品回收处理管理条例》制度设计相一致；既要确保财政资金使用的安全有效，又要做到简便易行，方便广大消费者。

78. 以旧换新政策有什么意义？

（1）拉动国内需求。随着工业化、城镇化进程加快，我国汽车、家电消费快速增长，保有量大幅增加，淘汰更新潜力较大。2009年汽车报废量达到270万辆，家电报废量达到近9000万台，如果加快淘汰更新，将促进汽车、家电产业稳步增长。

（2）促进节能减排。老旧汽车油耗比新车高5%～10%，特别是"黄标车"油耗比"绿标车"高30%，污染物排放量严重超标，老旧家电电耗比新家电高20%～30%。实行汽车、家电"以旧换新"，有利于提高汽车、家电能效水平，减少环境污染。

（3）有效利用资源。汽车、家电中含有大量可回收利用的钢铁、有色金属、塑料、橡胶等资源，通过"以旧换新"，加快完善汽车、家电回收拆解处理体系，可使这些资源得到充分有效利用，促进循环经济发展。

（4）稳定和扩大就业。汽车、家电生产技术含量高，产业链长,鼓励汽车、家电"以旧换新",不仅有利于促进汽车、家电产业稳步增长,也有利于促进营销、物流、售后服务以及报废汽车、废旧家电回收拆解等劳动密集型行业的发展,安置大量人员就业。

79. 汽车以旧换新政策的补贴标准是什么?

为完善汽车以旧换新政策,提高政策吸引力,进一步加快老旧汽车报废更新,扩大汽车消费,促进节能减排和资源有效利用,根据国务院常务会议精神,财建〔2009〕995号《关于调整汽车以旧换新补贴标准有关事项的通知》调整汽车以旧换新补贴标准等如下:

一、对符合《关于印发〈汽车以旧换新实施办法〉的通知》(财建〔2009〕333号,以下简称《实施办法》),提前报废老旧汽车、"黄标车"并换购新车的,补贴标准调整如下:

(一)报废老旧汽车的补贴标准:

报废中型载货车,每辆补贴人民币13000元;

报废轻型载货车,每辆补贴人民币9000元;

报废微型载货车,每辆补贴人民币6000元;

报废中型载客车,每辆补贴人民币11000元。

(二)报废"黄标车"的补贴标准:

报废重型载货车,每辆补贴人民币18000元;

报废中型载货车,每辆补贴人民币13000元;

报废轻型载货车,每辆补贴人民币9000元;

报废微型载货车,每辆补贴人民币6000元;

报废大型载客车,每辆补贴人民币18000元;

报废中型载客车,每辆补贴人民币11000元;

报废小型载客车(不含轿车),每辆补贴人民币7000元;

报废微型载客车(不含轿车),每辆补贴人民币5000元;

报废1.35升及以上排量轿车,每辆补贴人民币18000元;

报废1升(不含)~1.35升(不含)排量轿车,每辆补贴人民币10000元;

报废 1 升及以下排量轿车、专项作业车，补贴标准仍为每辆补贴人民币 6000 元。

二、将《实施办法》第六条中车辆使用年计算的终止日期由注销日期调整为将车辆交售给依法设立的指定报废汽车回收拆解企业的日期。

三、各地商务主管部门应会同环保、财政部门，通过汽车以旧换新信息管理系统，对已经按原补贴标准发放汽车以旧换新补贴的进行确认，确认完成后，由财政部门按照本通知确定的补贴标准向车主补发差额部分的补贴资金。

四、对已经按财政部、商务部公告 2009 年第 20 号规定享受补贴的，如果同时符合汽车以旧换新有关条件，或车主补充新车购车发票、机动车登记证书等材料后符合汽车以旧换新有关条件，经所在地商务主管部门会同环保、财政部门通过汽车以旧换新信息管理系统确认后，由财政部门按照本通知确定的补贴标准向车主补发差额部分的补贴资金。

五、商务主管部门要引导报废汽车回收拆解企业依法诚信经营，做到车辆收购价格公开透明，不得变相压价。承担汽车以旧换新车辆回收工作的报废汽车回收拆解企业应在汽车以旧换新信息管理系统中如实填报报废车辆型号、轿车排量等有关信息。对不履行填报义务或不如实填报的报废汽车回收拆解企业，商务主管部门可依据《实施办法》的有关规定进行处理。

80. 家电如何"以旧换新"？

（1）实施范围。家电以旧换新全国推广的具体安排，按照办法规定，财政部将会同商务部等部门，根据试点情况，经济形势，财政承受能力，地方的意愿，以及将于 2011 年施行的《废弃电器电子产品回收处理管理条例》的衔接等因素，统筹考虑，提出具体方案报国务院批准后实施。

（2）补贴政策。除非试点省市户籍人员不能享受家电以旧换新政策，单位和个人，只要符合条件都可以享受以旧换新的政策。长期居住在这个地方,但是户口又不在这里的消费者,如果享受这个政策,汽车没有限制,家电有限制,家电只在 9 个省市试点,按现行规定是不可以的。这是因为:第一,便于审核的需要;第二,地方要承担 20% 的补贴资金;第三,国务院明确规定的政策就是试点,既然是试点,应该是有所限制的。汽车是看旧车注销的户口,车是有户口的,家电没有户口。车主应在报废车辆户籍所在地办理补贴申请。如果消费者认为,他是选择将旧家电作为二手产品销售而不是废弃,则不属于本次政策的调整范围,也就不能享受"以旧换新"的相关优惠政策。

(3)补贴范围、标准。家电以旧换新补贴范围,包括电视机、冰箱(冰柜)、洗衣机、空调、电脑等 5 类。试点省市交售上述 5 类产品并购买上述 5 类新产品的消费者,包括单位和个人,均可按新家电销售价格的 10% 给予补贴,同时考虑到财政承受能力等因素,也设置了补贴上限,电视机 400 元/台、冰箱(含冰柜)300 元/台、洗衣机 250 元/台、空调 350 元/台、电脑 400 元/台。消费者交售旧家电后凭以旧换新凭证购买新家电时直接申领补贴,由销售企业代财政部门审核,对符合条件的当场兑付,将补贴资金抵减新家电销售价格后支付。

在 5 类家电当中可以交叉换购,比如卖一台电冰箱,可以买一台新的电视机或者电脑,这都可以,没有限制。关于回收价格,试点省市有关部门要充分考虑有关方面意见,指导中标回收企业合理制定废旧家电回收指导价格并及时予以公布,监督中标的家电回收企业按公平合理的价格回收旧家电。

81. 扩大农村金融机构定向费用补贴政策范围的目的是什么?

扩大定向费用补贴政策范围的目的是:(1)缓解基础金融服务薄弱地区金融机构开展业务成本高、利润低、风险大的矛盾,提高金融机构在这些地区提供服务的可持续性,长期支持地方经济发展,逐渐形成金融支持经济发展,经济为金融提供良好环境的良性循环。(2)发挥政策引导作用,消除金融机构对在基础金融服务薄弱地区设立网点和开展业务的疑虑，鼓励更多的金融机构到这些地区新设网点，构建良性竞争的农村金融市场环境，促进当地农村金融服务体系的逐步完善，提高农村金融服务水平。

82. 扩大前的农村金融机构定向费用补贴政策的主要内容有哪些？

为了贯彻落实党的十七届三中全会精神，支持新型农村金融机构试点工作，提高农村金融服务供给数量和质量，财政部于在全国范围开展新型农村金融机构定向费用补贴工作，对 2008 年 1 月 1 日至 2010 年 12 月 31 日之间年度贷款平均余额同比增长，且达到银监会监管指标要求的村镇银行、贷款公司、农村资金互助社等三类新型农村金融机构（村镇银行年末存贷比还要高于 50%），按年度贷款平均余额的 2% 给予补贴，补贴资金全部由中央财政承担。

83. 扩大前的农村金融机构定向费用补贴政策执行情况效果如何？

2009 年财政部根据资金管理办法对新型农村金融机构的补贴资金申请进行了审核拨付。2008 年末的 107 家新型农村金融机构中，有 65 家符合补贴条件，2009 年中央财政共拨付了补贴资金 4189 万元。政策的出台一方面调动了新型农村金融机构改善监管指标、加大贷款投放的积极性，另一方面发挥示范效应，引导社会资金投向"三农"。据银监会统计，截至 2009 年末，全国共设立 172 家新型农村金融机构，较上年末增加 65 家，年末存款余额 269 亿元，贷款余额 181 亿元，分别较上年末增长 315.70% 和 429.86%。

84. 农村金融机构定向费用补贴政策扩大的范围和对象有哪些？

定向费用补贴政策扩大的范围是基础金融服务薄弱乡镇设立的金融机构网点。财政部根据银监会相关统计，确定了西部 12 省（自治区、直辖市）偏远地区的 2255 个乡（镇、苏木），作为此次扩大定向费用补贴的范围。基础金融服务薄弱乡镇名单已公布。经银行业监管部门批准在这些地区设立的银行业金融机构,包括国有商业银行、股份制银行、城市商业银行、农村合作金融机构、新型农村金融机构、邮政储蓄银行等机构的网点都可以享受补贴。

85. 扩大农村金融机构定向费用补贴政策范围的标准和条件是什么?

中央财政从 2010 年 1 月 1 日至 2012 年 12 月 31 日,对设立在西部地区基础金融服务薄弱乡镇的银行业金融机构网点,按照网点年度贷款平均余额的 2% 给予定向费用补贴,补贴资金由中央财政全部承担,于下一年度拨付,作为金融机构收入核算。年度贷款平均余额是指金融机构每季度末各项贷款余额的平均值,计算方法为每季度末各项贷款余额除以季度数。对当年设立的金融机构网点,年度贷款平均余额为网点设立之日起每个季度末各项贷款余额的平均值。

86. 扩大范围后的农村金融机构定向费用补贴与扩大范围前的政策如何衔接?

新型农村金融机构继续享受定向费用补贴政策。年度贷款平均余额同比增长,且符合银监会监管指标要求的新型农村金融机构,其中村镇银行存贷比高于 50% 的,可享受相当于年度贷款平均余额 2% 的定向费用补贴。对新型农村金融机构设立在基础金融薄弱乡镇的网点,如果该机构当年符合上述条件且已经获得补贴资金,不再重复享受对基础金融薄弱乡镇金融机构网点的补贴;如果该机构当年不符合新型农村金融机构补贴的条件,则可作为基础金融薄弱乡镇金融机构网点享受补贴。

2009 年度新型农村金融机构的定向费用补贴资金申请、审核、拨付等工作继续执行《中央财政新型农村金融机构定向费用补贴资金管理暂行办法》(财金〔2009〕31 号)相关规定。补贴资金于 2010 年拨付之后,财金〔2009〕31 号文件终止施行。2010 年度起,农村金融机构(含新型农村金融机构)定向费用补贴资金的申请、审核和拨付工作,统一执行《中央财政新型农村金融机构定向费用补贴资金管理暂行办法》(财金[2010]42号)。

87. 金融机构应如何申请补贴资金?

金融机构按年向县级财政部门申请补贴资金。在县及县以下地区具有法人资格的金融机构,以金融机构法人为单位申请;其他金融机构在县及县以下地区的分支机构,以县级分支机构为单位汇总申请。

新型农村金融机构的补贴资金申请材料应当反映当年贷款平均余额、同比增长情况、申请补贴资金金额、村镇银行年末存贷比等数据,并对自身是否达到银监会监管要求进行说明。

基础金融服务薄弱地区金融机构的补贴资金申请材料应当反映本机构各乡镇网点的当年贷款平均余额、同比增长情况、申请补贴资金金额等数据,并附当地银行业监管部门对本机构在当地设立营业网点的批复。

每季度终了后10个工作日内,金融机构应当向县级财政部门报送本机构该季度贷款发放额和余额等数据,作为财政部门审核拨付补贴资金的依据。

88. 地方财政部门如何做好农村金融机构定向费用补贴工作?

一方面,地方财政部门要对辖区内金融机构的补贴申请工作进行指导,做好补贴资金审核拨付的组织和协调工作,并会同有关部门对补贴资金审核拨付工作进行检查,对检查中发现的问题及时处理和反映,保证财政补贴政策落到实处。另一方面,有能力的地方财政部门可以根据本地区实际情况,安排地方补贴资金,加大补贴政策力度,更好地促进农村金融发展。

89. 金融机构将为返乡农民工创业提供哪些信贷支持?

人民银行将继续鼓励和引导各金融机构采取多种有效措施支持有实力的农民工自主创业和返乡创业。

主要措施有：一是利用小额担保贷款等方式加大对农民工回乡创业就业的信贷支持；二是积极发展农村消费信贷，活跃农村消费市场；三是进一步加大对符合信贷条件的乡镇企业、县域经济劳动密集型小企业和农业产业化龙头企业的信贷支持，发挥其辐射拉动作用；四是加强外汇管理和政策宣传，为出国务工农民提供优质外汇服务。

90. 农民如何取得信贷支援？

农户小额信用贷款是指农村信用社为了提高农村信用合作社信贷服务水平，加大支农信贷投入，简化信用贷款手续，更好的发挥农村信用社在支持农民、农业和农村经济发展中的作用而开办的基于农户的信誉，在核定的额度和期限内向农户发放的不需要抵押、担保的贷款。它适用于主要从事农村土地耕作或者其他与农村经济发展有关的生产经营活动的农民，个体经营户等。小额贷款目前可在邮储银行和农村信用社办理。在农村，贷款金额一般不高于5000元。

农村小额信用贷款是农村信用社根据农户生产经营的特点开发的，方便灵活。（1）实行信用贷款，贷款时不需要担保或抵押品；（2）手续简便，不需要复杂的申请手续；（3）利率优惠，农村信用社根据资金成本，对农村小额信用贷款利率给与优惠，减轻了农户的负担；（4）贷款时可以用现金支付；（5）农户小额信用贷款的对象是特定的，就只针对农户发放，解决了农民生产临时的资金困难，对农户以外的其他人，不能发放小额信用贷款；（6）贷款额度小，方便了农户自由支配，简化了还款手续。

符合贷款条件的农村青年，自愿向团组织申报。所在地团组织尤其是乡、村两级团组织要对申请项目和拟借款人严格审查，符合条件的要积极推荐。与团组织合作的涉农银行业金融机构在接到团组织推荐的项目和拟借款人后，应按照信贷程序，认真审查申请人的资信状况、创业计划可行性、发展前景、预计还款能力等情况，测定贷款风险度和可行性，开展评级、授信工作，择优发放贷款。

与农民朋友密切相关的环节有：积极配合贷款审查审批，完成合同签署，领取贷款，并及时归还贷款。

91. 农村劳动力自主创业可否申请贷款担保？

2010年7月12日从上海市劳动和社会保障局获悉，从4月1日起，农村富余劳动力以个人和家庭名义进行自主创业，可以申请3万元以下的小额创业贷款担保，对按期还款并符合相关规定的创业人员，可获得贷款利息的补贴，期限一般为3年。另外，从事农业生产经营和服务的农民专业合作社，可以参照上海市非正规就业的劳动组织的相关规定申请开业贷款担保。

这次规定还明确了凡是实现跨区就业的郊区农村富余劳动力，与单位（劳务输出公司、非正规就业的劳动组织和公益性劳动组织除外）签订1年以上劳动合同，从事全日制非农岗位工作，且在上海市劳动保障部门办理就业登记手续和缴纳社保费，但月工资收入较低的，在就业期间，劳动保障部门将根据其收入高低、工作路途远近等情况，按月给予一定的岗位补贴。其中，上海市失业保险基金拨付的最高补贴限额为每人每月140元，补贴期限最长为3年。

据悉上海、北京、成都、青海等地出台了各自的农村劳动力创业小额贷款担保管理办法，各省农民可参见当地财政部门或社会保障部门相关规定，或向相关部门进行咨询。

92. 农民自主创业有补助吗？

推进农民自主创业，是转移农民、扩大农民就业的重要途径。为鼓励自主创业，国家和地方的利好政策层出不穷，2010年7月15日，北京市农委、乡镇企业局、财政局、工商局等部门联合召开郊区农民自主创业工作会，明确提出将加大扶持农民自主创业政策力度和政策扶持范围。对自主创业的农民给予的扶持主要在以下三个方面，（1）农民投资兴办个人独资和合伙企业，固定资产投资在10万元以上，并且企业新增就业人数中有一半以上是本村劳动力，投资者将得到当年实际固定资产投资额3%的扶持资金；（2）农民投资创办、纳入市商务局连锁网络、达到规定标准的镇村连锁超市、便利店，经验收合格，能够得到5000至10000元的扶持资金；(3) 对京郊红火的休闲游"加薪添柴"，有关部门将重点培育20个旅游示范村，对环境改造、完善旅游服务设施等给予资金扶持，在市级乡村旅游接待户中还将培育1000个"明星户"，通过政府统一采购，给予每户价值2000元的实物奖励。

由于我国关于农民自主创业的财政补助尚未形成国家统一规定，各省农民自主创业的补贴范围、形式及标准可参见当地财政部门相关规定，或向相关部门进行咨询。

93. 什么是"两免一补"？

"两免一补"主要内容是对农村义务教育阶段贫困家庭学生免杂费、免书本费、逐步补助寄宿生生活费。这项政策从2001年开始实施，其中中央财政负责提供免费教科书，地方财政负责免杂费和补助寄宿生生活费。2005年，中央和地方财政安排两免一补资金70多亿元，共资助中西部贫困家庭学生3400万人。2006年又从西部地区开始全部免除农村义务教育阶段学生的学杂费，享受免学杂费政策的学生达到4880万人。2007年，全国农村义务教育阶段家庭经济困难学生均享受到了"两免一补"政策。

94. 如何界定"两免一补"补贴范围？

(1) 持有农村特困户救助证的家庭子女；
(2) 农村人均年收入低于882元的家庭子女；
(3) 父母重大疾病丧失劳动能力的贫困学生；
(4) 父母离异或丧父、丧母等原因造成家庭经济困难学生；
(5) 因突发事件导致家庭贫困的学生；
(6) 接受特殊教育的学生；
(7) 因建设征地导致农村家庭人均耕地面积大量减少且造成家庭经济困难的学生；
(8) 当地政府规定的其他需要资助的学生。

95. "两免一补"申报程序是什么?

(1) 组织希望获得"两免一补"资助的贫困生向学校提出申请。

(2) 组成由学校、学生家长、村(居)干部和教师代表参加的评审小组,对申请"两免一补"学生的家庭贫困程度进行审核,根据分配的名额,拟定受助学生名单。

(3) 将拟受助学生名单及其家庭贫困程度向社会公布,公示期为7天。

(4) 学校公示无异后,将受助学生名单及评审公示情况上报所在地的教育行政部门、财政部门审核确定。

96. "两免一补"补助标准是什么?

(1) 免费教科书:每生每期按实际书款减免;

(2) 免杂费:小学每生每期70元,初中每生每期90元,特教每生每期70元;

(3) 补助贫困寄宿生生活费:每人每年750元。

按照"课前到书"的要求,所有课本由学校统一发放。受助学生确定后,学校直接免收受助学生的书费和杂费,不得先收后退,并在其课本扉页上加盖"本书由国家免费提供"印章;免杂费资金由学校向受助学生开具免收杂费证明。学生或家长在发放花名册上签字,学校将花名册报所在县级教育、财政部门备案。

县级财政部门按照确定的补助贫困寄宿生生活费资助人数和补助标准,将资金拨付到各学校。学校将补助资金一次落实到学生个人,受助学生或家长在发放花名册上签字,学校将花名册报所在县级教育、财政部门备案。

97. 什么是家庭经济困难学生资助政策体系?

我国家庭经济困难学生资助政策体系,是一项旨在覆盖所有家庭经济困难学生,解决基本学习和生活费用问题的重要制度,是党中央、国务院关注民生、解决民生问题,维护教育公平的重要举措。在高中阶段,如果孩子愿意就读中等职业学院,根据规定,所有在校农村学生和城市家庭经济困难学生都可享受国家助学金的资助,孩子在校期间前两年可以享受每生每年1500元的资助,第三学年还会通过学习工学结合、顶岗实习安排助学。如果孩子就读普通高中,则可以享受地方政府以及各种社会力量设立的奖学金等资助。就读普通本专科高校和高等职业学校的孩子,则可以享受国家奖学金、国家励志奖学金、国家助学金、国家助学贷款和勤工助学等多种方式并举的资助政策。其中家庭经济困难学生的学费、住宿费,可以通过向银行申请每年最多6000元的国家助学贷款解决;这些学生还可以通过努力学习,经过评定获得每年8000元的国家奖学金或5000元的国家励志奖学金;生活费可以通过每人每年1000~3000元的国家助学金解决;同时,还可通过勤工助学等多种方式获得一部分学习生活费用等。

中央财政下拨2010年中西部地区农村义务教育阶段中小学校舍维修改造专项补助资金42.92亿元。2009年农村义务教育经费保障机制改革支出666.1亿元,全国近1.5亿名农村义务教育阶段学生全部享受免除学杂费和免费教科书政策,中西部地区约1120万名农村义务教育阶段家庭经济困难寄宿生获得生活费补助。免除城市义务教育阶段学生的学杂费,支持解决880万农民工随迁子女的就学问题,对符合当地政府接收条件的全部免除学杂费、借读费,补助资金51.7亿元。义务教育学校绩效工资政策稳步实施。启动全国中小学校舍安全工程,支出80亿元,改造校舍1.2亿平方米。加强职业教育实训基地等建设,支出11.3亿元。对约426万名中等职业学校农村家庭经济困难学生和涉农专业学生免除学费,补助资金24亿元。全国约470万名高校和1120万名中等职业学校品学兼优及家庭经济困难学生,获得国家奖助学金资助,支出162.3亿元。

根据党的十七届三中全会精神和2009年《政府工作报告》关于"大力发展职业教育,特别要重点支持农村中等职业教育。逐步实行中等职业教育免费,今年先从农村家庭经济困难学生和涉农专业做起"的要求,经国务院同意,从2009年秋季学期起,对中等职业学校农村家庭经济困难学生和涉农专业学生免学费。

98. 当人民面临自然灾害时,国家有哪些补贴措施?

财政补贴也是国家在特定条件下,为了发展社会主义经济和保障公民的福利而采取的一项财政措施。就汶川地震而言,国家采取的财政措施是及时而完善的。灾后第5天(5月17日),国务院就作出决定,在3个月内向灾区困难群众每人每天发放1斤口粮和10元补助金,并要求民政部和财政部立即制订具体规定。此外,对因灾死亡人员的家属,每人发放5000元抚慰金。5月19日,国务院抗震救灾总指挥部第10次会议议定,做好孤儿、孤老、孤残的救助安置工作,确保他们的基本生活。3个月内,为每人每月提供600元基本生活费。民政部要抓紧核实确定"三孤"人员身份,采取就地安置和对口支援等多种形式进行安置。四川省民政厅对因灾无房可住、无生产资料和无收入来源的困难群众实施生活救助。从5月28日开始,四川灾区困难群众补助金和救济粮开始发放,第一批6月1日前全部发放到灾区困难群众手中。灾后重建工作中,国家财政措施更加全面而惠民。

99. 什么是财政投资?

财政投资是政府为了实现其职能,满足社会公共需要,实现经济,投入资金用于转化为实物资产的行为和过程。一般来说,财政投资即为政府投资,由于我国还有预算外资金的一部分用于投资,因而一般认为的财政投资是指预算内投资,有时称为"政府财政投资"。财政投资包括生产性投资和非生产性投资。生产性投资按财政支出项目划分,包括基本建设支出、增拨流动资金、挖潜改造资金和科技三项费用以及支援农村生产支出。基本建设支出也分为生产性支出与非生产性支出两部分,生产性支出主要用于基础产业投资,非生产性支出主要用于国家党政机关、社会团体、文教、科学、卫生等部门的办公用房建设。

财政投资的特点是:政府投资可以微利甚至不盈利,但是政府投资建成的项目,如社会基础设施等,可以极大地提高国民经济的整体效益。政府财力雄厚,而且资金来源多半是无偿的,可以投资于大型项目和长期项目。政府由于在国民经济中居于特殊地位,可以从事社会效益好而经济效益一般的投资,可以而且应该将自己的投资集中于那些"外部效应"较大的公用设施、能源、通信、交通、农业以及治理大江大河和治理污染等有关国计民生的产业和领域。

100. 财政投资对农业发展有什么作用?

农业发展问题始终是各国经济发展的重要问题,政府投资于农业,广泛介入农业部门的生产和销售活动,也是世界各国的普遍做法。发展农业需要政府投资,这是因为:

第一,农业发展对国民经济发展有重要意义。农业生产不仅为我们提供了基本的生存条件,为其他生产活动提供了基础,而且农业劳动生产率的提高是工业化的起点和基础。稳定农业是使国民经济稳定持续发展的重要因素。

第二,农业是一个特殊部门。从农产品供给看,受气候条件及其他诸条件的影响,不仅波动很大,而且具有明显的周期性,而另一方面,农产品的需求却相对稳定,这种不稳定的供求关系会使农业部门的生产条件经常处于不稳定状态。因而,农业危机很难依靠市场自身的力量加以克服,会进一步干扰经济整体运行。因此,稳定农业,需要政府投资于农业。

第三,目前,我国农业部门难以吸引其他投资方式的资金。在我国目前 GDP 的分配格局下,由于工农产品价格之间存在不利于农产品的"剪刀差",不仅使农业部门盈利水平长期偏低,很难形成有意义的利润规模,形成的利润也不大可能再转入农业投资领域,因而无法依靠农业部门自身积累发展农业,而且较低的农业投资盈利率,也不可能吸引金融机构的贷款,在这种情况下,发展农业必须依靠政府投资。

101. 财政投融资怎样加快新农村建设？

财政投融资是一种政策性投融资，它不同于一般的财政投资，也不同于一般的商业性投资，而是介于这两者之间的一种新型的政府投资方式。财政投融资作为市场经济条件下政府配置资源的重要实现途径，在促进经济有效增长、调整和改善经济结构、强化宏观调控能力等方面都具有独特的功效。

目前我国农村落后的主要症结，除了农民收入仍然比较低外，就是生产生活基础设施落后：村庄建设缺乏规划，自然村落分散；水、电、气、道路、桥梁、通讯等基础建设不足；污水治理设施严重欠缺，河渠沟塘水质恶化；固体垃圾随地乱扔，环境卫生状况很差；教育、医疗和购物条件与农民生活的提高不相适应。这些也是我国社会"二元结构"的一个主要矛盾。造成这些现象的主要原因在于基础设施投入需要量很大，而在大多数农村地区经济基础比较差，发展不快，没有能力进行投入，其中也有基础设施条件不足又反过来影响发展的因素。从政策层面上看，目前可用于农村基础设施投入的渠道很少，资金量非常有限。

在财政增加投入的前提下，为了放大政府支持新农村建设的效应，可以利用财政资金与金融资金相结合的方式，建立财政投融资机制。即以各级财政每年比基年新增安排的农村基础设施建设专项资金为还本付息的来源，然后以当年新增安排数扩大10倍或数倍的金融资金、政府债券，以便加大力度、加快进度、集中投入、分期分批实施。如按5%的年利率计算（因为财政安排资金负责偿还本息，且集中融资，利率可以适当降低），即使达到10倍的融资，每次融资通过财政每年安排的还本付息资金15年左右就能还清所融资的债务。

102. 我国有哪些政策性银行？这些银行如何发挥支农作用？

政策性银行是指由政府发起、出资成立，为贯彻和配合政府特定经济政策和意图而进行融资和信用活动的机构。政策性银行的产生和发展是国家干预、协调经济的产物。作为政策性金融机构，其特征主要是：(1) 政策性银行的资本金多由政府财政拨付；(2) 政策性银行经营时主要考虑国家的整体利益、社会效益，不以盈利为目标，但政策性银行的资金并不是财政资金，政策性银行也必须考虑盈亏，坚持银行管理的基本原则，力争保本微利；(3) 政策性银行有其特定的资金来源，主要依靠发行金融债券或向中央银行举债，一般不面向公众吸收存款；(4) 政策性银行有特定的业务领域，不与商业银行竞争。

我国的三大政策性银行是中国进出口银行、中国农业发展银行、国家开发银行。其中中国农业发展银行以国家信用为基础，筹集农业政策性信贷资金，承担国家规定的农业政策性和经批准开办的涉农商业性金融业务，代理财政性支农资金的拨付，为农业和农村经济发展服务。

中国农业发展银行的运营资金来源长期以来主要依靠中国人民银行的再贷款，从 2005 年开始加大了市场化筹资的力度，目前暂未开展境外筹资业务。截至 2006 年 12 月末，中国农业发展银行向中国人民银行再贷款余额 3870 亿元，金融债券余额 3131 亿元。中国农业发展银行的运营资金目前主要用于粮棉油收购等流动资金贷款。截至 2006 年 12 月末，中国农业发展银行各项贷款余额为 8844 亿元，其中粮油贷款 7454 亿元，棉花贷款 1173 亿元。

103. 什么是购买性支出？

购买性支出又为消耗性支出，指政府用于在市场上购买所购买性支出的商品与劳务时形成的支出。这类公共支出形成的货币流，直接对市场提出购买要求，形成相应的购买商品或劳务的活动。

104. 购买性支出对国家经济会有什么影响？

国家的购买性支出既包括购买进行日常政务活动所需商品与劳务的支出，如行政管理费、国防费、社会文教费、各项事业费等，也包括购买用于兴办投资事业所需商品与劳务的支出如基本建设拨款等。

购买性支出是政府向市场的购买行为。首先，它基本上反映了社会资源和要素中由政府直接配置与消耗的份额，因而是公共财政履行效率、公平和稳定三大职能的直接体现：(1) 购买性支出直接形成社会资源和要素的配置，因而其规模和结构等大致体现了政府直接介入资源配置的范围和力度，是公共财政对于效率职能的直接履行。这样，购买性支出能否符合市场效率准则的根本要求，是公共财政活动是否具有效率性的直接标志。(2) 购买性支出中的投资性支出，将对社会福利分布状态产生直接影响，因而是公共财政履行公平职能的一个重要内容。(3) 购买性支出直接引起市场供需对比状态的变化，直接影响经济周期的运行状况，因而是政府财政政策的相机抉择运作的基本手段之一，是公共财政履行稳定职能的直接表现。为此，必须正确把握财政的购买性支出对市场均衡状态的影响，以确保政府正确实施财政政策。

其次，购买性支出对国民收入的分配有间接影响。当购买支出增加时，由于生产增长，国民收入会随之增加，企业收入和劳动者的收入总量均会增加。但是，由于各种原因，在新增国民收入中，由利润占有的和由工资占有的部分不可能均等，从而在国民收入初次分配中，利润和工资各自所占份额将发生变化。此外，由于各种经济活动受政府购买支出变动影响的程度不尽相同，不同的部门和企业，以及在不同的部门和企业中就业的劳动者之间所增加的收入也不尽一致。这些因素，都可能导致国民收入分配结构发生变化。

在一般情况下，政府购买的价格由市场供求关系决定。但有时，政府出于某种目的，政府可以通过财政政策干预经济活动，或可以利用其特权，通过购买性支出对生产和分配的影响，单方面决定价格，产生相应的经济效果，达到对经济干预的目的。在政府强制压低价格时，性质上等于政府在购买过程中向销售企业课征税收。不同的部门和企业，相反，由于各种经济活动受政府购买支出变动影响的程度不尽相同，在政府人为地提高购买价格时，政府定价高于市场价格的部分，在性质上等于政府在购买过程中向销售企业提供补贴。从而在国民收入初次分配中，购买支出体现了资产阶级政府作为社会产品的需求者的经济活动。

105. 什么是财政的"农业支出"？

农业是国民经济的基础，农业生产不仅为人类提供了基本生存条件，为生产活动提供了基础，而且农业劳动生产率的提高是工业化的起点和基础。农业的稳定发展是使国民经济持续稳定发展的重要因素。因此农业发展问题得到世界各国政府的高度重视，尤其是对于我国这样一个拥有庞大农业人口的发展中国家，加快农业发展更是具有重大的意义。不可否认，农业仍然是我国国民经济的薄弱环节，随着国民经济的快速增长，我国农业与国民经济整体发展不协调的矛盾日益显现。无论是从农业的重要地位、农业的基本特征，还是从财政的职能来看，财政都必须支持农业，财政是国家支持和保护农业的重要手段。改革开放以来，我国政府一直高度重视农业的发展，每年安排一定的财政资金，采取不同的形式用于农业支出。

表 2-9　　国家财政用于农业的支出　　单位：亿元

年份	合计	支农支出	农业基本建设支出	农业科技三项费用	农村救济费	其他	用于农业支出占财政支出的比重（%）
1978	150.66	76.95	51.14	1.06	6.88	14.63	13.43
1980	149.95	82.12	48.59	1.31	7.26	10.67	12.20
1985	153.62	101.04	37.73	1.95	12.90		7.66
1989	265.94	197.12	50.64	2.48	15.70		9.42
1990	307.84	221.76	66.71	3.11	16.26		9.98
1991	347.57	243.55	75.49	2.93	25.60		10.10
1992	376.02	269.04	85.00	3.00	18.98		10.05
1993	440.45	323.42	95.00	3.00	19.03		9.49

续表

年份	合计	支农支出	农业基本建设支出	农业科技三项费用	农村救济费	其他	用于农业支出占财政支出的比重（%）
1994	532.98	399.70	107.00	3.00	23.28		9.20
1995	574.93	430.22	110.00	3.00	31.71		8.43
1996	700.43	510.07	141.51	4.94	43.91		8.82
1997	766.39	560.77	159.78	5.48	40.36		8.30
1998	1154.76	626.02	460.70	9.14	58.90		10.69
1999	1085.76	677.46	357.00	9.13	42.17		8.23
2000	1231.54	766.89	414.46	9.78	40.41		7.75
2001	1456.73	917.96	480.81	10.28	47.68		7.71
2002	1580.76	1102.70	423.80	9.88	44.38		7.17
2003	1754.45	1134.86	527.36	12.43	79.80		7.12
2004	2337.63	1693.79	542.36	15.61	85.87		9.67
2005	2450.31	1792.40	512.63	19.90	125.38		7.22
2006		2147.70					

106. 什么是政府采购？

政府采购是政府机构所需要的各种物资的采购。这些物资包括办公物资，例如计算机、复印机、打印机等办公设备，纸张、笔墨等办公材料，也包括基建物资、生活物资等各种原材料、设备、能源、工具等。政府采购也和企业采购一样，属于集团采购，但是它的持续性、均衡性、规律性、严格性、科学性上都没有企业采购那么强。政府采购最基本的特点，是一种公款购买活动，都是由政府拨款进行购买。

政府采购的本质是政府在购买商品和劳务的过程中，引入竞争性的招投标机制。完善、合理的政府采购对社会资源的有效利用，提高财政资金的利用效果起到很大的作用，因而是财政支出管理的一个重要环节。

107. 2009 年我国政府采购规定有什么新变化？

2009 年，多部综合性、专项性政府采购制度出台，实现了以制度管采的目标。新型的监管机制、稳步推进的信息化建设及日益规范的采购行为使得政府采购在服务现实经济中有了多种可能性。

2009 年，为了抵御国际经济环境对我国的不利影响，我国出台了旨在扩大内需、促进经济增长的 10 项措施，而这些措施都与政府采购密切相关，我国的政府采购制度也因此经历了自诞生以来最重要的考验。在此背景下，2009 年财政部进一步加大了对政府采购的监管力度，分别在完善法制体系、强化政策功能、提升监管水平和加强信息化建设等方面取得了新的积极进展，政府采购可持续发展能力进一步加强，我国的政府采购事业也呈现出新的面貌。

2009 年年初，国务院办公厅下发了《关于进一步加强政府采购管理工作的意见》（以下简称《意见》）。同年 5 月和 8 月，财政部分别印发了《中央单位变更政府采购方式审批管理暂行办法》及《关于进一步做好中央单位政府集中采购工作有关问题的通知》。两者从明确目录执行范围、加强政府采购计划管理、建立监督管理工作机制等方面对中央单位政府集中采购工作进行了严格规范。同时，推行批量集中采购、对中央驻京外县级以下地区中央单位的部分服务项目实行属地化采购、严格规范中央对地方专项补助资金的采购管理等一系列措施的实施，不仅使一些工作难题得以解决，而且从制度上抵制了中央单位政府集中采购工作中的"死角"。

不仅如此，2009 年我国政府采购法规制度的修改和完善得到进一步推进。目前，《条例》已上报至国务院，政府采购扶持中小企业的有关办法也正在紧锣密鼓制定中。同时，《政府采购代理机构资格认定办法》的修改完善工作以及《政府采购违法行为处罚处分办法》初稿的起草工作都已完成。

2009 年，在我国计划投入 4 万亿元资金刺激本国经济、拉动国内需求的大背景下，现实中的问题将政府采购推向了又一个新的起点，政府采购的政策功能在服务现实经济中有了多种可能性。在这一年中，财政部会同发展改革委、环保部调整扩大了环境标志产品、节能产品政府采购范围，完善了公示制度、供应商承诺机制和退出机制，《环境标志产品政府采购清单》和《节能产品政府采购清单》的发布也由一年一次调整为一年两次。此举进一步强化了政府采购支持节能环保产品的执行力。

此外，政府采购支持自主创新、重点产业等方面的政策在这一年也频频出台。4月，财政部会同质检总局、认监委联合发布了《关于调整信息安全产品强制性认证实施要求的公告》，规定从2010年5月1日起，在《政府采购法》规定范围内对信息安全产品实施强制认证，以加快推进我国网络与信息系统安全保障的进程。10月，《关于鼓励政府和企业发包促进我国服务外包产业发展的指导意见》出台，并首次将政府采购扶持服务外包产业作为了硬杠杠，受到了众多国内服务外包企业的欢迎。11月，财政部、科技部及发展改革委员会联合出台了《关于开展2009年国家自主创新产品认定工作的通知》，明确了国家自主创新产品认定的具体标准和程序，正式启动我国自主创新产品认定工作，政府采购扶持自主创新也有了依据。

这些政策的出台，得到了政府采购业内专家的肯定。他们认为，在这一年中，政府采购支持自主创新、中小企业的态度更加明朗，各项政策的及时出台更有利于构建政府采购新体系。同时，政府采购政策功能的不断发挥，对于调整振兴我国产业发展将起到不可估量的作用。

108. 什么是税收返还？

税收返还是政府按照国家有关规定采取先征后返（退）、即征即退等办法向企业返还的税款，属于以税收优惠形式给予的一种政府补助。税收返还有两方面的含义：一是中央对地方的税收返还。中央的税收返还制度就其性质而言，是一种转移支付，是年年都有的经常性收入返还。中央财政对地方税收返还数额，以1993年为基期年核定。按照 1993 年地方实际收入以及税制改革后中央和地方收入划分情况,合理确定 1993 年中央从地方净上划的收入数额,并以此作为中央对地方税收返还基数,保证 1993 年地方既得财力。1994 年以后,税收返还额在 1993 年基数上逐年递增,递增率按全国增值税和消费税增长率的 1:0.3 系数确定,即全国增值税和消费税每增长 1%,中央财政对地方的税收返还增长 0.3%。二是国家对人民的税收返还。我国的政策是"取之于民,用之于民"。税收虽然不能直接归还给每个具体的纳税人,但具有整体的返还性。

国　　债

1. 什么是国债?

国债是国家信用的主要形式。按照债的一般原则,通过向社会筹集资金所形成的债权债务关系。国债是由国家发行的债券,是中央政府为筹集财政资金而发行的一种政府债券,是中央政府向投资者出具的、承诺在一定时期支付利息和到期偿还本金的债权债务凭证,由于国债的发行主体是国家,所以它具有最高的信用度,被公认为是最安全的投资工具。我国的国债专指财政部代表中央政府发行的国家公债,由国家财政信誉作担保,信誉度非常高,历来有"金边债券"之称,稳健型投资者喜欢投资国债。其种类有凭证式国债、实物式国债、记账式国债三种。

2. 发行国债的目的是什么?

发行国债大致有以下几种目的:

(1) 在战争时期为筹措军费而发行战争国债。在战争时期军费支出额巨大，在没有其他筹资办法的情况下，即通过发行战争国债筹集资金。发行战争国债是各国政府在战时通用的方式，也是国债的最先起源。

（2）为平衡国家财政收支、弥补财政赤字而发行赤字国债。一般来讲，平衡财政收支可以采用增加税收、增发通货或发行国债的办法。以上三种办法比较，增加税收是取之于民用之于民的作法，固然是一种好办法但是增加税收有一定的限度，如果税赋过重，超过了企业和个人的承受能力，将不利于生产的发展，并会影响今后的税收。增发通货是最方便的作法，但是此种办法是最不可取的，因为用增发通货的办法弥补财政赤字，会导致严重的通货膨胀，其对经济的影响最为剧烈。在增税有困难，又不能增发通货的情况下，采用发行国债的办法弥补财政赤字，还是一项可行的措施。政府通过发行债券可以吸收单位和个人的闲置资金，帮助国家渡过财政困难时期。但是赤字国债的发行量一定要适度，否则也会造成严重的通货紧缩。

（3）国家为筹集建设资金而发行建设国债。国家要进行基础设施和公共设施建设，为此需要大量的中长期资金，通过发行中长期国债，可以将一部分短期资金转化为中长期资金，用于建设国家的大型项目，以促进经济的发展。

（4）为偿还到期国债而发行借换国债。在偿债的高峰期，为了解决偿债的资金来源问题，国家通过发行借换国债，用以偿还到期的旧债，这样可以减轻和分散国家的还债负担。

3. 市场经济条件下国债的功能是什么？

（1）弥补财政赤字，弥补财政赤字是国债的最基本功能。就一般情况而言，造成政府财政赤字的原因大体上有以下两点：一是经济衰退，二是自然灾害。政府财政赤字一旦发生，就必须想办法予以弥补。在市场经济体制下，其弥补的方式主要有三种措施：即增加税收、增发货币和举借国债。

第一种方式不仅不能迅速筹集大量资金，而且重税会影响生产者的生产积极性，进而会使国民经济趋于收缩，税基减少，赤字有可能会更大。

第二种方式则会大幅增加社会的货币供应量，因而会导致无度的通货膨胀并打乱整个国民经济的运行秩序。

第三种方式则是最可行的办法，因为发行国债筹资仅是社会资金使用权的暂时转移，在正常情况下，一般不会招致无度的通货膨胀，同时还可迅速、灵活和有效地弥补财政赤字，所以举借国债是当今世界各国政府作为弥补财政赤字的一种最基本也是最通用的方式。

（2）对财政预算进行季节性资金余缺的调剂。利用国债，政府还可以灵活调剂财政收支过程中所发生的季节性资金余缺。政府财政收入在1年中往往不是以均衡的速率流入国库的，而财政支出则往往以较为均衡的速率进行。这就意味着即使从全年来说政府财政预算是平衡的，在个别月份也会发生相当的赤字。为保证政府职能的履行，许多国家都会把发行期限在1年之内（一般几个月，最长不超过52周）的短期国债，作为一种季节性的资金调剂手段，以求解决暂时的资金不平衡。

（3）对国民经济运行进行宏观调控。一国的经济运行不可能都永远处在稳定和不断增长的状态之下。相反，由于种种因素的影响如宏观政策的失误、国际经济的影响等，经济运行常常会偏离人们期望的理想轨道，从而出现经济过度膨胀（通货膨胀严重）和经济萎缩（通货紧缩）现象，这时候，政府必须采取相应的政策措施进行经济干预，以使经济运行重新回到较理想或预期的轨道。自凯恩斯宏观经济理论建立以来，运用经济政策对宏观经济运行进行调控已成为普遍现象，其中国债扮演着十分重要的角色。这也使得国债的宏观调控功能逐渐成为国债主要的功能。

4. 国债有哪些种类？

按照不同的标准，国债可作如下分类：

（1）按举借债务方式不同，国债可分为国家债券和国家借款。

国家债券，是通过发行债券形成国债法律关系。国家债券是国家内债的主要形式，我国发行的国家债券主要有国库券、国家经济建设债券、国家重点建设债券等。

国家借款，是按照一定的程序和形式，由借贷双方共同协商，签订协议或合同，形成国债法律关系。国家借款是国家外债的主要形式，包括外国政府贷款、国际金融组织贷款和国际商业组织贷款等。

（2）按偿还期限不同，国债可分为定期国债和不定期国债。

定期国债：是指国家发行的严格规定有还本付息期限的国债。定期国债按还债期长短又可分为短期国债、中期国债和长期国债。

短期国债通常是指发行期限在1年以内的国债，主要是为了调剂国库资金周转的临时性余缺，并具有较大的流动性。

中期国债是指发行期限在1年以上、10年以下的国债（包含1年但不含10年），因其偿还时间较长而可以使国家对债务资金的使用相对稳定；

长期国债是指发行期限在10年以上的国债（含10年），可以使政府在更长时期内支配财力，但持有者的收益将受到币值和物价的影响。

不定期国债：是指国家发行的不规定还本付息期限的国债。这类国债的持有人可按期获得利息，但没有要求清偿债务的权利。如英国曾发行的永久性国债即属此类。

（3）按发行地域不同，国债可分为国家内债和国家外债。

国家内债：是指在国内发行的国债，其债权人多为本国公民、法人或其他组织，还本付息均以本国货币支付。

国家外债：是指国家在国外举借的债，包括在国际市场上发行的国债和向外国政府、国际组织及其他非政府性组织的借款等。国家外债可经双方约定，以债权国、债务国或第三国货币筹集并还本付息。

（4）按发行性质不同，国债可分为自由国债和强制国债。

自由国债，又称任意国债，是指由国家发行的由公民、法人或其他组织自愿认购的国债。它是当代各国发行国债普遍采用的形式，易于为购买者接受。

强制国债，是国家凭借其政治权力，按照规定的标准，强制公民、法人或其他组织购买的国债。这类国债一般是在战争时期或财政经济出现异常困难或为推行特定的政策、实现特定目标时采用。

（5）按使用用途不同，国债可分为赤字国债、建设国债和特种国债。

赤字国债，是指用于弥补财政赤字的国债。在实行复式预算制度的国家，纳入经常预算的国债属赤字国债。

建设国债，是指用于增加国家对经济领域投资的国债。在实行复式预算制度的国家，纳入资本（投资）预算的国债属建设国债。

特种国债，是指为实施某种特殊政策在特定范围内或为特定用途而发行的国债。

（6）按是否可以流通，国债可分为上市国债和不上市国债。

上市国债，也称可出售国债，是指可在证券交易场所自由买卖的国债。

不上市国债，也称不可出售国债，是指不能自由买卖的国债。这类国债一般期限较长，利率较高，多采取记名方式发行。

5. 我国国债是如何分类的？

从债券形式来看，我国发行的国债可分为凭证式国债、无记名（实物）国债和记账式国债三种。

凭证式国债是一种国家储蓄债，可记名、挂失，以"凭证式国债收款凭证"记录债权，不能上市流通，从购买之日起计息。在持有期内，持券人如遇特殊情况需要提取现金，可以到购买网点提前兑取。提前兑取时，除偿还本金外，利息按实际持有天数及相应的利率档次计算，经办机构按兑付本金的2‰收取手续费。

无记名（实物）国债是一种实物债券，以实物券的形式记录债权，面值不等，不记名，不挂失，可上市流通。发行期内，投资者可直接在销售国债机构的柜台购买。在证券交易所设立账户的投资者,可委托证券公司通过交易系统申购。发行期结束后,实物券持有者可在柜台卖出,也可将实物券交证券交易所托管,再通过交易系统卖出。

记账式国债以记账形式记录债权,通过证券交易所的交易系统发行和交易,可以记名、挂失。投资者进行记账式证券买卖,必须在证券交易所设立账户。由于记账式国债的发行和交易均无纸化,所以效率高,成本低,交易安全。

6. 国债的发行价格如何确定?

平价发行。即发行价格等于其票面金额。债券到期时,国家应依据此价格还本付息。

折价发行。即发行价格低于债券票面金额。债券到期时国家需按票面价格还本付息。它不同于贴现发行。

溢价发行。即发行价格高于债券票面金额。债券到期时,国家只按债券票面价格还本付息。

7. 国债的偿还方式有哪几种?

分期逐步偿还法。即对一种国债规定几个还本期,直到国债到期时,本金全部偿清。

抽签轮次偿还法。即通过定期按国债号码抽签对号以确定偿还一定比例国债,直到偿还期结束,全部国债皆中签偿清时为止。

到期一次偿还法。即实行在国债到期日按票面额一次全部偿清。

市场购销偿还法。即从证券市场上买回国债,以至期满时,该种国债已全部被政府所持有。

以新替旧偿还法。即通过发行新国债来兑换到期的旧国债。

8. 国债偿还的资金来源有哪些?

通过预算列支。政府将每年的国债偿还数额作为财政支出的一个项目列入当年支出预算,由正常的财政收入保证国债的偿还。

动用财政盈余。在预算执行结果有盈余时,动用这种盈余来偿付当年到期国债的本息。

设立偿债基金。政府预算设置专项基金用于偿还国债,每年从财政收入中拨付专款设立基金,专门用于偿还国债。

借新债还旧债。政府通过发行新债券,作为还旧债的资金来源。实质是债务期限的延长。

9. 我国国债立法历程是怎样的?

新中国成立后,于1950年、1954~1958年、1980年至今发行过国内公债。各期国债发行以前,由国务院制定国债条例,具体规定国债的发行、转让、利率、还本付息及其他有关管理事项。国债条例是规范我国国债管理活动、调整国债主体之间关系的法律依据。1968年国家偿付了全部内外债本息,1968~1981年,我国是一个既无内债、又无外债的国家。1981年1月,国务院通过《中华人民共和国国库券条例》(以下简称《国库券条例》),决定发行国库券来弥补财政赤字,以后又发行了国家重点建设债券、财政债券、重点企业债券、保值公债、特种公债等。到1992年止,每年都颁布一个国库券条例,对发行对象与方式、发行数额及利率、还本付息的期限、国库券及其他债券的贴现、抵押和转让、国债法律责任、国债管理机构等内容予以规定。1989~1991年每年还颁布了一个特种国债条例,对特种国债的发行对象、发行数额、发行期限、利率及偿还期等内容予以规定。

目前,有关部门正在积极起草《国债法》,以期对国债行为和国债关系予以明确规范。

10. 什么是特别国债?

特别国债都有特定用途,是国债的一种。但它并不是对预算赤字的融资,同时,与发行普通国债筹集资金的用途不同,一般是以提高收益为主要目标。根据有关规定,这种国债属于特别国债,特别国债要视具体发行情况,而定是否适合普通投资者投资。

为了有效地发展我国的国民经济，增强中国的综合国力，提高人民的生活水平，我国政府除了有规律性地发行适度规模的普通型国债以外，还不定期地发行一定数量的特殊型国债。普通型国债主要可分为凭证式国债、记账式国债和无记名（实物）国债三种，特殊型国债主要有定向债券、特种国债和专项国债等几种。

为筹集国家建设资金，加强社会保险基金的投资管理，经国务院批准，由财政部采取主要向养老保险基金、待业保险基金（简称："两金"）及其他社会保险基金定向募集的债券，称为"特种定向债券"，简称"定向债券"。

11. 农民如何购买国债？

（1）无记名式国债的购买

无记名式国债的购买对象主要是各种机构投资者和个人投资者。无记名式实物券国债的购买是最简单的。投资者可在发行期内到销售无记名式国债的各大银行（包括中国工商银行、中国农业银行、中国建设银行、交通银行等）和证券机构的各个网点，持款填单购买。无记名式国债的面值种类一般为100元、500元、1000元等。

（2）凭证式国债的购买

凭证式国债主要面向个人投资者发行。其发售和兑付是通过各大银行的储蓄网点、邮政储蓄部门的网点以及财政部门的国债服务部办理。其网点遍布全国城乡，能够最大限度满足群众购买、兑取需要。投资者购买凭证式国债可在发行期间内持款到各网点填单交款，办理购买事宜。由发行点填制凭证式国债收款凭单，其内容包括购买日期、购买人姓名、购买券种、购买金额、身份证件号码等，填完后交购买者收妥。办理手续和银行定期存款办理手续类似。

凭证式国债以百元为起点整数发售，按面值购买。发行期过后，对于客户提前兑取的凭证式国债，可由指定的经办机构在控制指标内继续向社会发售。投资者在发行期后购买时，银行将重新填制凭证式国债收款凭单，投资者购买时仍按面值购买。购买日即为起息日。兑付时按实际持有天数、按相应档次利率计付利息（利息计算到到期时兑付期的最后一日）。

（3）记账式国债的购买

购买记账式国债可以到证券公司和试点商业银行柜台买卖。试点商业银行包括中国工商银行、中国农业银行、中国银行、中国建设银行、招商银行、北京银行和南京银行在全国已经开通国债柜台交易系统的分支机构。

A：柜台记账式国债。通过银行买柜台记帐式国债，最好开通网上银行账户，直接在家的电脑上进入银行的网页，输入自己的账号和密码，在交易时间内就可以自由交易了。

B：投资者购买记账式国债可以在交易所开立证券账户或国债专用账户，并委托证券机构代理进行，投资者必须拥有证券交易所的证券账户，并在证券经营机构开立资金账户才能购买记账式国债。

两者的区别：银行交易不收交易费用，证券公司的交易费用大约是交易金额的 0.1%～0.3%（含佣金等）。银行柜台记账式国债没有交易佣金，但客户买入全价通常是低于卖出全价，如果短线买入再卖出可能会浮亏，因为柜台记账式国债是你和银行之间进行交易，你买的时候通常价格高一点，卖给银行的时候要稍微低一点，银行通常鼓励投资者长期持有。虽然没有交易费用，但当天买进卖出的话银行会赚取你的差价，相当于交易成本。

通过证券公司系统买卖记账式国债，跟买卖股票一样；通过委托系统下单，很简单，输入要购买的国债代码，再输入交易数量和价格就可以了；一般开户过后，证券公司和柜台银行会给操作手册。

12. 农民认购国债应注意什么？

购买国债基本上与存定期一样不需要有太多的顾虑，收益固定，不收税，无风险，要注意的是它也有一定的规则，如目前发行的国债半年内不可提前支取,超半年不足两年提前支取算活期,提前支取收千分一手续费,不可以部分支取。所以,购买国债要做好资金预算,若有时间内不用的资金才用来购买。

13. 国债如何下乡?

随着家电下乡、汽车下乡的消费刺激计划瞄准农民,金融投资机会也开始拓展农村市场。2010年1至4月的国债销售中,送国债下乡成了一大亮点。中国人民银行总行的调研组在苏州了解国债下乡的销售情况时,苏州支行行长表示"多年未见的排队抢购国债的情形在苏州各个村级邮政销售网点上演"。

自1981年开始发行内债,国债作为财政政策和货币政策的一个结合点,在筹集财政资金,弥补财政赤字,支持社会经济发展,调节市场货币供应量方面发挥着重要的作用。2000年至2008年,由人民银行系统组织发行的凭证式国债共17038亿元。2009年,为应对国际金融危机的冲击、保持国民经济平稳较快发展,中国采取了一揽子经济刺激政策,国债发行规模进一步扩大,共发行国债(含地方政府债券)18259亿元,同比增长113.8%。

2010年1至4月,人民银行发行国债已达900亿元。但据部分宏观数据显示,2010年2月份CPI指数已升至2.7%,高于1年期银行储蓄存款利率2.25%,对中国进入"负利率"时代的关注再次升温。许多城镇居民选择持币观望或将钱投入股市或房市,对国债的购买热情并不高。这与农村人热购国债的情景形成了巨大的反差。尤其如发达省份的江苏,许多邮政储蓄网点都出现了连夜排队的抢购的情形。国债高于同期储蓄利率,又非常稳健成为了农民信赖的原因。

作为中国唯一遍及农村的金融销售网点,邮政储蓄成了"送国债下乡"的主要销售网点。在国债发行前期,邮储与江苏各级人行国库处一起通过发放宣传册及进村讲座的方式,调动了农民购买国债的热情。诸多邮政储蓄网点都实现了国债销售零的突破。

据邮储银行江苏省分行反映,该行在3月份第一期国债的发售中，以1.29亿元的绝对优势位居全国首位，今年1至4月，邮储银行在农村地区共销售国债3.29亿元，占总销量的55.48%。据了解，许多农民还通过农业银行等其他银行购买国债。因此江苏农民的实际购债金额远大于上述统计。

14. 我国地方债发展情况如何？

目前我国地方政府尚不能发行债券。我国所谓地方债券，是相对国债而言，以地方政府为发债主体。不过我国债券业内也往往把地方企业发行的债券列为地方债券范畴。20世纪80年代末至90年代初，许多地方政府为了筹集资金修路建桥，都曾经发行过地方债券。有的甚至是无息的，以支援国家建设的名义摊派给各单位，更有甚者就直接充当部分工资。但到了1993年，这一行为被国务院制止了，原因乃是对地方政府承付的兑现能力有所怀疑。此后颁布的《中华人民共和国预算法》第28条，明确规定"除法律和国务院另有规定外，地方政府不得发行地方政府债券"。

2009年是我国首次在全国范围内发行地方政府债券。2009年是我国经济发展非常困难的一年，财政收支紧张的状况十分突出。为扩大内需，保持经济平稳较快发展，2009年实施积极的财政政策，通过发行国债较大规模增加政府公共投资。为调动各方面积极性并明确中央和地方的责任，地方政府应相应安排配套资金，同时根据实际情况扩大本级政府投资，由财政部代理发行2000亿元地方债。因为在经济增长下滑的情况下，加上实施结构性减税，地方财政收入增幅将较大幅度下降，同时"三农"、民生等各项支出压力很大，中央投资配套资金及扩大本级政府投资所需资金难以通过经常性收入安排，需要举借债务筹集。而发行地方政府债券是地方政府筹措资金比较规范的途径。

15. 地方政府发债优点和缺点有哪些？

允许地方政府发行债券，无疑解决了地方政府财政吃紧的问题。地方政府可以根据地方人大通过的发展规划，更加灵活地筹集资金,解决发展中存在的问题。更主要的是,由于地方政府拥有了自筹资金、自主发展的能力,中央政府与地方政府之间的关系将会更加成熟,地方人大在监督地方政府方面将会有更高的积极性,中国的政治体制将会得到进一步巩固。

但地方政府发行债券筹集资金面临着《预算法》的制约。我国《预算法》严禁地方政府举债,地方政府发行债券必须修改法律,而这样做就意味着,在短期内地方政府发行债券不会成为现实。同时,地方政府发行债券将会产生一系列的法律问题,如果没有严格的约束机制,一些地方政府过份举债之后,将会出现破产问题。而我国目前尚未对政府机关破产作出明确的规定,一旦地方政府破产,中央政府将承担怎样的责任,地方人大将作出怎样的安排,所有这一切都必须通盘考虑。

税 收

1. 什么是税收?

税收是国家为实现其职能,凭借政治权力,按照法律规定,通过税收工具强制地、无偿地征参与国民收入和社会产品的分配和再分配取得财政收入的一种形式。税收由政府征收,取自于民、用之于民。税收具有无偿性、强制性和固定性的形式特征。税收三性是一个完整的统一体,它们相辅相成、缺一不可。

我国最早的税收是市场税收,西周后期,由于商品经济的发展,在官营工商业之外,出现了以家庭副业为主的私营手工业和商业,集市贸易日益增多,因此出现了我国历史上最早的市场税收。周代市场在王宫北垣之下,东西平列为三区,分别为朝市、午市和晚市。市场税收实行"五布"征税制。一是分布,即屋税;二是总布,即牙税;三是廛布,即地税;四是质布,指对违反契约文书者所征之税;五是罚布,即罚金。市场税收由司市、雇人、泉府等官史统一管理,定期上交国库。

春秋时期鲁国出现了我国最早的田税——初税亩。据《春秋》记载,鲁宣公十五年(公元前594年),列国中的鲁国首先实行初税亩,这是征收田税的最早记载。这种税收以征收实物为主。

最早对私人拥有的车辆和舟船征税是在汉代初年。武帝元光六年(公元前129年),汉朝就颁布了征收车船税的规定,当时叫"算商车","算"为征税基本单位,一算为120钱,这时的征收对象还只局限于载货的商船和商车。元狩四年(公元前119年),开始把非商业性的车船也列入征税范围。法令规定,非商业用车每辆征税一算,商业用车征税加倍;舟船五丈以上征税一算,"三老"(掌管教化的乡官)和"骑士"(由各郡训练的骑兵)免征车船税。同时规定,对隐瞒不报或呈报不实的人给以处罚,对告发的人进行奖励。元封元年(公元前110年),车船税停止征收。

我国的税收历史源远流长,伴随着历史的前进,税收制度不断改革与完善。总之,无论是古代还是现代,无论是国内还是国外,税收都是一个国家重要的财政收入来源,在推动国家的进步上起到了不可估量的作用。

2. 税收与人民生活有什么关系?

对于税收,我们都有感性认识。比如,到商店买商品,商品的价格里面会含有增值税;假如买的是化妆品、烟、酒等,价格里面还含有消费税;再假如这些商品是从海外进口的,可能还会含有关税。当国家的税收政策调整时,商品的价格可能会出现变化。比如,2006年,国家调高了部分化妆品的消费税税率,这部分化妆品的价格应声而涨。另外,当你的工资、薪金、稿酬、劳务报酬超过一定标准时,需缴纳个人所得税;当你卖掉现在居住的房子时,你有可能需要交营业税、个人所得税、印花税;当你拥有私家车时,你要缴纳车船税;当你是一名财务人员时,可能工作中要涉及到企业纳税的方方面面。所以,无论从生活角度还是工作角度,税收都与我们关系密切。

3. 什么是税制?

税制即为税收制度,是在税收分配活动中税收征纳双方所应该遵守的行为规范的总和。包括各种各税种的法规以及为了保证这些税法得以实施的税收征管制度和税收管理制度。其中,各税种的法律法规是税收制度的核心内容。

从税收制度的形式来看,一个国家的税收制度,可按照构成方法和形式分为简单型税制及复合型税制。结构简单的税制主要是指税种单一、结构简单的税收制度;而结构复杂的税制主要是指由多个税种构成的税收制度。

4. 我国的税收管理体制是怎样的?

税收管理体制:一个国家税收法令政策的制定和贯彻执行,以及税收管理的实现和税款的征解入库等,都必须依靠各级政府的协同活动才能顺利完成。同时,各级政府在执行各自的国家职能任务中,也需要一定的收入供其安排使用。为此有必要在中央和地方政府之间,建立起一套税收立法、执法以及税收管理权限划分的行政规范,以调动各方面共同搞好征收管理,完成税收任务的积极性,并使各级政府都有一部分可供支配的财务,以保证其职能任务的实现。这种划分税收管理权限的行政规范,就是税收管理体制。我国税收管理体制只限于对税收立法和执法权限在各级立法、执法机构之间的划分作出规定,而不包括税收收入在各级政府之间划分使用的问题。

中国的税收管理体制,遵循"统一领导,分级管理"的原则。税法统一,税权集中,在中央统一领导下,赋予地方政府一定的税收管理权,以便因地制宜地处理税收问题。实行分级管理,把税收管理的统一性和灵活性结合起来,调动全国各方面的积极性。从总体上说，税法的制定、税种的开征和停征、税目税率的调整等权力集中在中央；减税免税审批权分别由中央、地方掌握；征收管理等事宜，由地方因地制宜自行处理。税收管理权限集中和下放的程度，根据不同税种的特点和国家在不同时期的政策要求而不尽相同。有时中央集权多一些，有时赋予地方较大的权限。

5. 为什么要进行农村税费改革？

农业、农村和农民问题是关系我国改革开放和社会主义现代化建设全局的重大问题。党和政府历来十分重视正确处理国家、集体和农民的关系，注重保障农民利益，在农村实行休养生息政策。改革开放后，通过实行家庭联产承包经营责任制，调整农产品价格和购销政策，改善了农村分配关系，调动了农民生产积极性，保持和发展了农村好的形势。

20世纪90年代末，我国农业和农村经济发展开始进入了一个新的阶段。农产品供给出现了阶段性、结构性和地区性过剩，农产品销售不畅，价格下跌，农民增收困难，加上农民负担较重，影响了农村经济发展和社会稳定。为从根本上治理农民负担，规范农村税费制度，理顺国家、集体和农民的分配关系，党中央、国务院决定从2000年起进行农村税费改革试点。

6. 实行农村税费改革的主要成效有哪些？

（1）明显减轻了农民负担。农村税费改革取消了"三提五统"（三提是指公积金、公益金、管理费三项提留；五统是指五项统筹，包括教育附加费、计划生育费、民兵训练费、民政优抚费、民办交通费）和农村教育集资等专门面向农民的各项收费，清理整顿了各种达标升级活动，有效遏制了"三乱"现象。全面取消农业税后，与农村税费改革前的1999年相比，全国农民每年减轻税费负担约1250亿元，人均减负140元左右。

（2）为农村由传统税制向现代税制的过渡奠定了基础。从开始的"治乱减负"到形成比较规范的农业税及其附加，再到逐步减免以至最终取消农业税,终结了传统农业社会遗留下来的赋税制度,消除了在现代社会中不应由农民承担的不合理赋税的制度缺陷,为在全社会逐步形成公正、公平和城乡统一的现代税收制度奠定了基础。

(3) 为全面深化农村改革提供了契机。农村税费改革进展到今天,不可避免地要求进行乡镇机构、农村义务教育和县乡财政管理体制等方面的改革,带动农村上层建筑的变革和进步。这不仅关系到农村税费改革成果的巩固,而且关系到整个农村经济社会的现代化进程。

(4) 干群关系出现了积极变化。农村税费改革顺民心、合民意,使农民普遍得到实惠,是近几年农民情绪明显好转、积极性得到激发、农村社会保持稳定的最重要政策原因。

7. 农村综合改革的主要内容有哪些?

农村综合改革是农村税费改革进入取消农业税的新阶段,中央为巩固农村税费改革成果和建设社会主义新农村提供体制保障和动力源泉所做出的一项重大决策。主要内容是推进乡镇机构、农村义务教育和县乡财政管理体制改革,进一步巩固农村税费改革成果;同时统筹推进粮食流通体制、征地制度和农村金融等方面的改革。农村综合改革涉及调整农村生产关系和上层建筑不适应生产力发展的某些环节和方面,目标是逐步建立精干高效的农村行政管理体制和运行机制、覆盖城乡的公共财政制度,以及农民增收减负的长效机制,促进农村经济社会全面协调发展。

8. 什么是税种?

税种即税收种类的简称。构成一个税种的主要因素有征税对象、纳税人、税目、税率、纳税环节、纳税期限、缴纳方法、减税、免税及违章处理等。不同的征税对象和纳税人是一个税种区别于另一个税种的主要标志,也往往是税种名称的由来。同时,每个税种都有其特定的功能和作用,其存在依赖于一定的客观经济条件。

9. 我国现行的税种有哪些?

1994年税制改革之后,我国的税种由37个缩减到目前的22个,具体是增值税、消费税、营业税、企业所得税、外商投资企业和外国企业所得税、个人所得税、资源税、城镇土地使用税、房产税、城市房地产税、城市维护建设税、耕地占用税、土地增值税、车辆购置税、车船税、印花税、契税、烟叶税、固定资产投资方向调节税、筵席税、关税、船舶吨税。其中,固定资产投资方向调节税和筵席税已经停征,关税和船舶吨税由海关征收。因此,目前税务部门征收的税种只有18个,具体见表2-11。

虽然我国的税种不少,但具体到每一个纳税人,并不是要维持缴纳所有的税种,例如你家开了一个餐馆,只需要缴纳营业税、企业所得税和城市维护建设税等。

10. 为什么要取消农业税?

取消农业税这一重大举措,得民心、顺民意,充分体现了党中央对广大农民的关爱、对农村繁荣的关心、对农业发展的关注,不仅有利于促进农业、农村的发展和农民的富裕,而且关系到实现国家长治久安和民族伟大复兴。

(1) 取消农业税是贯彻落实科学发展观的客观要求。有利于贯彻好"工业反哺农业、城市支持农村"的方针政策,建立起新型的工农关系、城乡关系,保证农民获得平等的发展机会,共享现代化成果,促进城乡、区域、经济社会全面、协调、可持续地发展。

(2) 取消农业税是全面建设小康社会的重大举措。有利于进一步规范、完善国家、集体与农民的分配关系,彻底消除向农民"搭车"收费的载体,减轻农民负担,更好地维护广大农民的根本利益,改善农民的生产生活条件,把农业、农村发展纳入整个现代化进程,为实现全面小康社会奠定了坚实的基础。

(3) 取消农业税是构建社会主义和谐社会的具体体现。有利于

表 2–11　　　　我国现行税种

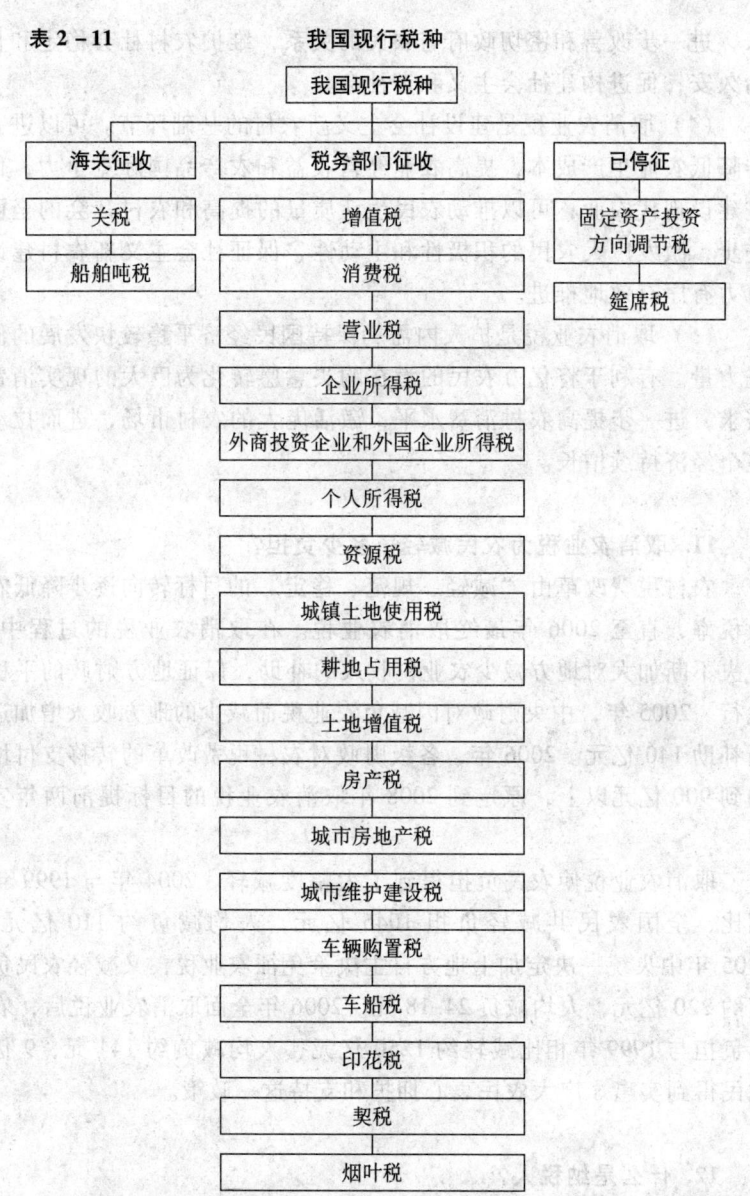

促进基层政府改进工作方式和工作作风，加快职能转变，把更多的精力放到履行社会管理、提供更多更好的公共产品和公共服务上

来，进一步改善和密切政府与农民的关系，维护农村社会稳定和长治久安，促进构建社会主义和谐社会。

（4）取消农业税是建设社会主义新农村的基础环节。可以进一步降低农业生产成本，提高农业经营收益和农产品国际竞争力，促进建设现代农业；可以推动农民生活质量的提高和农村社会的全面进步，激发广大农民的积极性和主动性，保证社会主义新农村建设有力有序有效地推进。

（5）取消农业税是扩大内需、保持国民经济平稳较快发展的促进力量。有利于将亿万农民的潜在购买意愿转化为巨大的现实消费需求，进一步提高农村消费水平，激活庞大的农村市场，进而拉动整个经济持续增长。

11. 取消农业税为农民减轻了多少负担？

农村税费改革由"减轻、规范、稳定"的目标转向逐步降低农业税率，直至2006年最终取消农业税。在取消农业税的过程中，中央不断加大对地方减少农业税收入的补助，保证地方财政的平稳运行。2005年，中央财政对因减免农业税而减少的地方收入增加适当补助140亿元。2006年，各级财政对农村税费改革的转移支付增加到900亿元以上，原定到2008年取消农业税的目标提前两年实现。

取消农业税使农民负担得到了大幅度减轻。2004年与1999年相比，全国农民共减轻负担1045亿元，人均减负约110亿元；2005年中央统一决定加上地方自主决策免征农业税，又减轻农民负担约220亿元，人均减负24.18元。2006年全面取消农业税后，农民负担与1999年相比减轻约1250亿元，人均减负约144元，9亿农民得到实惠。广大农民衷心拥护和支持这一政策。

12. 什么是纳税人？

纳税人是指税法中规定的直接负有纳税义务的单位或个人，明确由谁来纳税，又称纳税义务人，或纳税主体，纳税人包括自然人和法人。依照税法规定对国家直接负有纳税义务的人。又称纳税义务人、课税主体。纳税人包括：（1）全民所有制企业；（2）城乡各类集体所有制企业；（3）中外合资、合作经营企业、外资企业；（4）国家行政机关和事业单位；（5）私营企业；（6）个体工商户、农村专业户、承包户；（7）依税法规定应纳个人所得税和个人收入调节税的个人。

纳税人的识别号通常简称为"税号"。纳税人识别号就是税务登记证上的号，每个企业的识别号都是唯一的，相当于企业的"身份证"号。纳税人识别号，一律由15位码（字符型）组成，其中：企业、事业单位等组织机构纳税人，以国家技术监督局编制的9位码（其中区分主码位与校验位之间的"－"符省略不打印）并在其前面加挂6位行政区划码共15位码，作为其"纳税人识别号"；国家税务总局下达的纳税人代码为15位，其中：1—2位为省、市代码，3—6位为地区代码，7—8位为经济性质代码，9—10位行业代码，11—15位为各地自设的顺序码。如果地区编码加上技术监督局代码，再加效验码位数不足的，中间加L，如果效验码无法析出的加X，表示是1—9。

个体工商户和其他缴纳个人所得税的中国公民，以公安部编制的居民身份证15位码为其"纳税人识别号"；对外国人以其国别加护照号码作为其"纳税人识别号"。

纳税人识别号是纳税人数据信息内外部交换共享的基础，应保持不变。对于已存在的纳税人识别号不必随国家行政区划代码的调整而调整。对于同一税务机关，如果本地区不同时期的行政区划代码不同，其所辖纳税人的纳税人识别号的前六位可以有不同的区划代码。对新开办企业可使用新的行政区划代码。

另外，有的企业由于是国、地税两局的共管户，可能拥有两个识别号，针对这种情况，文件中规定：国税局、地税局的共管户，如果拥有两个纳税人识别号，可由当地国税局、地税局双方协商确定其纳税人识别号的前6位编码。

对于以后数据信息采集的数据清分方法，文件中也给予了明确的规定：以后将采用主管税务机关的识别号做为数据清分的识别代码，所以文件中要求税务机关指导纳税人正确填写主管税务机关的代码，同时纳税人也应该注意将自己主管税务机关的代码填写正确。

13. 纳税人有哪些权利与义务？

依据税法规定，纳税人的义务包括：（1）按税法规定办理税务登记；（2）按税法规定的期限和程序办理纳税申报，并按期交纳税款；（3）向税务机关及时提供会计、财务报表；（4）接受税务检查，并如实反映和提供有关情况和材料。

做为纳税人有纳税的义务，但同时也享有权利：（1）有享受税法规定的减税、免税的权利；（2）有依法申请收回多缴纳税款的权利；（3）在生产、经营发生重大困难时，依法享有申请分期、延期缴纳税款或申请减税、免税的权利；（4）对税务机关不正确的决定有申诉权；（5）对税务机关及其工作人员的不法行为有向其上级主管部门及国家监督、检查机关检举、揭发的权利。

14. 纳税程序有哪些？

纳税程序即纳税人全面履行纳税义务的先后顺序。纳税人在依据国家税法的规定，向国家缴纳税款过程中，必须按照一定的程序进行。不同的纳税人、各种不同的税种，纳税程序也不完全相同。

一般来说，纳税程序是：

（1）纳税人领取营业执照后，按规定向主管税务机关申请办理税务登记，由税务机关核发税务登记证；

（2）纳税人办理税务登记后，应确定办税主管领导、主管会计、主管办税人员；

（3）纳税人按照发票管理制度的规定购买、使用发票，并建立内部的发票管理制度；

（4）纳税人按期如实向主管税务机关进行纳税申报，并按规定报送有关报表、资料；

(5) 纳税人按照规定的期限,将应纳税款如期缴入国库;

(6) 纳税人按照税务机关的要求,进行纳税自查、并有义务接受税务机关定期或不定期的检查。

15. 什么是负税人?

负税人,就是最终负担国家征收的税款的单位和个人。如果说纳税人是法律上的纳税主体,负税人则是经济上的纳税主体。通俗地说,纳税人对某一税种来说是直接的缴税人,如增值税,企业一般情况下要缴纳13%的增值税,企业首先交给税务部门了,但企业不想将自己的利润减少,因此他升高了商品的销售价格,这时人们购买商品的价格变得高了,企业通过提高价格多赚回了增值税的钱,这时最后的消费者就成了负税人。

纳税人和负税人有时是一致的,有时是不一致的。纳税人和负税人的不一致是有税负转嫁引起的。税法中并没有负税人的规定,国家在制定税法时,只规定由谁负责缴纳税款,并不规定税款最终由谁承担。

16. 什么是课税对象?

课税对象又称税收客体,它是指税法规定的征税的目的物,是征税的根据。每一种税都必须明确对什么征税,每种税的课税对象都不会完全一致。课税对象是一种税区别于另一种税的主要标志。在现代社会,国家的课税对象主要包括所得、商品和财产三类,国家的税制往往也是以对应于这三类课税对象的所得税、商品税和财产税为主体。

课税对象又称征税对象,是税法中规定的征税的目的物,是国家据以征税的依据。通过规定课税对象解决对什么征税这一问题。

每一种税都有自己的课税对象,否则,这一税种就失去了存在的意义。凡是列为课税对象的,就属于该税种的征收范围;凡是未列为课税对象的,就不属于该税种的征收范围。例如:我国增值税的课税对象是货物和应税劳务在生产、流通过程中的增值额;所得税的课税对象是企业利润和个人工资、薪金等项所得；房产税的课税对象是房屋等等。总之，每一种税首先要选择确定它的课税对象，因为它体现着不同税种征税的基本界限，决定着不同税种名称的由来以及各个税种在性质上的差别，并对税源、税收负担问题产生直接影响。

17. 什么是税源？

税源是指税收的经济来源或最终出处，各种税有不同的经济来源。有的税种课税对象与税源是一致的，如所得税的课税对象和税源都是纳税人的所得。有的税种课税对象与税源不同，如财产税的课税对象是纳税人的财产，但税源往往是纳税人的收入。由于税源是否丰裕直接制约着税收收入规模，因而积极培育税源始终是税收征管工作的一项重要任务。

在社会产品价值中，能够成为税源的只能是国民收入分配中形成的各种收入，如工资、奖金、利润、利息等。当某些税种以国民收入分配中形成的各种收入为课税对象时，税源和课税对象就是一致的，如对各种所得课税。但是，很多税种其课税对象并不是或不完全是国民收入分配中形成的各种收入，如营业税、消费税、房产税等。可见，只是在少数的情况下，课税对象同税源才是一致的。对于大多数税种来说两者并不一致，税源并不等于课税对象。课税对象是据以征税的依据，税源则表明纳税人的负担能力。

18. 什么是价外税？

价外税指税款不包含在商品价格内的税。是按照税收与价格的组成关系对税收进行的分类。一般说来，价外税是商品经济的产物。在市场经济条件下，生产经营者制订价格以生产价格为基础，生产价格由生产成本加平均利润两部分构成，这样国家以流通中商品为对象所征的税款，只能作为价格附加，成为价外税。如烧油特别税条例规定，由供油单位代收代缴的税款，采用价外税，以用油单位为纳税义务人在价外负担。通过这种征税方式，可直接调节烧油单位的经济利益,加速实现以煤代油的目标,又不会因此而增加原油、重油生产单位的负担和影响各种成品油价格的稳定。

价外税的计算方法是:

税款 = [含税价格/ (1 + 税率)] ×税率 = 不含税价格×税率

我国最典型的价外税是增值税。

19. 什么是价内税?

价内税指税金包含在商品价值或价格之内的税。价内税是由销售方承担税款,销售方取得的货款就是其销售款,而税款由销售款来承担并从中扣除。是依税收与价格的组成关系对税收进行的分类。在计划价格条件下,价内税形式可直接调节企业利润,因而成为国家调节生产引导消费,体现产业政策的主要手段。

价内税的计算方法是:税款 = 含税价格×税率

我国消费者购买零售消费品,一般按消费品标明价格支付货币,并不知道消费品已缴税款有多少。因此,价内税具有隐蔽、间接、稳定的特点。价内税反映了商品价格构成的组成部分,物质生产部门在一定时期生产出的社会产品,扣除了补偿价值以后的国民收入,需要各项社会必要扣除,商品课税是国家执行这一扣除的有效手段。我国现行的营业税和消费税都是价内税。

20. 税率如何确定?

税率是税额与课税对象之间的数量关系或比例关系,是指课税的尺度。我国现行税率可分三种:比例税率、定额税率和累进税率。

21. 什么是比例税率?

比例税率是对同一征税对象不论数额大小都按同一比例征税。

比例税率的优点表现在:同一课税对象的不同纳税人税收负担相同,能够鼓励先进,鞭策落后,有利于公平竞争;计算简便,有利于税收的征收管理。但是,比例税率不能体现能力大者多征、能力小者少征的原则。

比例税率在具体运用上可分为以下几种：

（1）单一比例税率：即对同一征税对象的所有纳税人都适用同一比例税率；

（2）差别比例税率：即对同一征税对象的不同纳税人适用不同的比例征税；

具体又分为下面三种形式：

行业差别比例税率：即按不同行业规定不同的税率，同一行业采用同一税率；

产品差别比例税率：即对不同产品规定不同税率，同一产品采用同一税率；

地区差别比例税率：即对不同地区实行不同税率；

（3）幅度比例税率：即中央只规定一个幅度税率，各地可在此幅度内，根据本地区实际情况，选择、确定一个比例作为本地适用税率。

22. 什么是定额税率？

定额税率是税率的一种特殊形式。它不是按照课税对象规定征收比例，而是按照征税对象的计量单位规定固定税额，所以又称为固定税额，一般适用于从量计征的税种。定额税率的优点是：从量计征，不是从价计征，有利于鼓励纳税人提高产品质量和改进包装，计算简便。但是，由于税额的规定同价格的变化情况脱离，在价格提高时，不能使国家财政收入随国民收入的增长而同步增长，在价格下降时，则会限制纳税人的生产经营积极性。在具体运用上又分为以下几种：

（1）地区差别税额：即为了照顾不同地区的自然资源、生产水平和盈利水平的差别，根据各地区经济发展的不同情况分别制定的不同税额；

（2）幅度税额：即中央只规定一个税额幅度，由各地根据本地区实际情况，在中央规定的幅度内，确定一个执行数额；

(3) 分类分级税额：把课税对象划分为若干个类别和等级，对各类各级由低到高规定相应的税额，等级高的税额高，等级低的税额低，具有累进税的性质。

23. 什么是累进税率？

累进税率指按征税对象数额的大小，划分若干等级，每个等级由低到高规定相应的税率，征税对象数额越大税率越高，数额越小税率越低。累进税率因计算方法和依据的不同，又分以下几种：

（1）全额累进税率：即对征税对象的金额按照与之相适应等级的税率计算税额。在征税对象提高到一个级距时，对征税对象金额都按高一级的税率征税；

（2）全率累进税率：它与全额累进税率的原理相同，只是税率累进的依据不同。全额累进税率的依据是征税对象的数额，而全率累进税率的依据是征税对象的某种比率，如销售利润率、资金利润率等；

（3）超额累进税率：即把征税对象按数额大小划分为若干等级，每个等级由低到高规定相应的税率，每个等级分别按该级的税率计税；我国的个人所得税即是实行的超额累进税率，超过国家规定的起征点之后才开始征税，如某人收入为2100元，超过国家规定的起征点（2000元）100元，那么适用对应的税率5%，只用交5元的税；而当收入为2700元时，先超过的500元适用5%的税率，等于25元；再超过的200元适用10%的税率，等于20。所以共要交45元的税，这就是超额累进税率。

表2－12

级数	含税级距	不含税级距	税率（%）	速算扣除数
1	不超过500元的	不超过475元的	5	0
2	超过500元至2000元的部分	超过475元至1825元的部分	10	25
3	超过2000元至5000元的部分	超过1825元至4375元的部分	15	125

续表

级数	含税级距	不含税级距	税率（%）	速算扣除数
4	超过5000元至20000元的部分	超过4375元至16375元的部分	20	375
5	超过20000元至40000元的部分	超过16375元至31375元的部分	25	1375
6	超过40000元至60000元的部分	超过31375元至45375元的部分	30	3375
7	超过60000元至80000元的部分	超过45375元至58375元的部分	35	6375
8	超过80000元至100000元的部分	超过58375元至70375元的部分	40	10375
9	超过100000元的部分	超过70375元的部分	45	15375

（4）超率累进税率：它与超额累进税率的原理相同，只是税率累进的依据不是征税对象的数额而是征税对象的某种比率。

24. 什么是实际税率？

看待税收负担轻重，要注意区别名义税率和实际税率。名义税率是税法规定的应纳税额占征税对象数额的比例；实际税率是实纳税额占征税对象数额的比率。当实纳税额小于应纳税额，或税基小于征税对象数额，或两个条件同时具备时，实际税率均小于名义税率。例如，在对企业所得按55%的税率征税时，假定全部所得10000元，均属税基，也没有减税或免税，则应纳税额为5500元，实际税额也是5500元，其实际税率等于名义税率，均为55%。如果从应纳税额中减税25%，为1375元，则实纳税额4125元。在其他条件不变时，实际税率为41.25%。如果从全部所得额中扣除2000元不予计税，税基即为8000元，在其他条件不变时，实纳税额为4400元，实际税率为44%。如果上述两个条件同时具备，则实纳税额为3300元，实际税率为33%。

25. 国家怎样来征税？

国家征税是按照一定的法律依据进行的，税收程序是有关实体税法上的税收债务的确定、变更、退还、补缴、消灭等过程中遵循的程序，属于"实体性法律程序"，它发生在税收征纳活动的事前、事中。在税收程序中，征税机关不仅是程序行为的实施者，而且是代表国家对税收事项作出课税决定的决定者。基于税收的公益性，为了保证税款的足额及时入库，实现国家的社会公共职能，征税权力必须积极主动地行使，特别是在纳税人实施偷逃骗税等违法行为时，征税机关更应该主动启动税收检查程序、强制执行程序、行政处罚程序等，以制裁税收违法行为。在税收确定程序中，法律规定应纳税额以纳税人的自核自缴申报为主，但当纳税人逾期未办理纳税申报时，则由征税机关依职权核定应纳税额。在税收征纳程序中，程序由征税机关和纳税人两造构成，征税机关既是程序的调查者、管理者，又是征税决定的制作者；而在税收行政救济程序中，当其裁决由上一级机关作出时，其程序的构造与诉讼程序相同，具有准司法程序的特征，即由上级复议机关居中对征税机关与纳税人之间的争议作出裁决。税收程序的结果是在征纳过程中作出征税决定，因而对纳税人税法上的实体权利义务将产生直接影响。

26. 税收优惠方式有哪些？

税收优惠包括减税、免税、出口退税及其他一些内容。

（1）减税。即依据税法规定减除纳税义务人一部分应纳税款。它是对某些纳税人进行扶持或照顾，以减轻其税收负担的一种特殊规定。一般分为法定减税、特定减税和临时减税三种方式。

（2）免税。即对某些特殊纳税人免征某种（或某几种）税收的全部税款。一般分为法定免税、特定免税和临时免税三种方式。

（3）延期纳税。是对纳税人应纳税款的部分或全部税款的缴纳期限适当延长的一种特殊规定。

（4）出口退税。为了扩大出口贸易，增强出口货物在国际市场上的竞争力，按国际惯例对企业已经出口的产品退还在出口前各环节缴纳的国内流转税（主要是增值税和消费税）税款。

（5）再投资退税。即对特定的投资者将取得的利润再投资于本企业或新办企业时,退还已纳税款。

(6) 即征即退。即对按税法规定缴纳的税款,由税务机关在征税时部分或全部退还纳税人。与出口退税先征后退、投资退税一并属于退税的范畴,其实质是一种特殊方式的免税和减税。目前,中国采取即征即退政策仅限于缴纳增值税的个别纳税人。

(7) 先征后返。即对按税法规定缴纳的税款,由税务机关征收入库后,再由税务机关或财政部门按规定的程序给予部分或全部退税或返还已纳税款,它属退税范畴,其实质也是一种特定方式的免税或减免规定。目前,中国采取先征后返的办法主要适用于缴纳流转税和企业所得税的纳税人。

(8) 税收抵免。即对纳税人来源于国内外的全部所得或财产课征所得税时,允许以其在国外缴纳的所得税或财产税税款抵免应纳税额,它是解决国际间所得或财产重复课税的一种措施。税收抵免是世界各国的一种通行做法。

(9) 投资抵免。即政府对纳税人在境内的鼓励性投资项目允许按投资额的多少抵免部分或全部应纳所得税额。实行投资抵免是政府鼓励企业投资,促进经济结构和产业结构调整,加快企业技术改造步伐,推动产品升级换代,提高企业经济效益和市场竞争力的一种政策措施,是世界各国普遍采取的一种税收优惠政策。从1999年开始,中国政府开始对技术改造国产设备实施投资抵免政策。

(10) 起征点。即对征税对象开始征税的起点规定一定的数额。征税对象达到起征点的就全额征税,未达到起征点的不征税。税法对某些税种规定了起征点。比如,我国现行增值税政策规定,个人销售货物的起征点幅度为月销售额2000~5000元;个人销售应税劳务的起征点幅度为月销售额1500~3000元;按次纳税的,起征点为每次(日)销售额150~200元。确定起征点,主要是为了照顾经营规模小、收入少的纳税人采取的税收优惠。

(11) 免征额。即按一定标准从课税对象全部数额中扣除一定的数额,扣除部分不征税,只对超过的部分征税。

(12) 加速折旧。即按税法规定对缴纳所得税的纳税人,准予采取缩短折旧年限、提高折旧率的办法，加快折旧速度，减少当期应纳税所得额。

27. 我国税收优惠主要针对哪些领域？

（1）促进区域协调发展的税收优惠政策。

促进经济特区、经济技术开发区等特殊区域率先发展的税收优惠政策。对设在经济特区的企业，设在经济技术开发区和上海浦东新区的生产性外商投资企业，2008年、2009年、2010年和2011年，分别按18%、20%、22%和24%的税率征收企业所得税。对经济特区和上海浦东新区内在2008年1月1日（含）之后完成登记注册的需要国家重点扶持的高新技术企业，在经济特区和上海浦东新区内取得的所得，自取得第一笔生产经营收入所属纳税年度起，第一年至第二年免征企业所得税，第三年至第五年按照25%的法定税率减半征收企业所得税。

支持西部大开发的税收优惠政策。自2001年至2010年，对设在西部12省（区、市）国家鼓励类的企业，减按15%的税率征收企业所得税；新办交通、电力、水利、邮政、广播电视企业，内资企业自生产经营之日起，外资企业自获利年度起，实行"两免三减"；对西部地区公路国道、省道建设用地，免征耕地占用税；西部民族自治地区省级地方政府有权决定适当减免企业所得税；属国家鼓励项目的进口自用设备可免征进口环节关税、增值税。

支持东北老工业基地振兴的税收优惠政策。自2004年7月1日起，对东北地区装备制造业、石油化工业等8个行业的企业实行增值税转型改革试点，允许其新购置固定资产（厂房等建筑物除外，下同）所含增值税进项税额予以抵扣；降低对资源开采衰竭期的矿山企业和低丰度油田开发的资源税适用税额标准。

促进中部崛起的税收优惠政策。自2007年7月1日起，对中部地区26个老工业基地城市的装备制造业、采掘业等8个行业的企业比照东北地区实行增值税转型改革试点，允许其新购置固定资产所含增值税进项税额予以抵扣。

促进民族自治地区加快发展的税收优惠政策。民族自治地方的自治机关对本民族自治地方的企业应缴纳的企业所得税中属于地方分享的部分,可以决定减征或者免征。

(2) 促进构建社会主义和谐社会的税收优惠政策。

服务"三农"的税收优惠政策。2006年,国家全面取消了农业税。对农产品、饲料、化肥等实行13%的增值税低税率,对从事农业生产资料生产、批发、零售的企业暂免征收增值税。对农业生产者销售自产农产品免征增值税。对个人或个体户从事种植业、养殖业、饲养业、捕捞业所得暂不征收个人所得税。对一些涉农项目,如农业机耕、排灌、病虫害防治等免征营业税。对国有粮食购销储运企业经营的政策性粮食免征增值税。企业从事税法规定的农作物、中药材和林木种植、农作物新品种选育、牲畜和家禽饲养、林产品采集、远洋捕捞以及农、林、牧、渔服务业项目的所得,免征企业所得税。企业从事税法规定饮料作物和香料作物种植、海水和内陆养殖项目的所得,减半征收企业所得税。支持农村信用社改革,对改革试点地区的农村信用社减按3%税率征收营业税,同时减免企业所得税。

支持教育事业发展的税收优惠政策。对从事学历教育的学校提供教育劳务、学生勤工俭学提供劳务、托儿所幼儿园提供养育服务取得的收入免征营业税。对政府举办的高等、中等和初等学校举办进修班、培训班取得的收入和职业学校取得的符合规定条件的收入免征营业税。对特殊教育学校举办的企业比照福利企业享受税收优惠政策。对个人取得的教育储蓄存款利息以及教育奖学金,免征个人所得税。对高等院校后勤制度改革后的部分项目收入给予营业税等方面税收优惠政策。

促进文化、卫生、体育事业发展的税收优惠政策。对宣传文化单位,如出版社、演出团体等,给予增值税、营业税优惠政策。对改革试点地区的文化单位、经营性文化事业单位转制企业,在一定期限内减免企业所得税。支持未成年人思想道德建设,对动漫产业比照软件集成电路产业给予增值税、营业税优惠政策。对符合规定条件的医院、诊所以及其他医疗机构提供的医疗服务免征营业税。对北京2008年奥运会、残奥会等大型体育运动赛事的组织者、参与者，在增值税、营业税、企业所得税、进口环节关税等方面给予税收优惠政策，对亚运会、亚冬会等洲际赛事以及全国运动会等也给予适当的税收优惠政策。

扶持弱势群体就业再就业的税收优惠政策。对吸纳下岗失业人员的企业，给予减免营业税、城市维护建设税、教育费附加和企业所得税的优惠政策。对吸纳自主择业的军队转业干部、自谋职业的退役士兵、随军家属以及"两劳"解教人员的企业，给予减免营业税的优惠政策，对上述人员进行自主经营的，免征营业税。对吸纳"盲、聋、哑、肢体、智力"残疾人员的各类福利企业，定额减免增值税、营业税；对安置《中华人民共和国残疾人保障法》规定残疾人员的企业，在计算企业所得税时，给予按残疾职工工资加计扣除的优惠。对应届大学生自主创业创办的企业免收税务登记工本费。

鼓励社会捐赠的税收优惠政策。企业发生的公益性捐赠支出，在年度利润总额12%以内的部分，准予在计算应纳税所得额时扣除。

（3）促进资源节约型、环境友好型社会建设的税收优惠政策。

鼓励废旧物资回收利用的税收优惠政策。对废旧物资回收经营企业中的增值税一般纳税人销售废旧物资实行免征增值税的政策。对利用废旧物资生产的增值税一般纳税人从回收经营企业购入的废旧物资，允许其依取得的废旧物资销售发票上所注明的金额，按10%计算抵扣进项税额。

鼓励资源综合利用的税收优惠政策。企业以《资源综合利用企业所得税优惠目录》规定的资源作为主要原材料，生产国家非限制和禁止并符合国家和行业相关标准的产品取得的收入，减按90%计入收入总额。对企业生产的原料中掺有不少于30%的煤矸石、石煤、粉煤灰、烧煤锅炉的炉底渣（不包括高炉水渣）的建材产品，免征增值税。对企业利用废液（渣）生产的黄金、白银，免征增值税。对纳税人以三剩物和次小薪材为原料生产加工的综合利用产品，由税务部门实行增值税即征即退。对利用页岩油及相关产品、再生沥青混凝土、城市生活垃圾生产的电力以及炉底渣及其他废渣生产的水泥等，实行增值税即征即退。对利用石煤、煤矸石、煤泥、油母页岩和风力生产的电力以及部分新型墙体材料产品，减半征收增值税。对燃煤电厂烟气脱硫副产品，实行增值税即征即退的政策。

鼓励抽采利用煤层气的税收优惠政策。对企业瓦斯抽采销售给予增值税先征后返。

对低排量、环保型汽车的消费税给予优惠税率。

（4）促进科技进步和自主创新的税收优惠政策。

鼓励高新技术产业发展的税收优惠政策。对软件产品增值税实际税负超过3%的部分实行即征即退政策，新办软件、集成电路企业自获利年度起实行"两免三减"，软件集成电路企业工资培训费税前全额扣除，集成电路企业实行再投资退税，规划布局重点软件企业适用10%的所得税率。对国家需要重点扶持的高新技术企业，减按15%的税率征收企业所得税。

鼓励企业增加研发投入提高自主创新能力的税收优惠政策。对企业开发新技术、新产品、新工艺发生的研发费用允许按实际发生额的150%税前扣除。除国务院财政、税务主管部门另有规定外，企业发生的职工教育经费支出，不超过工资薪金总额2.5%的部分，准予扣除，超过部分，准予在以后纳税年度结转扣除。对企业为生产高新技术产品以及承担国家重大科技专项、国家科技计划重点项目等进口的关键设备以及进口科研仪器和教学用品，免征进口关税和进口环节增值税。

鼓励先进技术推广和应用的税收优惠政策。一个纳税年度内，居民企业技术转让所得不超过500万元的部分，免征企业所得税；超过500万元的部分，减半征收企业所得税。对单位和个人从事技术转让、技术开发业务和与之相关的技术咨询、技术服务业务取得的收入，免征营业税。对转制的科研机构，在一定期限内免征企业所得税、房产税、城镇土地使用税。在一定期限内对科技企业孵化器、国家大学科技园，免征营业税、房产税和城镇土地使用税。

支持科普事业发展的税收优惠政策。对科技馆、自然博物馆、天文馆等科普基地的门票收入，免征营业税。

28. 国家对农民专业合作社有哪些税收优惠政策？

2008 年 7 月，财政部、国家税务总局出台了有关农民专业合作社的税收优惠政策，政策于 2008 年 7 月 1 日起正式实施。该优惠政策包括：(1) 国家对农民专业合作社销售本社成员生产的农业产品，将视同农业生产者销售自产农业产品免征增值税。(2) 增值税一般纳税人从农民专业合作社购进的免税农业产品，可按 13% 的扣除率计算抵扣增值税进项税额。(3) 对农民专业合作社向本社成员销售的农膜、种子、种苗、化肥、农药、农机，将免征增值税。(4) 对农民专业合作社与本社成员签订的农业产品和农业生产资料购销合同，免征印花税。

29. 为推动农村经济发展，促进农民增加收入，国家有哪些涉农税收优惠政策？

为推动农村经济发展，促进农民增加收入，国家税务总局 2004 年出台三类涉农税收优惠政策，主要包括：一是提高个人、个体工商户和销售农产品的个体工商户的增值税和营业税起征点。将销售货物的增值税起征点幅度由现行的月销售额 600～2000 元提高到 2000～5000 元，将销售应税劳务的增值税起征点幅度由现行的月销售额 200～800 元提高到 1500～3000 元等。二是对专营种植业、养殖业、饲养业和捕捞业的个体工商户或个人，凡其经营项目属于农业税、牧业税征税范围内且已征收农业税、牧业税的，对其所得不再征收个人所得税。三是明确了取消农业特产税后，对减征、免征农业税或牧业税地区的个人或个体工商户从事种植业、养殖业、饲养业和捕捞业且经营项目属于农业税（包括农林特产税）、牧业税征税范围的，其取得的上述 4 业所得暂不征收个人所得税。

30. 国家关于农业生产资料方面的税收优惠政策有哪些？

农业生产资料是指包括农作物种子、农药、肥料、饲料和饲料添加剂（含渔用）、种畜禽、牧草种子、食用菌菌种、兽药、农机及零配件、水产苗种、渔药、渔机渔具等农业投入品的总称。农业生产资料价格与农民生产生活密切相关，其高低直接影响着农业生产活动的成本与利润，是关系农民收入的重大问题之一。我国在不同阶段，出台了不同的政策，在保障农业生产资料的合理价格，积极推进农民生产活动方面起了不可估量的作用。下面详细地介绍了我国农业生产资料方面的税收优惠政策，并注明了政策来源，不明者可参见具体文件。

（1）饲料。

A. 免税饲料产品范围包括：

a. 单一大宗饲料。指以一种动物、植物、微生物或矿物质为来源的产品或其副产品。其范围仅限于糠麸、酒糟、鱼粉、草饲料、饲料级磷酸氢钙及除豆粕以外的菜子粕、棉子粕、向日葵粕、花生粕等粕类产品。

b. 混合饲料。指由两种以上单一大宗饲料、粮食、粮食副产品及饲料添加剂按照一定比例配置，其中单一大宗饲料、粮食及粮食副产品的掺比例不低于95%的饲料。

c. 配合饲料。指根据不同的饲养对象，饲养对象的不同生长发育阶段的营养需要，将多种饲料原料按饲料配方经工业生产后，形成的能满足饲养动物全部营养需要（除水分外）的饲料。

d. 复合预混料。指能够按照国家有关饲料产品的标准要求量，全面提供动物饲养相应阶段所需微量元素（4种或以上）、维生素（8种或以上），由微量元素、维生素、氨基酸和非营养性添加剂中任何两类或两类以上的组分与载体或稀释剂按一定比例配置的均匀混合物。

e. 浓缩饲料。指由蛋白质、复合预混料及矿物质等按一定比例配制的均匀混合物。

B. 原有的饲料生产企业及新办的饲料生产企业，应凭省级税务机关认可的饲料质量检测机构出具的饲料产品合格证明，向所在地主管税务机关提出免税申请，经省级国家税务局审核批准后，由企业所在地主管税务机关办理免征增值税手续。饲料生产企业饲料产品需检测品种由省级税务机关根据本地区的具体情况确定。

C. 该政策自 2001 年 8 月 1 日起执行。2001 年 8 月 1 日前免税饲料范围及豆粕的征税问题，仍按照《国家税务总局关于修订"饲料"注释及加强饲料征免增值税管理问题的通知》（国税发〔1999〕39 号）执行。

(2) 其他农业生产资料。

A. 下列货物免征增值税：

a. 农膜。

b. 生产销售的除尿素以外的氮肥、除磷酸二铵以外的磷肥、钾肥以及以免税化肥为主要原料的复混肥（企业生产复混肥产品所用的免税化肥成本占原料中全部化肥成本的比重高于 70%）。"复混肥"是指用化学方法或物理方法加工制成的氮、磷、钾三种养分中至少有两种养分标明量的肥料，包括仅用化学方法制成的复合肥和仅用物理方法制成的混配肥（也称掺合肥）。

c. 生产销售的阿维菌素、胺菊酯、百菌清、苯噻酰草胺、苄嘧磺隆、草除灵、吡虫啉、丙烯菊酯、哒螨灵、代森锰锌、稻瘟灵、敌百虫、丁草胺、啶虫脒、多抗霉素、二甲戊乐灵、二嗪磷、氟乐灵、高效氯氰菊酯、炔螨特、甲多丹、甲基硫菌灵、甲基异柳磷、甲（乙）基毒死蜱、甲（乙）基嘧啶磷、精恶唑禾草灵、精喹禾灵、井冈霉素、咪鲜胺、灭多威、灭蝇胺、苜蓿银纹夜蛾核型多角体病毒、噻磺隆、三氟氯氰菊酯、三唑磷、三唑酮、杀虫单、杀虫双、顺式氯氰菊酯、涕灭威、烯唑醇、辛硫磷、辛酰溴苯腈、异丙甲草胺、乙阿合剂、乙草胺、乙酰甲胺磷、莠去津。

d. 批发和零售的种子、种苗、化肥、农药、农机。

自 2001 年 8 月 1 日起执行。

B. 尿素。

a. 自2005年1月1日至2005年12月31日，对尿素生产企业生产销售的尿素产品，继续实行先按规定征收增值税，后按实际缴纳增值税额返还50%的政策。对尿素产品实行增值税返还政策，是国家为保证化肥供应、稳定化肥价格采取的一项重要措施，各地财税部门要不折不扣地落实政策，将应当返还的税款及时足额地返还给企业。

b. 自2005年7月1日起，对国内企业生产销售的尿素产品增值税由先征后返50%调整为暂免征收增值税。

C. 钾肥。

自2004年12月1日起，对化肥生产企业生产销售的钾肥，由免征增值税改为实行先征后返。具体返还由财政部驻各地财政监察专员办事处按照（94）财预字第55号文件的规定办理。

D. 农药。

a. 自2003年1月1日起，停止执行对部分列名进口农药（成药、原药）免征进口环节增值税的政策，已征收的保证金转为税款。

b. 自2004年1月1日起，停止执行对部分进口农药原料及中间体进口环节增值税先征后返的政策。

c. 自2004年1月1日起，《财政部、国家税务总局关于若干农业生产资料征免增值税政策通知》（财税［2001］113号）第一条第3项关于对国产农药免征生产环节增值税的政策停止执行。

E. 磷酸二胺产品。

自2008年1月1日起，对纳税人生产销售的磷酸二胺产品免征增值税。

F. 有机肥产品。

自2008年6月1日起，纳税人生产销售和批发、零售有机肥产品免征增值税。

享受上述免税政策的有机肥产品是指有机肥料、有机－无机复混肥料和生物有机肥。

有机肥料指来源于植物和（或）动物，施于土壤以提供植物营养为主要功能的含碳物料。

有机—无机复混肥料指由有机和无机肥料混合和（或）化合制成的含有一定量有机肥料的复混肥料。

生物有机肥指特定功能微生物与主要以动植物残体（如禽畜粪便、农作物秸秆等）为来源并经无害化处理、腐熟的有机物料复合而成的一类兼具微生物肥料和有机肥效应的肥料。

享受免税政策的纳税人应按照《中华人民共和国增值税暂行条例》（国务院令［1993］第134号）、《中华人民共和国增值税暂行条例实施细则》（财法字［1993］第38号）等规定，单独核算有机肥产品的销售额。未单独核算销售额的，不得免税。

纳税人销售免税的有机肥产品，应按规定开具普通发票，不得开具增值税专用发票。

G. 滴灌带和滴灌管产品。

自2007年7月1日起，纳税人生产销售和批发、零售滴灌带和滴灌管产品免征增值税。

滴灌带和滴灌管产品是指农业节水滴灌系统专用的、具有制造过程中加工的孔口或其他出流装置、能够以滴状或连续流状出水的水带和水管产品。滴灌带和滴灌管产品按照国家有关质量技术标准要求进行生产，并与PVC管（主管）、PE管（辅管）、承插管件、过滤器等部件组成为滴灌系统。

享受免税政策的纳税人应按照《中华人民共和国增值税暂行条例》及其实施细则等规定，单独核算滴灌带和滴灌管产品的销售额。未单独核算销售额的，不得免税。

纳税人销售免税的滴灌带和滴灌管产品，应一律开具普通发票，不得开具增值税专用发票。

31. 依靠税收政策支持推进现代农业发展的重要性是什么？

促进现代农业发展是农业现代化建设的核心内容和现阶段农业发展的重点，农产品加工业作为现代农业发展的核心，近年来，已经成为国民经济发展中总量最大、发展最快、对"三农"带动最大的支柱产业之一。到 2007 年底,全国达一定规模的农产品加工企业 7 万多家,总产值 4.2 万亿元,农产品加工业增加值 1.1 万亿元,约占 GDP 的 8%,农产品加工业的产值与农业产值之比大于 1∶1,主要农产品加工转化率达 45%,从业人员 1785 万人,占全部工业从业人员的 28%。据测算,我国农产品加工业与农业的比值每增加 0.1 个点,就可以带动 230 万人就业,带动农民人均增收 193 元。因此,大力支持和发展农产品加工业,对农产品进行精深加工,不仅可以促进农业产业化经营,推动现代农业建设,还可以转移农业剩余劳动力和增加农民收益,提高农业综合效益。自 2004 年以来,中央 5 个一号文件都提及大力发展农产品加工业,促进农业产业结构调整和农民增收。税收政策作为国家实施宏观调控、促进农业和国民经济其他行业协调发展的主要工具和手段,在发展农产品加工业方面具有较大的作用空间。2008 年 10 月,中共十七届三中全会通过的《中共中央关于推进农村改革发展若干重大问题的决定》强调"促进农产品加工业结构升级,完善农产品加工业发展税收支持政策",明确提出税收支持政策的重要性以及进一步完善的必要性。

32. 怎样对下岗或失地农民在城镇非农产业再就业给予税收照顾?

为促进下岗失业人员再就业,国家于 2009 年 3 月 3 日,下发了《关于延长下岗失业人员再就业有关税收政策的通知》,该通知就延长下岗失业人员再就业有关税收政策问题规定:

(1) 对持《再就业优惠证》人员从事个体经营的,3 年内按每户每年 8000 元为限额依次扣减其当年实际应缴纳的营业税、城市维护建设税、教育费附加和个人所得税。

(2) 对符合条件的企业在新增加的岗位中,当年新招用持《再就业优惠证》人员,与其签订 1 年以上期限劳动合同并缴纳社会保险费的,3 年内按实际招用人数予以定额依次扣减营业税、城市维护建设税、教育费附加和企业所得税。定额标准为每人每年

4000元，可上下浮动20%。由各省、自治区、直辖市人民政府根据本地区实际情况在此幅度内确定具体定额标准，并报财政部和国家税务总局备案。

（3）上述税收优惠政策的审批期限为2009年1月1日至2009年12月31日。具体操作办法继续按照《财政部 国家税务总局关于下岗失业人员再就业有关税收政策问题的通知》（财税［2005］186号）和《国家税务总局劳动和社会保障部关于下岗失业人员再就业有关税收政策具体实施意见的通知》（国税发［2006］8号）的相关规定执行。

2010年3月31日，为鼓励下岗失业人员再就业，财政部、国家税务总局联合下发了《关于延长下岗失业人员再就业有关税收政策审批期限的通知》，指出《财政部国家税务总局关于延长下岗失业人员再就业有关税收政策的通知》规定的税收优惠政策的审批期限于2009年12月31日到期后，继续执行至2010年12月31日。相信，在将来财政部、国家税务总局会继续对失地农民或下岗失业人员给予税收照顾，详情可参见财政部、国家税务总局在今后下发的相关文件。

33. 我国对农产品抵扣进项税额的增值税政策有哪些？

准予农产品购买从销项税额中抵扣的进项税额的政策随税制的不断完善也在不断变化，其调整主要有以下几种：

（1）购进农产品进项税额抵扣率的调整。

经国务院批准，依据《财政部国家税务总局关于提高农产品进项税抵扣率的通知》（财税［2002］12号），从2002年1月1日起，增值税一般纳税人购进农业生产者销售的免税农业产品的进项税额扣除率由10%提高到13%。

（2）向小规模纳税人购进农产品进项税额抵扣率的调整。

增值税一般纳税人向小规模纳税人购买农产品，可按照《财政部 国家税务总局关于提高农产品进项税抵扣率的通知》（财税［2002］12号）的规定依13%的抵扣率抵扣进项税额。

购进免税农业产品取得普通发票抵扣进项税额时应满足以下两个条件：①增值税一般纳税人只有向农业生产者和小规模纳税人购进农产品取得的普通发票可以抵扣进项税额，其他情形取得的普通发票一律不得抵扣进项税额。②各地要按照《财政部、国家税务总局关于提高农产品进项税抵扣率的通知》（财税〔2002〕12号）和《财政部、国家税务总局关于增值税一般纳税人向小规模纳税人购进农产品进项税抵扣率问题的通知》（财税〔2002〕105号）的规定，对增值税一般纳税人购进免税农产品以及向小规模纳税人购进农产品，按13%的抵扣率计算进项税额抵扣。各地要指导试点企业正确使用、开具农产品收购凭证。对试点企业从农业生产单位购进免税农产品而取得的由农业生产单位开具的普通发票，可以按现行规定依普通发票上注明的价款和规定的抵扣率计算增值税进项税额抵扣。

34. 我国对农业企业税收有哪些优惠政策？

依据《中华人民共和国企业所得税法》及实施细则（财税〔2008〕149号），我国对农业企业所得税方面的税收优惠政策是：

企业从事农、林、牧、渔业项目的所得，可以免征、减征企业所得税。免征企业所得税的企业经营范围有：（1）蔬菜、谷物、薯类、油料、豆类、棉花、麻类、糖料、水果、坚果的种植；（2）农作物新品种的选育；（3）中药材的种植；（4）林木的培育和种植；（5）牲畜、家禽的饲养；（6）林产品的采集；（7）灌溉、农产品初加工、兽医、农技推广、农机作业和维修等农、林、牧、渔服务业项目；（8）远洋捕捞。减半征收企业所得税：（1）花卉、茶以及其他饮料作物和香料作物的种植；（2）海水养殖、内陆养殖。

依据《中华人民共和国营业税暂行条例》我国对农业企业营业税方面的优惠是：农业机耕、排灌、病虫害防治、植物保护、农牧保险以及相关技术培训业务，家禽、牲畜、水生动物的配种和疾病防治；免征营业税。农业机耕，是指在农业、林业、牧业中使用农业机械进行耕作（包括耕耘、种植、收割、脱粒、植物保护等）的业务；排灌，是指对农田进行灌溉或排涝的业务；病虫害防治，是指从事农业、林业、牧业、渔业的病虫害测报和防治的业务；农牧保险，是指为种植业、养殖业、牧业种植和饲养的动植物提供保险的业务；相关技术培训，是指与农业机耕、排灌、病虫害防治、植物保护业务相关以及为使农民获得农牧保险知识的技术培训业务；家禽、牲畜、水生动物的配种和疾病防治业务的免税范围，包括与该项劳务有关的提供药品和医疗用具的业务。

根据（国税函［2008］212号）的规定，纳税人单独提供林木管护劳务行为的收入中，属于提供农业机耕、排灌、病虫害防治、植保劳务取得的收入，免征营业税；（国税函［1998］82号）规定，农村、农场将土地承包（出租）给个人或公司用于农业生产，收取的固定承包金（租金），免征营业税；（财税［1994］2号）规定，将土地使用权转让给农业生产者用于农业生产取得的收入，免征营业税；对农业科研单位和个人（包括外商投资企业、外商投资设立的研究开发中心、外国企业和外籍个人）从事技术转让、技术开发业务和与之相关的技术咨询、技术服务业务取得的收入，免征营业税。

农村金融有什么税收优惠政策？

为支持农村金融发展，解决农民贷款难问题，经国务院批准，财税［2010］4号就农村金融有关税收政策通知如下：

（1）自2009年1月1日至2013年12月31日，对金融机构农户小额贷款的利息收入，免征营业税。

（2）自2009年1月1日至2013年12月31日，对金融机构农户小额贷款的利息收入在计算应纳税所得额时，按90%计入收入总额。

（3）自2009年1月1日至2011年12月31日，对农村信用社、村镇银行、农村资金互助社、由银行业机构全资发起设立的贷款公司、法人机构所在地在县（含县级市、区、旗）及县以下地区的农村合作银行和农村商业银行的金融保险业收入减按3%的税率征收营业税。

(4) 自 2009 年 1 月 1 日至 2013 年 12 月 31 日，对保险公司为种植业、养殖业提供保险业务取得的保费收入，在计算应纳税所得额时，按 90% 比例减计收入。

(5) 该通知所称农户，是指长期（一年以上）居住在乡镇（不包括城关镇）行政管理区域内的住户，还包括长期居住在城关镇所辖行政村范围内的住户和户口不在本地而在本地居住一年以上的住户，国有农场的职工和农村个体工商户。位于乡镇（不包括城关镇）行政管理区域内和在城关镇所辖行政村范围内的国有经济的机关、团体、学校、企事业单位的集体户；有本地户口，但举家外出谋生一年以上的住户，无论是否保留承包耕地均不属于农户。农户以户为统计单位，既可以从事农业生产经营，也可以从事非农业生产经营。农户贷款的判定应以贷款发放时的承贷主体是否属于农户为准。

该通知所称小额贷款，是指单笔且该户贷款余额总额在 5 万元以下（含 5 万元）的贷款。

该通知所称村镇银行，是指经中国银行业监督管理委员会依据有关法律、法规批准，由境内外金融机构、境内非金融机构企业法人、境内自然人出资，在农村地区设立的主要为当地农民、农业和农村经济发展提供金融服务的银行业金融机构。

该通知所称农村资金互助社，是指经银行业监督管理机构批准，由乡（镇）、行政村农民和农村小企业自愿入股组成，为社员提供存款、贷款、结算等业务的社区互助性银行业金融机构。

该通知所称由银行业机构全资发起设立的贷款公司，是指经中国银行业监督管理委员会依据有关法律、法规批准，由境内商业银行或农村合作银行在农村地区设立的专门为县域农民、农业和农村经济发展提供贷款服务的非银行业金融机构。

该通知所称县（县级市、区、旗），不包括市（含直辖市、地级市）所辖城区。

该通知所称保费收入，是指原保险保费收入加上分保费收入减去分出保费后的余额。

（6）金融机构应对符合条件的农户小额贷款利息收入进行单独核算，不能单独核算的不得适用本通知第一条、第二条规定的优惠政策。

（7）适用暂免或减半征收企业所得税优惠政策至2009年底的农村信用社执行现有政策到期后，再执行该通知第二条规定的企业所得税优惠政策。

35. 国税局是从什么时候开始有的？为什么要设立这样的机构？

国税局是国家的税收征收机关，属于公务员编制的行政机关，是1994年实行税制改革时成立的。

国税局主要负责征收的税种是：

（1）增值税；

（2）消费税；

（3）进口产品增值税、消费税、直接对台贸易调节税（委托海关代征）；

（4）铁道、各银行总行、保险总公司集中缴纳的营业税、所得税和城市维护建设税；

（5）出口产品退税；

（6）中央企业所得税；中央与地方所属企、事业单位组成的联营企业、股份制企业所得税；2002年1月1日以后新办理工商登记、领取许可证的企业、事业单位、社会团体等组织缴纳的企业所得税；

（7）地方和外资银行及非银行金融企业所得税；

（8）证券交易税（未开征前先征收在证券交易所交易的印花税）；

（9）境内的外商投资企业和外国企业缴纳的增值税、消费税、外商投资企业和外国企业所得税；

（10）个体工商户和集贸市场缴纳的增值税、消费税；

（11）储蓄存款利息所得个人所得税；

（12）车辆购置税；

（13）燃油税（暂未开征）；

（14）中央税、共享税的滞、补、罚收入；

（15）国家税务总局明确由国家税务局负责征收的其他有关税费。

主要职能是：

（1）拟定税收法律法规草案，制定实施细则；提出国家税收政策建议并与财政部共同审议上报、制定贯彻落实的措施。

（2）参与研究宏观经济政策、中央与地方的税权划分，提出完善分税制的建议；研究税负总水平，提出运用税收手段进行宏观调控的建议；制定并监督执行税收业务的规章制度；指导地方税收征管业务。

（3）组织实施税收征收管理体制改革；制定征收管理制度；监督检查税收法律法规、方针政策的贯彻执行。

（4）组织实施中央税、共享税、农业税及国家指定的基金（费）的征收管理；编报税收长远规划和年度税收收入计划；对税收法律法规执行过程中的征管和一般性税政问题进行解释；组织办理工商税收减免及农业税特大灾歉减免等具体事项。

（5）开展税收领域的国际交流与合作；参加涉外税收的国际谈判，草签和执行有关的协议、协定。

（6）办理进出口商品的税收及出口退税业务。

（7）管理国家税务局系统（以下简称国税系统）的人事、劳动工资、机构编制和经费；管理省级国家税务局的正副局长及相应级别的干部，对省级地方税务局局长任免提出意见。

（8）负责税务队伍的教育培训、思想政治工作和精神文明建设；管理直属院校。

（9）组织税收宣传和理论研究；组织实施注册税务师的管理；规范税务代理行为。

（10）承办国务院交办的其他事项。

国家税务总局对全国国税系统实行垂直管理，协同省级人民政府对省级地方税务局实行双重领导。

36. 地税局是从什么时候开始有的？为什么要设立这样的机构？

地方税务局简称地税局，其性质是行政单位。1994年实行税制改革时，将省以下原来的税务局分设为国家税务局和地方税务局（个别地方税务局与财政局合署办公，称为财税局）。省级地方税务局受省级人民政府和国家税务总局双重领导，省级以下地方税务局系统由省级地方税务机关垂直领导。

地方税务局主要负责征收地方税（营业税、城建税、地方教育费附加、印花税、城镇土地使用税、房产税、城市房地产税、车船税、土地增值税、资源税、个人所得税、企业所得税［2002年1月1日以前设立的内资企业］、代收社会保险［基本养老、基本医疗、失业、工伤、生育保险费、残疾人就业保障金、文化事业建设费］等①。

具体职责包括：

（1）贯彻执行国家税收工作的方针、政策和各项税收法律、法规和规章，研究制订地方各税、费征收管理实施办法、细则和规定。

（2）检查监督各部门、各单位和全省各级地方税务机关贯彻执行税收法律、法规和规章的情况。

（3）负责全省地方税务局征收的税种和地方国有企业所得税及基金的征收管理工作，负责集体企业所得税汇算清缴和集体企业、私营企业的财务管理工作。

（4）负责汇总编报全省地税系统税收计划以及税收会计、统计

---

① 国税和地税的范围有时会调整；有的税种改为中央和地方共享税。

报表工作。

(5) 组织实施税收征收管理体制改革，制定征收和票证管理制度并检查监督制度的落实。

(6) 管理地方税务系统的人事、劳动工资、机构编制和经费；按干部管理权限负责系统内干部的考核、任免工作。

(7) 负责地方税务系统干部队伍的思想政治工作和精神文明建设以及教育培训工作。

(8) 组织税收理论研究和税收政策、法规宣传。

(9) 办理省委、省政府和国家税务总局交办的其他事项。

37. 什么是增值税？

增值税顾名思义就是对货物增值额征收的税。什么是增值额呢？就是货物在生产销售过程中产出或收入大于投入的部分。由此，增值税额是对增值额部分征税，能够有效地避免货物在生产流通环节重复征税的问题，在社会财富不断增加的前提下，既能够实现国家财政收入与国民收入的同步稳定增长，也有利于专业化协作和社会化大生产，正是由于这些优点，增值税才被世界各国采用。在我国，增值税是以货物生产、批发、零售、进口和应税劳务提供的各个环节所实现的增值额为征税对象的一种税。增值税的征税范围包括销售货物、进口货物，从事加工、修理修配劳务，主要涉及的是工业企业和商业企业，较少涉及服务行业。

增值税的纳税人包括在中国境内销售、进口货物，提供加工、修理、修配劳务（以下简称应税劳务）的各类企业、单位、个体经营者和其他个人。根据年销售额的多少和会计核算水平，增值税纳税人被分为一般纳税人和小规模纳税人。一般纳税人可以取得和开具增值税专用发票，实行税款抵扣制，上一个购进环节负担的税款可以在下一个销售环节缴纳的税款中得到扣除。

38. 如何区分一般纳税人和小规模纳税人？

按照 2009 年国家增值税条例的新规定：凡具备以下条件之一

的企业,均可申请认定为增值税一般纳税人:

(1) 开业满一年的企业,应符合以下条件:

一年增值税销售额(包括出口销售额和免税销售额,以下简称年应税销售额)达到或超过以下规定标准:

①工业企业年应税销售额在 50 万元以上;

②商业企业年应税销售额在 80 万元以上。

(2) 新办企业自开办之日起一个月内,具有符合以下条件的,可申请办理一般纳税人认定手续。经税务机关测算预计年应税销售额超过小规模企业标准的,可暂认定为一般纳税人,暂认定期最长为一年(自批准之月起满 12 个月计算)。

年销售额达不到前述标准的为小规模纳税人,此外个人、非企业性单位以及不经常发生增值税应税行为的企业也被认定为小规模纳税人。

39. 增值税的税目和税率有哪些?

表 2-13　　　　　增值税的税目税率表

征收范围	税率
出口货物(国务院另有规定的除外)	0
1. 粮食、食用植物油; 2. 自来水、暖气、冷气、热水、煤气、石油液化气、天然气、沼气、居民用煤炭制品; 3. 图书、报纸、杂志; 4. 饲料、化肥、农药、农机、农膜; 5. 国务院规定的其他货物; 6. 金属矿采选产品、非金属矿采选产品、煤炭。	13%
销售或者进口上述货物以外的其他货物,加工、修理修配劳务。	17%

适用于小规模纳税人的增值税的征收率为 3%。按简易办法征收增值税的纳税人,增值税的征收率为 2%、3%、4% 或 6%。

表 2 – 14

按纳税人划分	税率或征收率	适用范围
一般纳税人	基本税率为 17%	销售或进口货物、提供应税劳务
	低税率为 13%	销售或进口税法列举的货物
	零税率	纳税人出口货物
小规模纳税人	征收率	2009年1月1日前商业小规模纳税人 4%，其他小规模纳税人 6%
		2009年1月1日后变化小规模纳税人征收率不再划分行业，一律降至 3%
		一般纳税人采用简易办法征税也适用 4% 或 6% 的征收率

40. 增值税主要有哪些免税规定？

（1）根据相关规定，农业生产单位和个人销售的自产初级农业产品；来料加工复出口的货物；国家鼓励发展的外商投资项目和国内投资项目的投资总额之内进口的自用设备；避孕药品和用具；向社会收购的古旧图书；直接用于科学研究、科学试验和教学的进口仪器、设备；外国政府、国际组织无偿援助的进口物资和设备；残疾人组织直接进口的供残疾人专用的物品，可以免征增值税。

（2）销售特定产品免征增值税。《增值税暂行条例》规定，农业生产者销售的自产农业产品免税。财税〔2008〕81号文件规定，对农民专业合作社销售本社成员生产的农业产品，视同农业生产者销售自产农业产品免征增值税。财政部、国家税务总局《关于若干农业生产资料征免增值税政策的通知》（财税〔2001〕113号）明确了免税范围，主要包括：农膜，生产销售的除尿素以外的氮肥、除磷酸二铵以外的磷肥、钾肥以及以免税化肥为主要原料的复混肥，生产销售的阿维菌素、胺菊酯、百菌清等，批发和零售的种子、种苗、化肥、农药、农机。财政部、国家税务总局《关于饲料产品免征增值税问题的通知》(财税 [2001] 121 号) 规定,单一大宗饲料、混合饲料、配合饲料、复合预混料、浓缩饲料免税。财税 [2008] 81 号文件规定,农民专业合作社向本社成员销售的农膜、种子、种苗、化肥、农药、农机,免征增值税。

纳税人个人销售农产品月销售额未达 5000 元的,免征增值税。

(3) 购进农产品可抵扣进项税。财政部、国家税务总局《关于提高农产品进项税抵扣率的通知》(财税 [2002] 12 号) 规定,经国务院批准,从 2002 年 1 月 1 日起,增值税一般纳税人购进农业生产者销售的免税农业产品的进项税额扣除率由 10% 提高到 13%。财政部、国家税务总局《关于增值税一般纳税人向小规模纳税人购进农产品进项税抵扣率问题的通知》(财税 [2002] 105 号) 规定,增值税一般纳税人向小规模纳税人购买农产品,可按照财税 [2002] 12 号文件的规定,依 13% 的抵扣率抵扣进项税额。财税 [2008] 81 号文件规定,增值税一般纳税人从农民专业合作社购进的免税农业产品,可按 13% 的扣除率计算抵扣增值税进项税额。上述文件说明,增值税一般纳税人购进农产品,不论是从农业生产者手中购买的还是从经营者手中购买的,也不论是自己开具的增值税专用收购凭证还是取得的普通发票或增值税专用发票,一律允许计算抵扣进项税额。

表 2 - 15   增值税纳税申报表 (适用小规模纳税人)

纳税人识别号:☐☐☐☐☐☐☐☐☐☐☐☐☐☐☐

纳税人名称 (公章):金额单位:元 (列至角分)

税款所属期:　　年　月　日至　　年　月　日　填表日期:　　年　月　日

	项目	栏次	本月数	本年累计
一、计税依据	应征增值税货物及劳务不含税销售额	1		
	其中:税务机关代开的增值税专用发票不含税销售额	2		
	税控器具开具的普通发票不含税销售额	3		

续表

	项目	栏次	本月数	本年累计
一、计税依据	销售使用过的应税固定资产不含税销售额	4		
	其中：税控器具开具的普通发票不含税销售额	5		
	（三）免税货物及劳务销售额	6		
	其中：税控器具开具的普通发票销售额	7		
	（四）出口免税货物销售额	8		
	其中：税控器具开具的普通发票销售额	9		
二、税款计算	本期应纳税额	10		
	本期应纳税额减征额	11		
	应纳税额合计	12＝10－11		
	本期预缴税额	13		—
	本期应补（退）税额	14＝12－13		—

纳税人或代理人声明： 此纳税申报表是根据国家税收法律的规定填报的，我确定它是真实的、可靠的、完整的。	如纳税人填报，由纳税人填写以下各栏：
	办税人员（签章）：财务负责人（签章）
	法定代表人（签章）：联系电话：
	如委托代理人填报，由代理人填写以下各栏：
	代理人名称：经办人（签章）：联系电话：
	代理人（公章）：

受理人：　　　受理日期：　年　月　日受理税务机关（签章）：

本表为 A3 竖式一式三份，一份纳税人留存，一份主管税务机关留存、一份征收部门留存。

41. 我国对农产品增值税的规定是什么？

现行增值税暂行条例及实施细则规定，农业生产者销售的自产农产品免征增值税，一般纳税人购进农产品，除取得增值税专用发票或者海关进口增值税专用缴款书外，按照农产品收购发票或者销售发票上注明的农产品买价和13%的扣除率计算的进项税额。增值税一般纳税人从农民专业合作社购进的免税农业产品，可按13%的扣除率计算抵扣增值税进项税额，故纳税人向农业生产者购买免税农业产品，可索取普通发票或自行填开经税务机关批准使用的收购凭证。

42. 农民销售自产的农产品要缴纳增值税吗？

根据《中华人民共和国增值税暂行条例》第十六条第（一）项规定，"农业生产者销售的自产农业产品免征增值税"。《财政部、国家税务总局关于印发〈农业产品征税范围注释〉的通知》（财税［1995］52号）规定，"自产的农业产品是指直接从事植物的种植，收割和动物饲养，捕捞的单位和个人销售的注释所列的自产的农业产品。但是，单位和个人销售外购的农业产品，以及单位和个人外购农业产品生产，加工后销售的仍然属于注释所列的农业产品，不属于免税范围，应当按照规定税率征收增值税。"

43. 我国现行的农产品出口退税政策有什么规定？

为了鼓励我国企业出口，增强出口产品的竞争力，我国对出口产品实行增值税和消费税的免税与退税相结合的政策。目前，在农产品方面，除了对麝香、天然牛黄等稀缺资源性农产品出口不予免税和退税外，对绝大多数农产品都实行出口退税政策。我国的出口退税制度是我国流转税制度的重要组成部分，始于1985年。2003年10月，我国对出口退税政策进行了改革，新政策于2004年1月1日起实行。新的出口退税政策对出口退税率进行了结构性调整，对农产品及其相关产品的出口退税率的调整分成三类：①原有出口退税率为5%和13%的农产品，以及原有出口退税率为13%的以农产品为原料加工生产的工业品，维持原有出口退税率不变；②食用粉类和分割肉类的出口退税率由5%调高到13%；③对山羊绒、原木及其相关制品以及鳗鱼苗等资源性农产品取消出口退税政策。调整后的平均退税率比调整前略有提高。

我国边销茶增值税有哪些规定？

经国务院批准，财税［2009］141号规定，自2009年1月1日起至2010年12月31日，对国家定点生产企业销售自产的边销茶及经销企业销售的边销茶免征增值税。上述国家定点生产企业，是指国家经贸委、国家计委、国家民委、财政部、工商总局、质检总局、全国供销合作社2002年第53号公告和商务部、发展改革委、国家民委、财政部、工商总局、质检总局、全国供销合作总社2003年第47号公告列名的边销茶定点生产企业。

44. 我国关于以农林剩余物为原料的综合利用产品增值税的政策有哪些？

我国以农林剩余物为原料生产加工的综合利用产品增值税政策如下：

（1）自2009年1月1日起至2010年12月31日，对纳税人销售的以"三剩物"、次小薪材、农作物秸秆、蔗渣等四类农林剩余物为原料自产的综合利用产品由税务机关实行增值税即征即退办法，具体退税比例2009年为100%，2010年为80%。

（2）申请办理增值税即征即退的纳税人，必须同时符合以下条件：第一，2008年1月1日起，未因违反《中华人民共和国环境保护法》等环境保护法律、法规受到刑事处罚或者县级以上环保部门相应的行政处罚；第二，综合利用产品送交由省级以上质量技术监督部门资质认定的产品质量检验机构进行质量检验，并取得该机构出具的符合产品质量标准要求的检测报告；第三，纳税人应单独核算综合利用产品的销售额和增值税销项税额，进项税额以及应纳税额。

（3）纳税人申请退税时，除按有关规定提交的相关资料外，应提交下列材料：第一，自2008年1月1日起未因违反《中华人民共和国环境保护法》等环境保护法律法规受到刑事处罚或者县级以上环保部门相应的行政处罚的书面申明。第二，省级以上质量技术监督部门资质认定的产品质量检验机构出具的相关产品符合产品质量标准要求的检测报告。

"三剩物",是指采伐剩余物(指枝丫,树梢,树皮,树叶,树根及藤条,灌木等),造材剩余物(指造材截头)和加工剩余物(指板皮,板条,木竹截头,锯沫,碎单板,木芯,刨花,木块,篾黄,边角余料等)。"次小薪材",是指次加工材(指材质低于针,阔叶树加工用原木最低等级但具有一定利用价值的次加工原木,其中东北,内蒙古地区按 LY/T1 505—1999 标准执行,南方及其他地区按 LY/T1369—1999 标准执行),小径材(指长度在 2 米以下或径级 8 厘米以下的小原木条,松木杆,脚手杆,杂木杆,短原木等)和薪材。"农作物秸秆",是指农业生产过程中,收获了粮食作物(指稻谷,小麦,玉米,薯类等),油料作物(指油菜籽,花生,大豆,葵花籽,芝麻籽,胡麻籽等),棉花,麻类,糖料,烟叶,药材,蔬菜和水果等以后残留的茎秆。"蔗渣",是指以甘蔗为原料的制糖生产过程中产生的含纤维 50% 左右的固体废弃物。

表 2-16 实行增值税即征即退的综合利用产品目录

序号	产品名称
1	木(竹)秸秆纤维板
2	木(竹),秸秆,蔗渣刨花板
3	细木工板
4	活性炭
5	栲胶
6	水解酒精,炭棒
7	沙柳箱纸板
8	以蔗渣为原料生产的纸张

45. 一个增值税案例

假如收购了 10 万元的农产品原料,加工后销售为 20 万元,那么实际应该交纳多少增值税?

首先,销项税额的计算,因为是加工农产品,因此适用13%的税率,销项税额 = 20万元 / (1 + 13%) × 13% = 23008.85元

其次,进项税额的计算,进项税额应分三种情况处理:

(1) 一般纳税人购进农产品取得普通发票,应计提的进项税额 = 100000 × 13% = 13000元

(2) 一般纳税人购进农产品取得代开专用发票,税务机关代开的增值税专用发票注明价款为100000元,增值税额为6000元。应交增值税(进项税额)6000元。

(3) 一般纳税人从一般纳税人购进农产品取得专用发票,专用发票注明价款为100000元,增值税额为13000元(农产品的增值税税率13%)。应交增值税(进项税额)13000元。

因此,应交增值税(一般纳税人) = 当期销项税额 - 当期进项税额,根据上面三种进项税额情况,应交增值税分别为:

(1) 23008.85 - 13000 = 10008.85
(2) 23008.85 - 6000 = 17008.85
(3) 23008.85 - 13000 = 10008.85

46. 什么是消费税?

消费税是以消费品(消费行为)的流转额作为课税对象的各种税收的统称。消费税是在对货物普遍征收增值税的基础上,选择少数消费品再征收的一个税种,主要是为了调节产品结构,引导消费方向,保证国家财政收入。

47. 消费税的征税范围包括什么?

消费税的征税对象大多是奢侈品或是生活非必需品。消费税的征收范围包括了五种类型的产品:

第一类:一些过度消费会对人类健康、社会秩序、生态环境等方面造成危害的特殊消费品,如烟、酒、鞭炮、焰火等;

第二类:奢侈品、非生活必需品,如贵重首饰、化妆品等;

第三类：高能耗及高档消费品，如小轿车、摩托车等；

第四类：不可再生和替代的石油类消费品，如汽油、柴油等；

第五类：具有一定财政意义的产品，如汽车轮胎、护肤护发品等。

2006年3月21日，财政部、国家税务总局联合发出通知，对消费税的税目、税率进行调整。这次调整新增了高尔夫球及球具、高档手表、游艇、木制一次性筷子、实木地板等税目；取消了"护肤护发品"税目；并对部分税目的税率进行了调整。

48. 消费税的税率是多少？

消费税共设置了11个税目，在其中的3个税目下又设置了13个子目，列举了25个征税项目。实行比例税率的有21个，实行定额税率的有4个。共有13个档次的税率，最低3%，最高56%（2008年9月1日起排气量在1.0升（含1.0升）以下的乘用车，税率由3%下调至1%）。经国务院批准，财政部、国家税务总局对烟产品消费税政策作了重大调整，甲类香烟的消费税从价税率由原来的45%调整至56%。另外，卷烟批发环节还加征了一道从价税，税率为5%，新政策从2009年5月1日起执行。香烟划分标准进行调整。政策调整后，甲类香烟的消费税从价税率由原来的45%调整至56%，乙类香烟由30%调整至36%，雪茄烟由25%调整至36%。与此同时，原来的甲乙类香烟划分标准也进行了调整，原来50元的分界线上浮至70元，即每标准条（200支）调拨价格在70元（不含增值税）以上（含70元）的卷烟为甲类卷烟，低于此价格的为乙类卷烟。批发环节加征5%从价税。

此次政策调整最引人注目的是在卷烟批发环节加征了一道从价税，税率为5%。财政部、国家税务总局在文件中明确，在中华人民共和国境内从事卷烟批发业务的单位和个人，批发销售的所有牌号规格的卷烟，都要按批发卷烟的销售额（不含增值税）乘以5%的税率缴纳批发环节的消费税。

表 2-17　　　消费税税目税率表（2010 年版）

税　目	税　率
一、烟	
1. 卷烟	
（1）甲类卷烟	56% 加 0.003 元/支
（2）乙类卷烟	36% 加 0.003 元/支
2. 雪茄烟	36%
3. 烟丝	30%
二、酒及酒精	
1. 白酒	20% 加 0.5 元/500 克（或者 500 毫升）
2. 黄酒	240 元/吨
3. 啤酒	
（1）甲类啤酒	250 元/吨
（2）乙类啤酒	220 元/吨
4. 其他酒	10%
5. 酒精	5%
三、化妆品	30%
四、贵重首饰及珠宝玉石	
1. 金银首饰、铂金首饰和钻石及钻石饰品	5%
2. 其他贵重首饰和珠宝玉石	10%
五、鞭炮、焰火	15%
六、成品油	
1. 汽油	
（1）含铅汽油	0.28 元/升
（2）无铅汽油	0.20 元/升
2. 柴油	0.10 元/升
3. 航空煤油	0.10 元/升
4. 石脑油	0.20 元/升
5. 溶剂油	0.20 元/升
6. 润滑油	0.20 元/升
7. 燃料油	0.10 元/升
七、汽车轮胎	3%

续表

税　目	税　率
八、摩托车	
1. 气缸容量（排气量，下同）在 250 毫升（含 250 毫升）以下的	3%
2. 气缸容量在 250 毫升以上的	10%
九、小汽车	
1. 乘用车	
（1）气缸容量（排气量，下同）在 1.0 升（含 1.0 升）以下的	1%
（2）气缸容量在 1.0 升以上至 1.5 升（含 1.5 升）的	3%
（3）气缸容量在 1.5 升以上至 2.0 升（含 2.0 升）的	5%
（4）气缸容量在 2.0 升以上至 2.5 升（含 2.5 升）的	9%
（5）气缸容量在 2.5 升以上至 3.0 升（含 3.0 升）的	12%
（6）气缸容量在 3.0 升以上至 4.0 升（含 4.0 升）的	25%
（7）气缸容量在 4.0 升以上的	40%
2. 中轻型商用客车	5%
十、高尔夫球及球具	10%
十一、高档手表	20%
十二、游艇	10%
十三、木制一次性筷子	5%
十四、实木地板	5%

49. 什么是燃油税？

燃油税是指对在我国境内行使的汽车购用的汽油、柴油所征收的税，实际就是成品油消费税。它是费改税的产物，是取代养路费而开征的，其实质是汽车燃油税。

燃油税税额形成的税收收入一律专款专用，主要用于替代取消公路养路费等六项收费后的支出,补助各地取消已审批的政府还贷二级公路收费,并对种粮农民、部分困难群体和公益性行业给予必要扶持。燃油税改革后,原有的油价补贴政策继续执行和完善。主要是:(1)当年成品油价格变动引起的农民种粮增支,继续纳入农资综合直补政策统筹安排,对种粮农民综合直补只增不减;出租车在运价调整前,继续由财政给予临时补贴。(2)渔业(含远洋渔业)、林业、城市公交、农村道路客运(含岛际和农村水路客运),补贴标准随成品油价格的升降而增减。(3)各地政府还将继续做好城乡低保对象等困难群体基本生活保障工作。

50. 什么是营业税?

营业税是我国最古老的税种之一,可以追溯到汉代。当时官方征收"算缗钱",是一种专门对商业征收的营业税,唐朝客商买卖经纪人征收的"牙税",明代的"门摊税",清代的"铺间房税"及对金银、典当行业征收的"当税"等,都具有营业税的性质。我国现行营业税,是对在我国境内提供应税劳务、转让无形资产或销售不动产的单位和个人,就其所取得的营业额征收的一种税。增值税侧重于对货物征税,营业税侧重于对劳务征税。

51. 营业税的税目和税率有哪些?

表 2-18　　　　　营业税税目税率表

税　目	税　率
一、交通运输业	3%
二、建筑业	3%
三、金融保险业	5%
四、邮电通信业	3%
五、文化体育业	3%
六、娱乐业	5%—20%
七、服务业	5%
八、转让无形资产	5%
九、销售不动产	5%

例如，王芯的叔叔开了个小餐馆，某月的收入为4000元，应纳营业税是多少呢？开餐馆属于是服务业，适用服务业5%的税率，因此应交 4000×5% = 200 元的营业税。

52. 营业税有哪些免税规定？

根据《中华人民共和国营业税暂行条例》，下列项目免征营业税：

（1）托儿所、幼儿园、养老院、残疾人福利机构提供的育养服务，婚姻介绍，殡葬服务；

（2）残疾人员个人提供的劳务；

（3）医院、诊所和其他医疗机构提供的医疗服务；

（4）学校和其他教育机构提供的教育劳务，学生勤工俭学提供的劳务；

（5）农业机耕、排灌、病虫害防治、植保、农牧保险以及相关技术培训业务，家禽、牲畜、水生动物的配种和疾病防治；

（6）纪念馆、博物馆、文化馆、美术馆、展览馆、书画院、图书馆、文物保护单位举办文化活动的门票收入，宗教场所举办文化、宗教活动的门票收入；

（7）科研单位取得的技术转让收入；

（8）自主创业的高校毕业生、科技人员、复转军人、登记失业人员、就业困难群体、海归人员、农民在本土创业及农民工返乡创业，企业以创业带动就业，对符合条件的企业在新增加的岗位中，当年新招用符合条件人员，与其签订1年以上期限劳动合同并缴纳社会保险费的，3年内按实际招用人数予以定额依次扣减营业税、城市维护建设税、教育费附加和企业所得税。定额标准为每人每年4800元；军队转业干部从事个体经营，自领取税务登记证之日起，3年内免征营业税；返乡农民工从事个体经营在市（地）所属区的，其营业税起征点为月营业额5000元，在县（市）所属区的，其营业税起征点为月营业额4000元，达不到起征点的不征收营业税及城市维护建设税、教育费附加。

除以上规定外,营业税免税、减税项目由国务院规定。任何地区、部门均不得规定免税、减税项目。

53. 对于涉农企业营业税有哪些优惠政策?

(1)根据《营业税暂行条例》规定,农业机耕、排灌、病虫害防治、植保、农牧保险以及相关技术培训业务,家禽、水生动物的配种和疾病防治项目免征营业税。农业机耕,是指在农业、林业、牧业中使用农业机械进行耕作(包括耕耘、种植、收割、脱粒、植物保护等)的业务;排灌,是指对农田进行灌溉或排涝的业务;病虫害防治,是指从事农业、林业、牧业、渔业的病虫害测报和防治的业务;农牧保险,是指为种植业、养殖业、牧业种植和饲养的动植物提供保险的业务;相关技术培训,是指与农业机耕、排灌、病虫害防治、植物保护业务相关以及为使农民获得农牧保险知识的技术培训业务;家禽、牲畜、水生动物的配种和疾病防治业务的免税范围,包括与该项劳务有关的提供药品和医疗用具的业务。

(2)财政部、国家税务总局《关于对若干项目免征营业税的通知》(财税字〔1994〕2号)规定,将土地使用权转让给农业生产者用于农业生产,免征营业税。

(3)国家税务总局《关于林木销售和管护征收流转税问题的通知》(国税函〔2008〕212号)规定,纳税人单独提供林木管护劳务行为的收入中,属于提供农业机耕、排灌、病虫害防治、植保劳务取得的收入,免征营业税。

(4)财税〔2000〕42号对农村非营利性医疗机构按照国家规定的价格取得的医疗服务收入,免征各项税收;营利性医疗机构取得的收入,直接用于改善医疗卫生条件的,自其取得执业登记之日起,3年内免征营业税。

54. 营业税对农产品加工企业有哪些间接优惠政策?

实行间接的营业税优惠政策。农产品加工业的发展需要政府的引导和扶持,这不仅体现在对农产品加工企业的直接税收优惠方式上，还体现在对农产品加工业发展提供支持的间接优惠方式上。按照国家农产品加工业"十一五"发展规划，发展农产品加工业需要财政、金融、税收的协调支持。目前资金短缺是很多农产品加工企业的发展瓶颈，因此除了积极拓宽金融融资渠道外，政府应在税收上给予间接的支持。对给予农产品加工企业贷款的金融机构，减免部分营业税或直接予以免税；对于提供较低贷款利率的金融机构，其提供给农产品加工企业的贷款额达到一定数额后，可减免部分企业所得税。这样通过相应的税收政策，鼓励金融机构向农产品加工企业提供所需要的资金，促进农产品加工业的壮大发展。

55. 营业税计算案例

2006年7月，某企业将部分房屋出租给某下岗职工开办一台球室和一小型餐馆（已领取税务登记证）。按照双方签订的租赁合同，厂方当月收取的租赁费为5000元，台球室当月收入5000元，餐馆当月收入为8000元。为筹集开办资金，该下岗职工将一处购买并居住不满一年的普通住宅出售，该住宅购入价为60000元，销售价为80000元，将另一处自有住房以每月800元的市场价格出租，双方约定每季收取一次，第一个季度的租金当月已经预付。请计算当月该企业与下岗职工各自应纳营业税额。

该企业出租房屋，不具备属于企业内部分配行为的三个条件，应按"服务业租赁业"税目征收营业税。按照规定，下岗职工从事个体经营，自领取税务登记证之日起，3年内免征营业税，但经营"娱乐业"项目不在免征营业税的范围内，这样，属于"娱乐业"的台球室收入应按"娱乐业"税目以5%的税率征收营业税，而餐馆收入免征营业税。个人销售购买不足5年的普通住宅，按全额计征营业税，但是，个人按市场价出租居民住房，按3%税率征收营业税，因其预收三个月的租金，所以计税营业额应为2400元。

企业应纳营业税额 = 5000 × 5% = 250（元）

下岗职工个人应纳营业税 = 5000 × 5% + 80000 × 5% + 800 × 3 × 3%
= 250 + 4000 + 72 = 4322（元）

56. 什么是个人所得税?

1799年,英法战争的硝烟弥漫,巨额的战争费用使得英国国库空虚,仅靠发行公债已难以维系。万般无奈之际,当时的英国首相皮特就把眼睛盯向本国的富有阶层,临时创设了一个新税种,按拥有财产的多少将富人划分为三个阶层,对每个阶层按不同的税率征收不同的税收,以此征集了部分战争经费,解了燃眉之急。这就是个人所得税的雏形。1842年,英国正式提出立法开征个人所得税。到1874年,才成为长久性税种。

个人所得税顾名思义,就是对所得进行征税。它是调整征税机关与自然人(居民、非居民人)之间在个人所得税的征纳与管理过程中所发生的社会关系的法律规范的总称。

57. 我国个人所得税税目税率有哪些?

目前我国现行个人所得税是以个人取得的各项应税所得为征税对象而征收的一种税,个人所得税的征税对象包括工资、薪金所得;个体工商户的生产、经营所得,对企事业单位的承包经营、承租经营所得,劳务报酬所得,特许权使用所得,利息、股息、红利所得,财产租赁所得,财产转让所得,偶然所得和其他所得,一共是11项。

个人所得税根据不同的征税项目,分别规定了三种不同的税率:

1. 工资、薪金所得,适用9级超额累进税率,按月应纳税所得额计算征税。该税率按个人月工资、薪金应税所得额划分级距,最高一级为45%,最低一级为5%,共9级。

表2-19　　　　　　工资、薪金所得适用

级数	含税级距	不含税级距	税率(%)	速算扣除数
1	不超过500元的	不超过475元的	5	0
2	超过500元至2000元的部分	超过475元至1825元的部分	10	25

续表

级数	含税级距	不含税级距	税率（%）	速算扣除数
3	超过 2000 元至 5000 元的部分	超过 1825 元至 4375 元的部分	15	125
4	超过 5000 元至 20000 元的部分	超过 4375 元至 16375 元的部分	20	375
5	超过 20000 元至 40000 元的部分	超过 16375 元至 31375 元的部分	25	1375
6	超过 40000 元至 60000 元的部分	超过 31375 元至 45375 元的部分	30	3375
7	超过 60000 元至 80000 元的部分	超过 45375 元至 58375 元的部分	35	6375
8	超过 80000 元至 100000 元的部分	超过 58375 元至 70375 元的部分	40	10375
9	超过 100000 元的部分	超过 70375 元的部分	45	15375

十届全国人大常委会第三十一次会议于 2007 年 12 月 29 日表决通过了关于修改个人所得税法的决定。根据决定，2008 年 3 月 1 日起，我国个税免征额调至 2000 元/月。

2. 适用 5 级超额累进税率。适用按年计算、分月预缴税款的个体工商户的生产、经营所得和对企事业单位的承包经营、承租经营的全年应纳税所得额划分级距，最低一级为 5%，最高一级为 35%，共 5 级。

（个体工商户的生产、经营所得和对企事业单位的承包经营、承租经营所得适用）

3. 比例税率。对个人的稿酬所得，劳务报酬所得，特许权使用费所得，利息、股息、红利所得，财产租赁所得，财产转让所得，偶然所得和其他所得，按次计算征收个人所得税，适用 20% 的比例税率。其中，对稿酬所得适用 20% 的比例税率，并按应纳税额减征 30%；对劳务报酬所得一次性收入畸高的、特高的，除按 20% 征税外，还可以实行加成征收，以保护合理的收入和限制不合理的收入。

表 2-20

级数	含税级距	不含税级距	税率（%）	速算扣除数	说明
1	不超过 5000 元的	不超过 4750 元的	5	0	1. 本表含税级距指每一纳税年度的收入总额，减除成本、费用以及损失的余额。 2. 含税级距适用于个体工商户的生产、经营所得和对企事业单位的承包经营承租经营所得。不含税级距适用于由他人（单位）代付税款的承包经营、承租经营所得。
2	超过 5000 元到 10000 元的部分	超过 4750 元至 9250 元的部分	10	250	
3	超过 10000 元至 30000 元的部分	超过 9250 元至 25250 元的部分	20	1250	
4	超过 30000 元至 50000 元的部分	超过 25250 元至 39250 元的部分	30	4250	
5	超过 50000 元的部分	超过 39250 元的部分	35	6750	

注：本表所称全年应纳税所得额是指依照本法第六条的规定，以每一纳税年度的收入总额，减除成本、费用以及损失后的余额。

58. 我国个人所得税有哪些免征、减征规定？

首先是法定所得免税。下列各项个人所得，免纳个人所得税

(《中华人民共和国个人所得税法》第 4 条)：

（1）奖金。省级政府、国务院部委和军队军以上单位，以及外国组织、国际组织颁发的科学、教育、技术、文化、卫生、体育、环境保护等方面的奖金；

（2）债券利息。国债和国家发行的金融债券利息；

（3）补贴津贴。按照国务院规定发给的政府特殊津贴和国务院规定免税的补贴、津贴（《中华人民共和国个人所得税法》实施细则第 13 条）。

（4）救济性款项。根据国家有关规定，由于某些特定事项和原因，给纳税人的正常生活带来一定困难，其任职单位从提留的福利费或工会经费中支付给个人的临时性生活补助费；民政部门支付给个人的救济金以及抚恤金（《中华人民共和国个人所得税法》实施细则第 14 条）。

（5）保险赔款。保险公司支付的保险赔款；

（6）转业复员费。军人的转业费、复员费；

（7）安家费、离退休费用。按规定发给干部、职工的安家费、退职费、退休工资、离休工资、离休生活补助费；

（8）外交人员所得。依照中国有关法律规律规定应予免税的各国驻华使馆、领事馆的外交代表、领事官司员和其他人员的所得；

（9）协议免税所得。中国政府参加的国际公约、签订的协议中规定免税的所得；

（10）其他所得。经国务院财政部门批准免税的所得。

其次是 [94] 财税字第 20 号规定暂免征个人所得税项：

（1）奖金。个人举报、协查各种违法、犯罪行为而获得的奖金；

（2）手续费。个人办理代扣代缴税款手续费，按规定取得的扣缴手续费；

（3）转让房产所得。个人转让自用达 5 年以上、并且是惟一的家庭生活用房取得的所得；

（4）延期离退休工薪所得。达到离、退休年龄，但因工作需要，适当延长离退休年龄的高级专家，其在延长离退休期间的工资、薪金所得，视同离、退休工资免征个人所得税。

此外，还有一些详细免税规定，详请参见《中华人民共和国个人所得税法》》。

59. 个人所得税征收方法？

我国个人所得税的征收方式实行源泉代扣代缴与自行申报并用法，注重源泉代扣代缴。代扣代缴是依照税法规定负有代扣代缴义务的单位和个人，从纳税人持有的收入中扣取应纳税款并向税务机关解缴的一种纳税方式。包括：（1）向纳税人支付收入的单位和个人；（2）为纳税人办理汇总存贷业务的单位。现在法定扣缴的只有个人所得税，以所得人为纳税义务人，以支付单位或个人为扣缴义务人。一般理解是指单位发放的工资薪金所得。其他的都是根据税务部门的实际需要，对零星、难于控管的税源进行委托代扣代缴，如农村个体税收、集贸市场、私房出租等。委托代扣代缴一般事先经过税务部门确认，并签订代征协议后才能实施代征。公司付给的私人劳务费不在代扣范围中。

60. 起征点与免征额有什么区别？

所谓起征点，是征税对象达到征税数额开始征税的界限。征税对象的数额未达到起征点时不征税。一旦征税对象的数额达到或超过起征点时，则要就其全部的数额征税，而不是仅对其超过起征点的部分征税。

所谓免征额是在征税对象总额中免予征税的数额。它是按照一定标准从征税对象总额中预先减除的数额。免征额部分不征税，只对超过免征额部分征税。

两者的区别是：假设数字为 2000 元，你当月工资是 2001 元，如果是免征额，2000 元就免了，只对超出的 1 元钱缴税，如果是起征点,则是不够2000元的不用交税,超出2000元的全额缴税,即以2001元为基数缴税。

61. 农民工要缴纳个人所得税吗?

2006年,一位农民去给一个县里翻盖水电站。此项建筑工程由一个私人包工头承包了,他是为这个包工头打工的。在工程结束时再算工钱,包工头讲工钱要扣5.8%的个人所得税。请问,这种税是否由农民工缴纳?农民工还要缴个人所得税吗?

根据《中华人民共和国个人所得税法》的规定,只要农民工取得的收入属于个人所得税应税所得项目,且收入达到纳税标准的,其与城镇居民一样,都应依法缴纳个人所得税。

农民工取得收入的涉税问题主要有以下几种情况:一是农民工受雇于企事业单位并签订一定期间的劳动用工合同,由支付人在发放工资时,按"工资、薪金所得"项目代扣代缴税款,以其实际收入扣除法定费用后,按5%至45%累进税率纳税;二是农民工在短期内提供劳动服务,按"次"或按月取得劳务报酬,由支付人按"劳务报酬所得"项目扣缴税款,月收入或"次"收入低于4000元的,减去800元费用后再按20%税率纳税,月收入或"次"收入高于4000元的,在扣除收入额20%费用后再按20%税率纳税(应纳税所得超过20000元的,要实行加成征收);三是农民工按照国家有关规定办理工商营业执照和税务登记证而从事个体经营活动,其取得的所得应按"个体工商户的生产经营所得"项目适用5%至35%累进税率纳税;四是农民工因购买彩票中奖所得每次超过1万元的,按"偶然所得"项目适用20%的比例税率纳税。

鉴于建筑安装业普遍未设立会计账簿,或者不能准确、完整地进行会计核算的情况,《国家税务总局关于印发〈建筑安装业个人所得税征收管理暂行办法〉的通知》(国税发〔1996〕127号)规定:主管税务机关可根据其工程规模、工程承包合同(协议)价款和工程完工进度等情况,核定其应纳税所得额或应纳税额,据以征税。这位农民的问题，如果属于上述情况且工程承包人已经按照主管税务机关核定的税额（含农民工应缴纳的税款）缴纳了个人所得税的，那么，农民工则不再需要缴纳个人所得税。否则，农民工要按照税法规定缴纳个人所得税。

案例来源：http://news.qq.com/a/20071115/000502.htm

62. 农民为什么不用缴纳个人所得税？

国家税务总局 2004 年 1 月 20 日公布五项涉农税收优惠政策，这五项优惠政策包括：（1）农民从事种植业、养殖业、饲养业、捕捞业取得的所得，不缴纳个人所得税；（2）取消农民取得的农业特产所得和从事种植业、养殖业、饲养业、捕捞业取得的所得，仍暂不缴纳个人所得税；（3）农民销售自产农产品的所得，仍暂不缴纳个人所得税；（4）农民销售水产品、畜牧产品、蔬菜、果品、粮食和其他农产品，月销售额不到 5000 元或每次（日）销售额不到 200 元的，不缴纳增值税；（5）如果农民在销售上述农产品的同时还销售其他非农产品，其中农产品销售额占整个销售额一半以上的，月销售额不到 5000 元或每次（日）销售额不到 200 元的，也不缴纳增值税；（6）无固定生产经营场所的流动性农村小商小贩，不必办理税务登记。

因此，农民不必缴纳个人所得税。

63. 我国对企业所得税税目税率有什么规定？

表 2-21　　核定征收企业所得税应税所得率表

企业所得税税率	25%

1. 符合条件的小型微利企业，减按 20% 的税率征收企业所得税。
2. 国家需要重点扶持的高新技术企业，减按 15% 的税率征收企业所得税。
3. 非居民企业取得中华人民共和国企业所得税法第三条第三款规定的所得，适用税率为 20%。

续表

行业	应税所得率（%）
农、林、牧、渔业	3
制造业	6
批发和零售贸易业	5
交通运输业	10
建筑业	10
饮食业	15
娱乐业	25
其他行业	15

64. 什么是小型微利企业？

根据《中华人民共和国企业所得税法》及其实施条例的有关规定，小型微利企业是指从事国家非限制和禁止行业，并符合下列条件的企业：

（1）工业企业，年度应纳税所得额不超过30万元，从业人数不超过100人，资产总额不超过3000万元；

（2）其他企业，年度应纳税所得额不超过30万元，从业人数不超过80人，资产总额不超过1000万元。

上述认定条件中：

从业人数，是指纳税人全年平均从业人员，按照纳税人年初和年末的从业人员平均计算。

资产总额，是指纳税人全年资产总额平均数，按照纳税人年初和年末的资产总额平均计算。

国家限制和禁止行业，在国家未明确以前，参照《产业结构调整指导目录（2005年版）》（国家发展和改革委员会令第40号）执行，国家以后有新的规定，按照新规定执行。

在行业性质的认定上，按照《国家统计局关于贯彻执行新国家标准（GB/T4754—2002）的通知》（国统字［2002］044号）规定执行。

小型微利企业的认定实行一年一定。纳税年度终了后,纳税人应在办理企业所得税年度纳税申报时,填报《小型微利企业认定申请表》和主管地税机关要求提供的其他资料,一并提交主管地税机关审核。主管地税机关应根据纳税人提供的有关资料,核实纳税人当年是否符合小型微利企业条件。对符合条件的小型微利企业给予享受税收优惠政策;对不符合条件的小型微利企业,如已计算减免所得税额的,在年度汇算清缴时要补缴已按规定计算的减免所得税额。

65. 农民开办企业要交公司所得税吗?

2010年7月9日,国家税务总局公布了《关于"公司+农户"经营模式企业所得税优惠问题的公告》,规定采取"公司+农户"经营模式从事牲畜、家禽的饲养的企业,即公司与农户签订委托养殖合同,向农户提供畜禽苗、饲料、兽药及疫苗等(所有权〈产权〉仍属于公司),农户将畜禽养大成为成品后交付公司回收。这一类企业虽不直接从事畜禽的养殖,但系委托农户饲养,并承担诸如市场、管理、采购、销售等经营职责及绝大部分经营管理风险,公司和农户是劳务外包关系。为此,对此类以"公司+农户"经营模式从事农、林、牧、渔业项目生产的企业,可以按照《中华人民共和国企业所得税法实施条例》第八十六条的有关规定,享受减免企业所得税优惠政策。

66. 国家对企业所得税优惠政策的农产品初加工范围有哪些规定?

《关于发布享受企业所得税优惠政策的农产品初加工范围(试行)的通知》(财税〔2008〕149号),明确了享受企业所得税优惠政策的农产品初加工业范围。

第一,种植业类。

(1)粮食初加工。

①小麦初加工。通过对小麦进行清理、配麦、磨粉、筛理、分级、包装等简单加工处理，制成的小麦面粉及各种专用粉。

②稻米初加工。通过对稻谷进行清理、脱壳、碾米（或不碾米）、烘干、分级、包装等简单加工处理，制成的成品粮及其初制品，具体包括大米、蒸谷米。

③玉米初加工。通过对玉米籽粒进行清理、浸泡、粉碎、分离、脱水、干燥、分级、包装等简单加工处理，生产的玉米粉、玉米碴、玉米片等；鲜嫩玉米经筛选、脱皮、洗涤、速冻、分级、包装等简单加工处理，生产的鲜食玉米（速冻粘玉米、甜玉米、花色玉米、玉米籽粒）。

④薯类初加工。通过对马铃薯、甘薯等薯类进行清洗、去皮、磋磨、切制、干燥、冷冻、分级、包装等简单加工处理，制成薯类初级制品。具体包括：薯粉、薯片、薯条。

⑤食用豆类初加工。通过对大豆、绿豆、红小豆等食用豆类进行清理去杂、浸洗、晾晒、分级、包装等简单加工处理，制成的豆面粉、黄豆芽、绿豆芽。

⑥其他类粮食初加工。通过对燕麦、荞麦、高粱、谷子等杂粮进行清理去杂、脱壳、烘干、磨粉、轧片、冷却、包装等简单加工处理，制成的燕麦米、燕麦粉、燕麦麸皮、燕麦片、荞麦米、荞麦面、小米、小米面、高粱米、高粱面。

（2）林木产品初加工。

通过将伐倒的乔木、竹（含活立木、竹）去枝、去梢、去皮、去叶、锯段等简单加工处理，制成的原木、原竹、锯材。

（3）园艺植物初加工。

①将新鲜蔬菜通过清洗、挑选、切割、预冷、分级、包装等简单加工处理，制成净菜、切割蔬菜。

②利用冷藏设施，将新鲜蔬菜通过低温贮藏，以备淡季供应的速冻蔬菜，如速冻茄果类、叶类、豆类、瓜类、葱蒜类、柿子椒、蒜苔。

③将植物的根、茎、叶、花、果、种子和食用菌通过干制等简

单加工处理,制成的初制干菜,如黄花菜、玉兰片、萝卜干、冬菜、梅干菜、木耳、香菇、平菇。

以蔬菜为原料制作的各类蔬菜罐头(罐头是指以金属罐、玻璃瓶、经排气密封的各种食品。下同)及碾磨后的园艺植物(如胡椒粉、花椒粉等)不属于初加工范围。

④水果初加工。通过对新鲜水果(含各类山野果)清洗、脱壳、切块(片)、分类、储藏保鲜、速冻、干燥、分级、包装等简单加工处理,制成的各类水果、果干、原浆果汁、果仁、坚果。

⑤花卉及观赏植物初加工。通过对观赏用、绿化及其他各种用途的花卉及植物进行保鲜、储藏、烘干、分级、包装等简单加工处理,制成的各类鲜、干花。

(4)油料植物初加工。

通过对菜籽、花生、大豆、葵花籽、蓖麻籽、芝麻、胡麻籽、茶子、桐子、棉籽、红花籽及米糠等粮食的副产品等,进行清理、热炒、磨坯、榨油(搅油、墩油)、浸出等简单加工处理,制成的植物毛油和饼粕等副产品。具体包括菜籽油、花生油、豆油、葵花油、蓖麻籽油、芝麻油、胡麻籽油、茶子油、桐子油、棉籽油、红花油、米糠油以及油料饼粕、豆饼、棉籽饼。

＊精炼植物油不属于初加工范围。

(5)糖料植物初加工。

通过对各种糖料植物,如甘蔗、甜菜、甜菊等,进行清洗、切割、压榨等简单加工处理,制成的制糖初级原料产品。

(6)茶叶初加工。

通过对茶树上采摘下来的鲜叶和嫩芽进行杀青(萎凋、摇青)、揉捻、发酵、烘干、分级、包装等简单加工处理,制成的初制毛茶。

＊精制茶、边销茶、紧压茶和掺兑各种药物的茶及茶饮料不属于初加工范围。

(7)药用植物初加工。

通过对各种药用植物的根、茎、皮、叶、花、果实、种子等,进行挑选、整理、捆扎、清洗、凉晒、切碎、蒸煮、炒制等简单加工处理，制成的片、丝、块、段等中药材。

＊加工的各类中成药不属于初加工范围。

（8）纤维植物初加工。

①棉花初加工。通过轧花、剥绒等脱绒工序简单加工处理，制成的皮棉、短绒、棉籽。

②麻类初加工。通过对各种麻类作物（大麻、黄麻、槿麻、苎麻、苘麻、亚麻、罗布麻、蕉麻、剑麻等）进行脱胶、抽丝等简单加工处理，制成的干（洗）麻、纱条、丝、绳。

③蚕茧初加工。通过烘干、杀蛹、缫丝、煮剥、拉丝等简单加工处理，制成的蚕、蛹、生丝、丝棉。

（9）热带、南亚热带作物初加工。

通过对热带、南亚热带作物去除杂质、脱水、干燥、分级、包装等简单加工处理，制成的工业初级原料。具体包括：天然橡胶生胶和天然浓缩胶乳、生咖啡豆、胡椒籽、肉桂油、桉油、香茅油、木薯淀粉、木薯干片、坚果。

第二，畜牧业类。

（1）畜禽类初加工。

①肉类初加工。通过对畜禽类动物（包括各类牲畜、家禽和人工驯养、繁殖的野生动物以及其他经济动物）宰杀、去头、去蹄、去皮、去内脏、分割、切块或切片、冷藏或冷冻、分级、包装等简单加工处理，制成的分割肉、保鲜肉、冷藏肉、冷冻肉、绞肉、肉块、肉片、肉丁。

②蛋类初加工。通过对鲜蛋进行清洗、干燥、分级、包装、冷藏等简单加工处理，制成的各种分级、包装的鲜蛋、冷藏蛋。

③奶类初加工。通过对鲜奶进行净化、均质、杀菌或灭菌、灌装等简单加工处理，制成的巴氏杀菌奶、超高温灭菌奶。

④皮类初加工。通过对畜禽类动物皮张剥取、浸泡、刮里、晾干或熏干等简单加工处理，制成的生皮、生皮张。

⑤毛类初加工。通过对畜禽类动物毛、绒或羽绒分级、去杂、

清洗等简单加工处理,制成的洗净毛、洗净绒或羽绒。

⑥蜂产品初加工。通过去杂、过滤、浓缩、熔化、磨碎、冷冻简单加工处理,制成的蜂蜜、蜂蜡、蜂胶、蜂花粉。

* 肉类罐头、肉类熟制品、蛋类罐头、各类酸奶、奶酪、奶油、王浆粉、各种蜂产品口服液、胶囊不属于初加工范围。

(2) 饲料类初加工。

①植物类饲料初加工。通过碾磨、破碎、压榨、干燥、酿制、发酵等简单加工处理,制成的糠麸、饼粕、糟渣、树叶粉。

②动物类饲料初加工。通过破碎、烘干、制粉等简单加工处理,制成的鱼粉、虾粉、骨粉、肉粉、血粉、羽毛粉、乳清粉。

③添加剂类初加工。通过粉碎、发酵、干燥等简单加工处理,制成的矿石粉、饲用酵母。

(3) 牧草类初加工。

通过对牧草、牧草种籽、农作物秸秆等,进行收割、打捆、粉碎、压块、成粒、分选、青贮、氨化、微化等简单加工处理,制成的干草、草捆、草粉、草块或草饼、草颗粒、牧草种籽以及草皮、秸秆粉(块、粒)。

第三,渔业类。

(1) 水生动物初加工。

将水产动物(鱼、虾、蟹、鳖、贝、棘皮类、软体类、腔肠类、两栖类、海兽类动物等)整体或去头、去鳞(皮、壳)、去内脏、去骨(刺)、擂溃或切块、切片,经冰鲜、冷冻、冷藏等保鲜防腐处理、包装等简单加工处理,制成的水产动物初制品。

* 熟制的水产品和各类水产品的罐头以及调味烤制的水产食品不属于初加工范围。

(2) 水生植物初加工。

将水生植物(海带、裙带菜、紫菜、龙须菜、麒麟菜、江篱、浒苔、羊栖菜、莼菜等)整体或去根、去边梢、切段,经热烫、冷冻、冷藏等保鲜防腐处理、包装等简单加工处理的初制品,以及整体或去根、去边梢、切段、经晾晒、干燥(脱水)、包装、粉碎等简单加工处理的初制品。

＊罐装（包括软罐）产品不属于初加工范围。

67. 现行税法对从事农、林、牧、渔业项目享受企业所得税优惠有哪些具体规定？

《中华人民共和国企业所得税法》保留了对农业的减免税政策，该法第二十七条第一项规定，企业从事农、林、牧、渔业项目的所得，可以免征、减征企业所得税。《中华人民共和国企业所得税法实施条例》（国务院令第512号以下简称《条例》）和《国家税务总局关于贯彻落实从事农、林、牧、渔业项目企业所得税优惠政策有关事项的通知》（国税函［2008］850号）就相关问题作了明确规定。

关于农、林、牧、渔业项目中享受免税和减半征税的具体范围，根据《中华人民共和国企业所得税法实施条例》（国务院令第512号）第八十六条对《中华人民共和国企业所得税法》第二十七条第一项规定进行了具体细化。

(1) 免征企业所得税的农、林、牧、渔业项目所得包括以下八个项目所得：

①蔬菜、谷物、薯类、油料、豆类、棉花、麻类、糖料、水果、坚果的种植；

②农作物新品种的选育；

③中药材的种植；

④林木的培育和种植；

⑤牲畜、家禽的饲养；

⑥林产品的采集；

⑦灌溉、农产品初加工、兽医、农技推广、农机作业和维修等农、林、牧、渔服务业项目；

⑧远洋捕捞。

(2) 减半征收企业所得税的项目所得包括以下两个项目所得：

①花卉、茶以及其他饮料作物和香料作物的种植；

②海水养殖、内陆养殖。

(3) 不得享受农、林、牧、渔业企业所得税优惠的项目：企业从事国家限制和禁止发展的项目，不得享受《条例》第八十六条规定的企业所得税优惠。

同时，由于《条例》第八十六条采取了正列举的办法，因此，该条没有列明的项目，也不得享受该条规定的税收优惠。

68. 什么是土地增值税？

土地增值税是指转让国有土地使用权、地上的建筑物及其附着物并取得收入的单位和个人，以转让所取得的收入包括货币收入、实物收入和其他收入为计税依据向国家缴纳的一种税赋，不包括以继承、赠与方式无偿转让房地产的行为。与地租与地费有着明显的差别。

表 2-22　　　　　　地租、地税、土地费的差别

	地租	地税	土地费
涉及双方	土地所有者与使用者	国家与土地所有者或土地使用者	服务的提供者与享受者
依　据	土地所有权	国家政权	服务协议
相互关系	经济关系	权利义务关系	经济关系
性　质	垄断但非强制性	强制性	非垄断、非强制性
	动态性	固定性	动态性
	有偿性	无偿性	有偿性
层　次	初级分配	再分配	再分配

69. 土地增值税税率是如何规定的？

土地增值税是以转让房地产取得的收入，减除法定扣除项目金额后的增值额作为计税依据，并按照四级超率累进税率进行征收。(1) 增值额未超过扣除项目金额50%部分，税率为30%；(2) 增值额超过扣除项目金额50%，未超过扣除项目金额100%的部分，税率为40%；速算扣除系数为5%；(3) 增值额超过扣除项目金额

100%，未超过扣除项目金额200%的部分，税率为50%；速算扣除系数为15%；（4）增值额超过扣除项目金额200%的部分，税率为60%；速算扣除系数为35%。（5）房地产企业建设普通住宅出售的，增值额未超过扣除金额20%的，免征土地增值税。

70. 什么是房产税？

房产税，又称房屋税，是国家以房产作为课税对象向产权所有人征收的一种财产税。对房产征税的目的是运用税收杠杆，加强对房产的管理，提高房产使用效率，控制固定资产投资规模和配合国家房产政策的调整，合理调节房产所有人和经营人的收入。

并不是所有的房产都要缴房产税，房产税只限于城市、县城、建制镇、工矿区的经营性房屋，要同时符合两个条件：（1）在征税范围内；（2）用于经营活动。对于经营性房屋大致可以分为两类，一是房屋用于自己经营，按从价计税的方式征税，依据房产价值计税，税率为1.2%。税法规定，按房产原值一次减除10%~30%以后的余值为计税依据。二是出租房屋，按租金的12%缴纳房产税。

71. 农民在宅基地上自建房屋需要交房产税吗？

房产税的征收具有以下特点：（1）房产税属于财产税中的个别财产税，其征税对象只能是房屋；（2）征收范围只限于城市、县城或建制镇和工矿区的经营性房屋；（3）对房屋的经营使用方式区别规定征税办法，对于只用的房屋按房产计税余值征收，对于出租、出典的房屋按租金收入征税。《中华人民共和国房产税暂行条例》第一条规定："房产税在城市、县城、建制镇和工矿区征收。"国家财政部、税务总局在《关于房产税若干具体问题的解释和暂行规定》中进一步明确，"城市的征税范围为市区、郊区和市辖县县城，不包括农村；建制镇的征税范围为镇人民政府所在地，不包括所辖的行政村。"1999年国家税务总局《关于调整房产税和土地使用税具体征税范围解决规定的通知》中再次明确，"对农林牧渔业用地和农民居住房屋及土地不征收房产税和土地使用税。"因此，农村村民自盖的房屋属于农村房屋，不在征税范围之内，农民对此不用缴纳房产税，税务部门对农村房屋征收房产税，属于违反法律法规规定擅自开征的行为。《中华人民共和国税收征收管理法》第八十八条第一款规定："纳税人、扣缴义务人、纳税担保人同税务机关在纳税上发生争议时，必须先依照税务机关的纳税决定缴纳或者解缴税款及滞纳金或者提供相应的担保，然后可以依法申请行政复议；对行政复议不服的，可以依法向人民法院起诉。"因此，在收到缴税决定书后，必须首先缴纳税款或者提供相应的担保，然后向上一级税务机关申请复议，对行政复议不服的，还可以依法向人民法院起诉。对于该税务部门所作擅自征收房产税，上级税务机关可以责令其撤销擅自作出的决定，退还不应征收而征收的税款，还可以追究直接负责的主管人员和其他责任人员的行政责任。

72. 自建房产无证要纳税吗？

自建房产无证也应纳税。

案例：地税稽查人员对某工业企业纳税检查时发现，该企业自成立以来从未缴纳过房产税，原因是主要厂房是靠租赁使用的。经查账时发现，其"固定资产"明细账上反映该户有少量房产，价值190万元，经了解和现场确认，得知该企业租赁房屋不够用，自己新盖了配套和附属厂房，但没有办"房产证"。企业财务人员认为主要厂房是租赁，属于租赁使用，自己盖的房屋没有办理房产证，故无产权，不需要缴纳房产税。但根据《中华人民共和国房产税暂行条例》第二条规定，房产税由产权所有人缴纳，产权未确定的，由房产代管人或者实际使用人缴纳。该工业企业自盖的附属厂房虽未办理房产证，没有取得房屋产权，但是属于房产的实际使用人。因此，应当照章缴纳房产税。

73. 个人出租房产是否交纳房产税？

个人所有非营业用的房产是免征房产税的，但用自己的房产进行生产经营，就必须依照房产原值一次减除30%后的余值，按照

1.2%的税率，计算缴纳房产税，房产的产权所有人就是房产税的纳税义务人；个人出租房屋应交纳房产税的，根据江苏省《个人出租房屋税收征管暂行办法》，从2007年1月1日起，对个人出租房屋应征收的营业税、城市维护建设税、教育费附加、地方教育附加费、房产税、个人所得税、印花税和土地使用税合并按5%的综合征收率计征。

案例介绍：王某，有产权房两套，一套用于自己居住，另一套用于出租给另一企业用于经营，租金为每年5万元，问该个人是否需要交纳房产税，金额为多少？根据上述办法，该个人出租房屋应征收的营业税、城市维护建设税、教育费附加、地方教育附加费、房产税、个人所得税、印花税和土地使用税合并按5%的综合征收率计征，$5 \times 5\% = 0.25$（万元）。

74. 什么是城镇土地使用税？

城镇土地使用税是以开征范围的土地为征税对象，以实际占用的土地面积为计税标准，按规定税额对拥有土地使用权的单位和个人征收的一种行为税。

谁占地谁缴税，是城镇土地使用税的一个重要特点，现行《中华人民共和国城镇土地使用税暂行条例》规定：在城市、县城、建制镇、工矿区范围内使用土地的单位和个人，为城镇土地使用税（以下简称土地使用税）的纳税义务人（以下简称纳税人），应当依照本条例的规定缴纳土地使用税。

纳税义务人包括：拥有土地使用权的单位和个人是纳税人；拥有土地使用权的单位和个人不在土地所在地的，其土地的实际使用人和代管人为纳税人；土地使用权未确定的或权属纠纷未解决的，其实际使用人为纳税人；土地使用权共有的，共有各方都是纳税人，由共有各方分别纳税。例如：几个单位共有一块土地使用权，一方占60%，另两方各占20%，如果算出的税额为100万元，则分别按60、20、20的数额负担土地使用税。

关于城镇土地使用税有哪些规定？

为完善房产税、城镇土地使用税政策，堵塞税收征管漏洞，财税〔2009〕128号《关于房产税城镇土地使用税有关问题的通知》将房产税、城镇土地使用税有关问题明确如下：

（1）关于无租使用其他单位房产的房产税问题。无租使用其他单位房产的应税单位和个人，依照房产余值代缴纳房产税。

（2）关于出典房产的房产税问题。产权出典的房产，由承典人依照房产余值缴纳房产税。

（3）关于融资租赁房产的房产税问题。融资租赁的房产，由承租人自融资租赁合同约定开始日的次月起依照房产余值缴纳房产税。合同未约定开始日的，由承租人自合同签订的次月起依照房产余值缴纳房产税。

（4）关于地下建筑用地的城镇土地使用税问题。对在城镇土地使用税征税范围内单独建造的地下建筑用地，按规定征收城镇土地使用税。其中，已取得地下土地使用权证的，按土地使用权证确认的土地面积计算应征税款；未取得地下土地使用权证或地下土地使用权证上未标明土地面积的，按地下建筑垂直投影面积计算应征税款。

对上述地下建筑用地暂按应征税款的50%征收城镇土地使用税。

（5）本通知自2009年12月1日起执行。《财政部税务总局关于房产税若干具体问题的解释和暂行规定》（〔86〕财税地字第008号）第七条、《国家税务总局关于安徽省若干房产税业务问题的批复》（国税函发〔1993〕368号）第二条同时废止。

75. 城镇土地使用税的税额如何计算？

城镇土地使用税目前是按季度申报缴纳，计算方法是：土地面积×当地税务机关核定的土地所在区域的年税额，税法规定的土地使用税每平方米年税额如下：

（1）大城市1.5元至30元；

（2）中等城市1.2元至24元；

（3）小城市 0.9 元至 18 元；

（4）县城、建制镇、工矿区 0.6 元至 12 元。

城镇土地使用税只对占用的土地按面积征收，不对建筑物收税。

76. 房产税、土地增值税、城镇土地使用税有什么区别？

（1）征收对象不同。

房产税是在房产用于经营的时候征收的，如房产用于自己经营工厂、商铺，或用于出租，都要缴纳房产税。

土地增值税是在土地或者地上建筑物发生转让时，按照土地增值额征收的。如发生房产转让时，应按相关规定计算土地增值额，在按土地增值额征收土地增值税。

城镇土地使用税与房产税类似，是土地或地上建筑物用于经营是征收的。如当房产用于出租时，出征收房产税外，还要按土地的面积征收城镇土地使用税。

（2）计税方式不同。

房产税是按照房产原值或租金征税。

土地增值税是按照土地增值额计税。

土地使用税是按照土地面积征税。

①房产税：你租了一间房子或是你自己的也行，用于经营，月租金 500 元（自己的房子也要做价）按 12% 的税率计算 500 元 × 12 个月 × 12% = 720 元（是一年的税金）。

②土地增值税：你用 100 万元购买了一场地并盖了房子，两年后卖出了 150 万元，适用税率 30%、你应交的税金就是（150 万元 − 100 万元）× 30% = 15 万元。

③土地使用税：你的房子占地面积（有土地使用证的按使用证，没有的按实际丈量的面积计算）是 100 平方米你应交的税金就是 100 × 6 元（每个城市不一样）= 600 元（是一年的税金）。

个人房产问题。个人非营业用即自住住房免征土地使用税和房产税。但转做经营用的，自从经营之日起，要征收房产税，但依然不征收土地使用税。这里要注意个人所有房产不管什么情况均免征土地使用税,也要注意经营用时征收房产税的纳税时间。

无出租使用问题。免税单位无论使用什么土地房产,自用的均不交纳土地使用税和房产税。纳税单位无论是有出租使用即需交纳房租使用还是无出租使用即不交纳房租使用纳税单位或免税单位的房地产,均要交纳土地使用税,房产税。这里千万要注意房产税是要交纳的,而且要以当期出租同类房产平均租金计算房产税由使用人交纳。

视同销售问题。纳税人捐赠,抵债,投资等视同销售房地产的行为,承受人均要交纳契税,但有个特殊情况,等价房地产的,即时不牵涉到补价的,不征收。这里要注意视同销售和等价的问题。

企业重组,合并,分立,债转股转制新企业承受原企业房地产的,免征契税,这里和企业所得税有点类似,可以合并记忆。

个人首次购买普通标准住宅免征契税,这里要注意首次和普通标准住宅,不符合这两个条件的不能免征。首次购买别墅的,要征收契税。

优惠规定问题。市政道路,企业厂区外绿化用地,免征土地使用税,但企业厂区内绿化用地要征收土地使用税;机场场内道路免征,但场外道路要征收;免税单位用于经营的房地产,均要征收土地使用税和房产税。

房产税计税依据问题。融资租赁房产应按照房产余值征收,这里很容易搞成按照租金征收,和一般租赁区别一下。房产投资入股分红,固定分红的,按照租金计税,按照效益分红的,余值计税。

纳税时间问题。土地使用税在纳税义务发生后每期10日内申报纳税,而土地增值税是在纳税义务发生后7日内申报纳税。

个人出租房产问题。个人出租房产的房产税按照4%交纳的,另外征收营业税是按3%交纳的。

个人销售房产问题。个人销售房产均不涉及到土地使用税和房产税。

77. 什么是耕地占用税？

和城镇土地使用税一样，耕地占用税也是对土地使用者征的税。它们的不同是：一个是对城镇土地使用的征税，一个是对农村耕地占用的征税。目的一致，都是为了加强土地管理，保护我们赖以生存的家园。

1987年4月1日国务院颁布了《中华人民共和国耕地占用税暂行条例》，开始征收耕地占用税；2007年12月1日国务院又对原条例进行了修订和发布，规定从2008年1月1日起来施行。新的《耕地占用税暂行条例》提高了税额标准，统一了内外资税收负担，严格了减免税项目。

现行的耕地占用税是以补占用的种植农作物的土地为征税对象，以占用的耕地建房或从事非农业建设的单位和个人为纳税人，以纳税人实际占用的耕地面积为计税依据，在征收方式上，按照规定的适用税额一次性征收。

耕地占用税的标准是有地区差别的，国家规定了每平方米5—50元的幅度，各省市可以根据本地的情况确定。一些特殊的、必需的用地，国家免征的，如：军事设施占用耕地，学校、幼儿园、养老院、医院占用耕地。

78.《条例》修改前后减免税政策有哪些变化？

按现行条例和有关政策规定，对铁路线路、公路线路、飞机场跑道、航道等基础交通设施建设占地，有的免税，有的执行规定的低档税额，有的按所在地适用税额征税。同为基础交通设施建设占地，税收负担不同。为严格控制减免税，公平税负，《条例》取消了有关铁路线路、飞机场跑道、停机坪、炸药库占地免税的规定。考虑到既要统一税收政策，又要尽量减轻对国家基础设施建设的影响，《条例》规定：铁路线路、公路线路、飞机场跑道、停机坪、港口、航道占用耕地，减按每平方米2元的税额征收耕地占用税。根据实际需要，财政部、税务总局商国务院有关部门并报国务院批准后,可以对上述规定的情形免征或者减征耕地占用税。

79. 农村居民在老宅基地翻盖新房要交纳耕地占用税吗？由老宅基地搬迁到新地方建房要交纳耕地占用税吗？

在老宅基地翻盖新房,如果新建面积没有超过老宅基地面积,原则上不征收耕地占用税,但老宅基地必须是在1987年4月1日之前占用,且农户必须有土地证;如果新建住宅面积超过老宅基地面积,其超过部分,应按规定征收耕地占用税。由老宅基地搬迁到新地方建房,原宅基地恢复耕种,凡新建住宅占用耕地少于原宅基地的,可以免征耕地占用税;超过原宅基地的,其超过部分应照征耕地占用税。如果原宅基地仍然保留或不能恢复耕种的,应征收耕地占用税。

80. 1987年4月1日以前建房,是否征收耕地占用税？

1987年4月1日以前建房的农村居民,原则上免征耕地占用税。如果没有土地证证明是4月1日以前所建,当地财政所应调查取证,实事求是地处理。

81. 农民占用耕地新建自用住宅如何缴纳耕地占用税？

农民占用耕地新建自用住宅需要缴纳耕地占用税,并按照以下计算方法算出的耕地占用税税额减半缴纳。计算公式为:应纳耕地占用税税额＝占用耕地面积×适用税额

耕地占用税的适用税额分以下四种情况:

(1) 以县为单位(以下同),人均耕地在1亩以下(含1亩)的地区,每平方米为2元至10元;(2) 人均耕地在1亩至2亩(含2亩)的地区,每平方米为16元至8元;(3) 人均耕地在2亩至3亩(含3亩)的地区,每平方米为13元至65元;(4) 人均耕地在3亩以上的地区,每平方米为1元至5元。各地的适用税额,由各省、自治区、直辖市人民政府在上述规定的范围内,根据当地的情况具体核定。

82. 耕地占用税由哪个部门负责征收？以前由哪个部门代征？代征是否有效？农民交纳耕地占用税后会拿到什么凭证？

农村居民建房的耕地占用税由所属乡镇财政所负责征收。自 2005 年 1 月 1 日起其他部门不能委托代征耕地占用税，在此之前部分乡镇土地管理部门代征了一部分耕地占用税。耕地占用税是否交纳以完税证为依据，农民交纳耕地占用税后，会拿到财政部门开具的《中华人民共和国耕地占用税完税证》。由土地部门代征的也要开具完税证。

83. 什么是契税？

契税是土地、房屋权属转移时向其承受者征收的一种税收，现行《中华人民共和国契税暂行条例》于 1997 年 10 月 1 日起施行。在中国境内取得土地、房屋权属的企业和个人，应当依法缴纳契税。上述取得土地、房屋权属包括下列方式：国有土地使用权出让，土地使用权转让（包括出售、赠与和交换），房屋买卖、赠与和交换。以下列方式转移土地房屋权属的，视同土地使用权转让、房屋买卖或者房屋赠与征收契税：以土地、房屋权属作价投资、入股，以土地、房屋权属抵偿债务，以获奖的方式承受土地、房屋权属，以预购方式或者预付集资建房款的方式承受土地、房屋权属。契税实行 3%～5% 的幅度比例税率。

84. 契税与土地增值税的不同？

土地增值税是出让方交，契税是承让方交。

（1）土地使用权的出让，由承受方交。

（2）土地使用权的转让，除了考虑土地增值税，另由承受方交契税。

（3）房屋买卖：

①以房产抵债或实物交换房屋。

②以房产作投资或股权转让。

③买房拆料或翻建新房，应照章纳税。
(4) 房屋赠与方不纳土地增值税，但承受方应纳契税。
(5) 房屋交换在契税的计算中，注意过户与否是一个关键点。

85. 契税的税率是如何规定的？

在税率设计上，契税采用幅度比例税率。目前，我国采用3%～5%的幅度比例，这是国家定下的政策，各省、自治区、直辖市，在这个范围内可以自行确定各自的适用税率。财政部、国家税务总局发出通知，从1999年8月1日起，个人购买自用普通住宅，契税暂时减半征收。

86. 契税有哪些优惠政策？

(1) 契税优惠的一般规定。
①国家机关、事业单位、社会团体、军事单位承受土地、房屋用于办公、教学、医疗、科研和军事设施的，免征契税。
②城镇职工按规定第一次购买公有住房，免征契税。
③因不可抗力灭失住房而重新购买住房的，酌情减免。
(2) 特殊规定。
①企业公司制改造。一般而言，承受一方如无优惠政策就要征契税；另外，要注意不征税与免税是不同的概念。
企业公司制改造中，承受原企业土地、房屋权属，免征契税。
②企业股权重组。在股权转让中，单位、个人承受企业股权，企业土地、房屋权属不发生转移，不征收契税。
但在增资扩股中，如果是以土地使用权来认购股份，则承受方需缴契税。
国有、集体企业实施"企业股份合作制改造"，由职工买断企业产权，或向其职工转让部分产权，或者通过其职工投资增资扩股，将原企业改造为股份合作制企业的，对改造后的股份合作制企业承受原企业的土地、房屋权属，免征契税。
③企业合并、分立。

a. 两个或两个以上的企业，依据法律规定、合同约定，合并改建为一个企业，对其合并后的企业承受原合并各方的土地、房屋权属，免征契税。

b. 企业依照法律规定、合同约定分设为两个或两个以上投资主体相同的企业，对派生方、新设方承受原企业土地、房屋权属，不征收契税。

④企业出售。国有、集体企业出售，被出售企业法人予以注销，并且买受人妥善安置原企业 30% 以上职工的，对其承受所购企业的土地、房屋权属，减半征收契税；全部安置原企业职工的，免征契税。

⑤企业关闭、破产。债权人承受关闭、破产企业土地、房屋权属以抵偿债务的，免征契税；对非债权人承受关闭、破产企业土地、房屋权属，凡妥善安置原企业 30% 以上职工的，减半征收契税；全部安置原企业职工的，免征契税。

⑥房屋附属设施。对于承受与房屋相关的附属设施（如停车位、汽车库等）所有权或土地使用权的行为，按照契税法律、法规的规定征收契税；对于不涉及土地使用权和房屋所有权转移变动的，不征收契税。

⑦继承土地、房屋权属。法定继承人继承土地、房屋权属，不征契税；非法定继承人应征收契税。

⑧其他。经国务院批准实施债权转股权的企业，对债权转股权后新设立的公司承受原企业的土地、房屋权属，免征契税。

企业改制重组过程中，同一投资主体内部所属企业之间土地、房屋权属的无偿划转，不征收契税。

87. 房屋附属设施的契税应如何计算？

依据《财政部、国家税务总局关于房屋附属设施有关契税政策的批复》（财税 [2004] 126 号）文件规定：

对于承受与房屋相关的附属设施（包括停车位、汽车库、自行车库、顶层阁楼以及储藏室）所有权或土地使用权的行为，按照契税法律、法规的规定征收契税；对于不涉及土地使用权和房屋所有权转移变动的，不征收契税。

承受的房屋附属设施权属如为单独计价的，按照当地确定的适用税率征收契税；如与房屋统一计价的，适用与房屋相同的契税税率。

88. 农民的房屋买卖，契税如何征收？

根据《中华人民共和国契税暂行条例》及细则和《中华人民共和国土地管理法》的有关规定：一、农村地区的契税征管，应根据纳税人签订的房屋买卖合同，经负责农民集体所有土地的县级人民政府行政主管部门确认买卖双方交易的合法性后进行税款的征收。二、税务机关停止提供原由财政局印制的《买卖房屋草契》。农村地区的契税纳税人应统一使用《中华人民共和国契税完税证》。

89. 农民工城镇买房契税减免的规定是什么？

2007年11月起，重庆市农民工首次购买商品房包括二手房可享受契税全免，2008年4月2日，重庆市财政局就此发布了补充通知，再次明确了四个具体问题。新政策增添的四个具体问题包括：农民居民是指重庆市户籍的农村居民；夫妻双方一方是城市居民，一方是农村居民的，如其中一方已购买过一套城市住房的，不再享受农民购房契税优惠政策；农村居民所购买房屋的单价超过上年度本地商品房平均交易价格在50%以内的（以各区县房管部门与财政征收机关统计和公布的数据为准），其超出部分按现行政策征收契税；如超过均价50%以上的不享受农民购房税收优惠政策。按照，目前重庆市的普通商品房执行的契税税率是1.5%，如果购买的房屋面积是90平方米，按照2008年1月份主城区的房屋均价，套内每平方米3694元计算，那么整套住房的价格是33万元左右，如果免去所有契税，实际上就为农民工节约了5000元。

从2008年11月1日起，对个人首次购买90平方米及以下普通住房的，契税税率暂统一下调到1%。

90. 什么是车船税？

车船税是指对在我国境内应依法到公安、交通、农业、渔业、军事等管理部门办理登记的车辆、船舶，根据其种类，按照规定的计税依据和年税额标准计算征收的一种财产税。从2007年7月1日开始，有车族需要在投保交强险时缴纳车船税。

我国对车船税征收的历史悠久。明清时，曾对内河商船征收船钞。解放前，不少城市对车船征收牌照税。新中国成立后，中央人民政府政务院于1951年颁布了《车船使用牌照税暂行条例》，对车船征收车船使用牌照税。1986年9月国务院在实施工商税制改革时，又发布了《中华人民共和国车船使用税暂行条例》。

91. 农用机动车辆如何缴纳车船税？

根据《中华人民共和国车船税暂行条例》规定，在农用机动车辆中，拖拉机属于免税车辆，不需要缴纳车船税，机动三轮农用运输车则按照自重每吨每年需缴纳60元的车船税，另外家用摩托车每年每辆也需缴纳60元的车船税。

92. 什么是车辆购置税？

车辆购置税是对在我国境内购置规定车辆的单位和个人征收的一种税，它由车辆购置附加费演变而来。现行车辆购置税法的基本规范，是从2001年1月1日起实施的《中华人民共和国车辆购置税暂行条例》。车辆购置税的纳税人为购置（包括购买、进口、自产、受赠、获奖或以其他方式取得并自用）应税车辆的单位和个人，征税范围为汽车、摩托车、电车、挂车、农用运输车，税率为10%，应纳税额的计算公式为：应纳税额＝计税价格×税率。

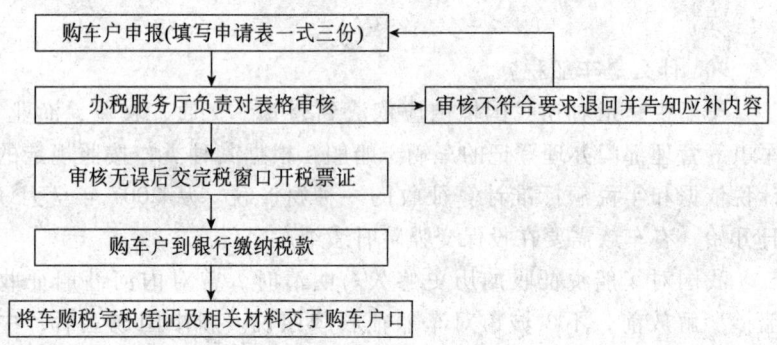

93. 我国有关车辆购置税的减征的规定

2009年12月9日国务院常务会议决定,将减征1.6升及以下小排量乘用车车辆购置税的政策延长至2010年底,减按7.5%征收。

94. 我国有关车辆以旧换新有哪些规定?

汽车以旧换新的单车补贴金额标准提高到5000元至1.8万元。从2009年3月1日至12月31日,国家安排50亿元,对农民报废三轮汽车和低速货车换购轻型载货车以及购买1.3升以下排量的微型客车,给予一次性财政补贴。增加老旧汽车报废更新补贴资金,并清理取消限购汽车的不合理规定。

95. 车船税与车辆购置税有什么区别?

简单地说:买车时候交的是车辆购置税,用车的时候交的是使用税即车船使用税。

96. 什么是资源税?

资源税是对自然资源征税的税种的总称。资源税是对在我国境内开采应税矿产品和生产盐的单位和个人,就其应税数量征收的一种税。在中华人民共和国境内开采《中华人民共和国资源税暂行条例》规定的矿产品或者生产盐的单位和个人,为资源税的纳税义务人，应缴纳资源税。

97. 资源税的范围有哪些？

资源税征收范围如下：

（1）原油：是指开采的天然原油，暂不包括人造石油；

（2）天然气：指专门开采或与原油同时开采的天然气，暂不包括煤矿生产的天然气；

（3）煤炭：指原煤，不包括洗煤、选煤及其他煤制品；

（4）其他非金属矿原矿：指上列产品和井盐以外的非金属矿原矿及未列举名称的其他非金属矿原矿；

（5）黑色金属矿原矿和有色金属矿原矿：系指纳税人开采后自用或销售，用于直接入炉冶炼或作为主产品先入选精矿、制造人工矿再最终入炉冶炼的金属矿石原矿；

（6）固体盐：指海盐原盐、湖盐原盐和井矿盐；液体盐：指卤水。

98. 农民身边的哪些资源应纳税？

农民身边的的城市土地、矿藏、水流、森林、山岭、草原、荒地、滩涂等，使用这些自然资源的单位和个人，都应缴纳资源税。

99. 什么是印花税？

以经济活动中签立的各种合同、产权转移书据、营业账簿、权利许可证照等应税凭证文件为对象所征的税。印花税由纳税人按规定应税的比例和定额自行购买并粘贴印花税票，即完成纳税义务。证券交易印花税，是印花税的一部分，根据书立证券交易合同的金额对卖方计征，税率为1‰。经国务院批准，财政部决定从2008年9月19日起，对证券交易印花税政策进行调整，由双边征收改为单边征收，即只对卖出方（或继承、赠与A股、B股股权的出让方）征收证券（股票）交易印花税，对买入方（受让方）不再征税。税率仍保持1‰。

100. 印花税征税税率是多少?

表 2-23　　　　　印花税税目税率表

税　目	税率（税额）
一、购销合同	0.3‰
二、加工承揽合同	0.5‰
三、建设工程勘察、设计合同	0.5‰
四、建筑、安装工程承包合同	0.3‰
五、财产租赁合同	1‰
六、货物运输合同	0.5‰
七、仓储、保管合同	1‰
八、借款合同	0.05‰
九、财产保险合同	1‰
十、技术合同	0.3‰
十一、产权转移书据	0.5‰
十二、营业账簿	
1. 记载资金的账簿	0.5‰
2. 其他账簿	每件5元
十三、权利、许可证照	每件5元

101. 农民专业合作社的印花税减免有什么规定?

2008年7月1日，财政部、国税总局联合发布的《关于农民专业合作社有关税收政策的通知》中规定，对农民专业合作社销售本社成员生产的农业产品，视同农业生产者销售自产农业产品免征增值税；增值税一般纳税人从农民专业合作社购进的免税农业产品，可按13%的扣除率计算抵扣增值税进项税额；对农民专业合作社向本社成员销售的农膜、种子、种苗、化肥、农药、农机，免征增值税。

102. 什么是城市维护建设税？

我国为了加强城市的维护建设，扩大和稳定城市维护建设资金的来源，而对有经营收入的单位和个人征收的一个税种。城市维护建设税是1984年工商税制全面改革中设置的一个新税种。1985年2月8日，国务院发布《中华人民共和国城市维护建设税暂行条例》，从1985年度起施行。1994年税制改革时，保留了该税种，作了一些调整，并准备适时进一步扩大征收范围和改变计征办法。

103. 城市维护建设税计征时如何计算？

计算城市维护建设税应纳税额的根据。原规定以纳税人实际缴纳的产品税、增值税、营业税三种税的税额为计税依据。1994年税制改革后，改为以纳税人实际缴纳的增值税、消费税、营业税税额为计税依据。

城市维护建设税是以纳税人实际缴纳的流通转税额为计税依据征收的一种税，纳税环节确定在纳税人缴纳的增值税、消费税、营业税的环节上，从商品生产到消费流转过程中只要发生增值税、消费税、营业税的当中一种税的纳税行为，就要以这种税为依据计算缴纳城市维护建设税。

公式：应纳税额 =（增值税或消费税或营业税）×适用税率

税率按纳税人所在地分别规定为：市区7%，县城和镇5%，乡村1%。大中型工矿企业所在地不在城市市区、县城、建制镇的，税率为5%。

104. 农民用交城市维护建设税吗？

按照现行税法的规定，城市维护建设税的纳税人是在征税范围内从事工商经营，缴纳"三税"（即增值税、消费税和营业税，下同）的单位和个人。任何单位或个人，只要缴纳"三税"中的一种，就必须同时缴纳城市维护建设税。施工企业从事建筑、安装、修缮、装饰等业务，是营业税的纳税人，而施工企业从事工业生产，其所属预制构件厂、车间将预制构件用于企业所承包的工程等，按规定应当缴纳增值税，为增值税的纳税人。自然，施工企业也是城市维护建设税的纳税人。另外，施工企业代扣代缴营业税、增值税的，也应当代扣代缴城市维护建设税。因此，农民不用交城市维护建设税。